"나는 하나님이 랜디 포프 목사를 사용하셔서 이렇게 영적인 걸작을 만드시리라고는 생각하지 못했다. 그는 모든 목회자의 역할 모델로서, 멘토로서 충분한 자격을 갖춘 사람이다. 랜디 목사는, 사역을 좀더 효과적으로 감당하기 위한 촉매제로 이 책을 기획했다. 전도가 페리미터교회의 중심을 차지한다는 사실에 박수갈채를 보낸다."

존 에드문드 해가이(Dr. John Edmund Haggai)
해가이 연구소(Haggai Institute)의 창립자 겸 연구소장

"인도함을 갈망하는 자들에게 이 책은 운명의 씨앗이다. 얼마나 멋진 선물인가! 내가 아는, 교회를 시작하는 모든 목회자와 현장에서 애쓰는 모든 목회자가 이 책의 각 장에 빠져들기를 바란다. 그러면 그들은 원기를 회복할 것이다."

칼 조지(Carl Geroge) 캘리포니아 주 다이아몬드바 시 성장을 위한 자문

"나는 랜디 포프 목사와 20년 이상 교제해 왔다. 『랜디 포프의 목회 계획』에 담긴 내용은 그의 삶과 사역의 특징인 열정을 공유하게 만드는 매력이 있다. 이 책에서 랜디 목사는 교회를 향한 참신하고 창조적이고 성경적인 접근법을 제시했다. 그가 제시한 접근법은 그저 '행하는 교회'의 관례에서 우리를 구출해 준다.…이 책을 읽는 것은 원기를 돋우어 줄 신선한 공기를 빨아들이는 것이다."

크로포드 로리츠(Dr. Crawford W. Loritts Jr.)
강사, 저자, 라디오 진행자, 미국 C.C.C. 협력 디렉터

"와우! 이 책은 너무 복잡해서 천재들만 이해할 수 있는 책도 아니고, 너무 천박하거나 얕아서 그 누구도 원치 않는 책이 아니라, 목회 계획에 대한 실제적이고도 깊이 있

는 책이다. 교회를 사랑하고, 음부의 권세를 이기는 교회가 되기 원하는 모든 목회자가 읽어야 하는 책이다. 랜디 포프 목사는 목회 현장에서 산전수전을 다 겪었다. 당신이 목사이면서 이 책을 읽지 않는다면, 다른 직종을 고려하는 편이 나을 것이다."

스티브 브라운(Steve Brown) 리폼드 신학교 설교학 교수, 라디오 프로그램 Key Life 성경 강사

"『랜디 포프의 목회 계획』은 이론적인 책이 아니다. 랜디 포프 목사는 자신이 설교한 대로 실천하는 사람이다. 이 책은 하나님이 허락하시는 비전에 대해 열려 있기를 원하는 모든 교회 지도자에게 반드시 영감을 안겨 줄 것이다."

마이클 유세프(Dr. Michael Youssef) 사도들교회(The Church of the Apostles) 창립목사

"'좋은 열매'는 좋은 뿌리의 증거라는 말이 있다. 나는 랜디 포프 목사가 섬기는 교회 성도들의 변화된 삶과, 그가 섬기는 교회의 건강한 성장, 그리고 그의 삶과 리더십의 진정성 속에서 펼쳐온 사역의 '열매'를 직접 지켜봐 왔다. 이제 랜디 목사는 모든 교회와 교회의 지도자들이 저마다의 사역에서 열매(영원히 지속될 열매 말이다)를 가지고 있다는 사실을 확신하도록 돕기 원한다."

밥 리코드(Dr. Bob Reccord)
남침례교 북아메리카선교회(Southern Baptist North American Mission Board) 총재

"내가 아는 한 교회 사역, 특히 복음 전도를 전략적으로 생각하는 데 있어서 랜디 포프 목사가 단연 최고다. 페리미터교회의 목회자로서 그리고 그 교회 네트워크의 지도자로서 그의 평생에 걸친 성취가 이 사실을 입증해 준다. 이 책은 이 주제들과 관련한 랜디 목사의 중요한 지혜를, 읽기에 적당한 분량으로 증류해 준다."

팀 켈러(Tim Keller)
뉴욕 주 뉴욕 시 리디머장로교회(Redeemer Presbyterian Church) 담임목사

"랜디 포프 목사는 노련한 그리스도의 군사요 그리스도의 종으로서 쌓아온 경험, 눈물과 상처를 통해서만 터득할 수 있는 지혜, 신실한 실천가의 유용한 적용과 함께 (그저 교회에 대한 걸출한 책 한 권이 아니라) 자신의 마음을 우리에게 전달해 주었다. 누가 이 책을 읽어야 하는가? 하나님이 가장 중요하게 여기시는 것이 무엇인지를 되새길 필요가 있는 나 같은 목회자들이 이 책을 읽어야 한다. 또한 예수 그리스도의

영광과 은혜에 사로잡히기보다 너무나도 쉽게 소비자본위에 휩쓸리는 회중들이 이 책을 읽어야 한다."

스코티 스미스(Scotty Smith)

테네시 주 프랭클린 시 크라이스트커뮤니티교회(Christ Community Church) 담임목사

"나는 랜디 포프 목사가 헌신적인 아내와 함께 그리스도를 위해 지역사회에 다가서려는 헌신만 가지고 사역에 뛰어들던 시절부터 그를 20년 넘게 지켜보았다. 그가 다양한 전략 중 어떤 것이 지속적으로 영향력을 미칠 수 있는지를 테스트하면서 다양한 전략을 쇄신하고 연마하고 실행하는 것을 지켜보았다. 이 책은 그런 수고의 열매다. 하나님은 랜디 목사를 사용하셔서 미국에서 가장 훌륭한 교회들 가운데 하나를 세우셨다. 사려깊고, 강력하고, 친밀하고, 복음 전도적이고, 동화력 있고, 성장하며, 하나님 나라의 영향력을 세상에 미치는 그런 교회 말이다. 그는 이 책을 통해서 자신의 전략을 명확하게, 그것도 위임 가능한 구체적인 도구들과 함께 나눈다. 랜디 목사의 마음과 페리미터교회의 핵심을 붙잡기 바란다. 그러면 그것이 당신의 세계를 뒤흔들 것이다. 그를 뒤잇는 자들이 더 많아지기를 소망한다!"

론 젠슨(Dr. Ron Jenson)

캘리포니아 주 샌디에이고 시 국제미래성취(Future Achievement International) 총재

"랜디 포프 목사는 교회를 향한 엄청난 비전을 소유한 사람이다. 랜디 목사의 주변에 잠시만 머물 수 있어도, 당신은 그가 엄청난 은사를 받은 지도자라는 사실을 알게 될 것이다. 그가 자신의 비전과 리더십 은사를 활용해 페리미터교회와 교회 사역에 그런 엄청난 영향력을 미칠 수 있었던 것은 하나님의 나라의 복된 일이다. 그의 통찰력은 당신을 자극할 것이며 당신의 비전을 펼치게 할 것이다. 그의 통찰력은 당신의 사역과 지역교회를 향한 꿈을 꾸도록 도와줄 것이다."

브라이언트 라이트(G. Bryant Wright)

존슨페리침례교회(Johnson Ferry Baptist Church) 담임목사

"랜디 포프 목사는 내가 아는 가장 재능 있고 창조적인 사역자 중 한 사람이다. 여러 해 동안 그는 어떻게 '이기는 교회'를 세워갈 수 있는지에 대한 목회자 세미나를 진행해 왔다. 이제 랜디 목사는 이 강력한 자료를 더 넓은 차원에서 접근 가능하도록 만

들기 위해 책으로 엮어 냈다. 불신자들에게 다가가고, 성숙한 성도를 개발하고, 제자를 재생산하는 결과를 가져오는 원칙들이 이 책에 고스란히 담겨 있다."

프랭크 바커(Frank M. Barker, Jr.)
앨라배마 주 버밍엄 시 브라이어우드장로교회(Briarwood Presbyterian Church) 원로목사

"내가 21세기 미국의 주요 교회 지도자 명단을 작성해 달라는 요구를 받을 때, 랜디 포프라는 이름은 늘 거기에 포함된다. 하나님의 은총으로 페리미터교회는 우리가 사는 포스트모던 세계에서 그리스도를 위해 사람들에게 다가가도록 독특하게 무장된 교회 문화를 만들어 냈다. 이 책에서 랜디 포프 목사는 하나님을 위해 아주 효과적인 사역을 만들어 낸 원칙과 실제를 낱낱이 보여 준다. 당신의 목표가 그리스도를 위한 강력한 교회를 세우는 것이라면 이 책은 당신을 위한 책이다."

론 솔로몬(Lon Solomon)
버지니아 주 맥린 시 맥린바이블교회(McLean Bible Church) 담임목사

"내가 목양사역을 시작할 때 이 책이 없었다는 것이 너무나 아쉽다. 회중들, 평신도들과 목회자들은 랜디 포프 목사가 교회가 처한 여러 상황에서 평신도 사역자를 개발하는 성경적인 원칙들을 어떻게 실행에 옮겼는지 살펴보는 것이 유익할 것이다. 페리미터교회에서 랜디 목사는 원맨쇼를 하는 지도자가 아니다. 그는 사역을 감당하는 훈련된 평신도들로 구성된 큰 무리와 함께 사역하는 지도자다."

짐 바이어드(Dr. Jim Baird)
미시시피 주 잭슨 시 제일장로교회(First Presbyterian Church) 원로목사,
벨헤이븐(Belhaven) 대학 수석교목, 리폼드신학교 교회협의회 디렉터

"어떻게 교회를 이끌어 가야 할지 아는 사람이 있다면, 랜디 포프 목사가 바로 그 사람이다. 그것도 탁월하게 말이다. 나는 이 책을 강력하게 추천한다. 모든 사역을 풍요롭게 할 실천적인 보화들로 가득 찬, 때에 맞는 변혁적인 책이기 때문이다."

로버트 루이스(Dr. Robert M. Lewis)
알칸사 주 리틀락 시 펠로십바이블교회(Fellowship Bible Church) 설교목사

랜디 포프의
목회 계획

옮긴이

박주성 목사는 총신대학교 신학대학원(M.Div.)을 졸업하고, 미국 달라스신학교(S.T.M.)에서 성경 주해를 전공했으며, 1998년부터 국제제자훈련원에서 대표총무로 섬기고 있다. 사역과 관련하여 오랫동안 번역작업을 해왔으며, 『자녀에게 줄 최상의 선물은 낙관적인 인생관이다』(도서출판 오리진), 『멀티사이트 교회』(베이스캠프), 『기독교 윤리로 세상을 읽다』(사랑플러스) 등을 번역했다.

랜디 포프의 목회 계획

초판 1쇄 발행 2009년 4월 10일
초판 4쇄 발행 2016년 9월 7일

지은이 랜디 포프
옮긴이 박주성

펴낸이 박주성
펴낸곳 국제제자훈련원
등록번호 제2013-000170호(2013년 9월 25일)
주소 서울시 서초구 효령로68길 98(서초동)
전화 02)3489-4300 **팩스** 02)3489-4329
이메일 dmipress@sarang.org

ISBN 978-89-5731-372-5 03230

국제제자훈련원은 건강한 교회를 꿈꾸는 목회의 동반자로서 제자 삼는 사역을 중심으로 성경적 목회 모델을 제시함으로 세계 교회를 섬기는 전문 사역 기관입니다.

랜디 포프의
목회 계획

랜디 포프 지음 | 박주성 옮김

국제제자훈련원

이 책을 여러 해 동안
무조건적으로 나를 사랑해준
두 가족에게 바친다.

개인적인 삶이 매일매일 기쁨으로 가득하도록 해준
사랑하는 아내 캐롤과 사랑스런 자녀들 매트, 레이첼, 디나, 데이비드에게
그리고
수많은 실수와 연약함과 실패를 오래 참고 견디어
마침내 이기는 교회가 된 페리미터교회의 모든 성도에게

랜디 포프(Randy Pope) 목사가 『이기는 교회』(*The Prevailing Church*)라
는 책의 서문을 써달라고 부탁했을 때, 나는 1977년에 시작한 페리미
터교회의 사역이 어떻게 지금까지 말 그대로 **이기는 사역**이었는지 돌
이켜보며 충격을 받았다.

　이 책은 페리미터교회의 이야기와 사역철학에 대한 책이다. 랜디 목
사와 그의 아내 캐롤은 얼마 되지 않는 돈을 가지고 핵심그룹도 형성되
지 않은 상황에서 사역을 시작했다. 그들은 사역의 여정에서 '승리에
승리'를 경험했지만 중간 중간 사역 발전을 위해 불가피하게 뒤따르는
투쟁과 상처와 성장통을 경험하기도 했다. 지난 25년간의 사회 변화,
경제의 상승과 하강 그리고 영적 성장을 통과해 오는 동안 페리미터교
회는 **이기는** 교회였고, 지금도 여전히 **이기는** 교회다.

랜디 포프 목사는 신실하고 혁신적인 사람이다. 그는 조용하면서도 조직적인 방식으로 페리미터교회가 복음 전도, 제자훈련, 리더십 개발 – 이 세 가지는 모두 내 마음에 아주 소중한 것들이다 – 의 모델 교회가 되도록 이끌어 왔다.

집요할 정도로 신실한 랜디 목사와 여러 해 동안 그의 모범을 따른 성도들로 인해 페리미터교회의 영향력은 애틀랜타를 넘어 강력하게 확산된다. 그는 페리미터교회가 급속하게 확장해 가는 애틀랜타 지역에 25개 이상의 교회를 개척하도록 이끌었다. 그의 리더십 아래서 페리미터교회는 기독교 학교에 대한 독특한 접근법을 고안했으며, 그 접근법은 미국의 새로운 학교들이 본받는 모델이 되었다. 또한 아홉 개 나라에서 교회 개척 센터를 시작했으며, 국제적으로 수백 개의 교회를 개척하는 일을 책임지고 있다.

랜디 목사와 같이 잃어버린 자들을 향한 뜨거운 열정을 가지고 교회를 설립한 목회자와 장기간 사역하는 유익을 누리는 교회는 미국 전역에서도 흔하지 않다. 그런 교회들이 이기는 교회가 되기 쉽다.

이 책 『랜디 포프의 목회 계획』은 당신이 평신도냐 목회자냐에 상관없이 당신에게 유익한 자료가 될 것이다. 이 책을 통해 당신은 혁신적인 지도자와 성도들이 만들어낸 놀라운 이야기뿐만 아니라 더 중요한 발견, 즉 사람들이 구원자 되신 그리스도를 경험하도록 이타적이고, 관대하고, 열정적인 삶을 드러내는 목회 계획을 발견하게 될 것이다.

존 맥스웰(John C. Maxwell) / INJOY 그룹 창립자

초판 헌사

아내 캐롤과 나의 자녀들이 남편과 아빠를 4년간 매 여름마다 2주간씩 시간을 내어 이 글을 쓰는 데 투자하도록 기꺼이 허락해 준 것에 대해 진정 감사의 마음을 전한다.

내가 이 책을 집필하는 동안 매년 여름마다 남 캐롤라이나(South Carolina)의 힐튼 헤드(Hilton Head) 시에서 책을 쓸 만한 적당한 장소를 찾아준 랍 레이첼(Rob Reichel)에게 고마움을 전한다. 힐튼 헤드에 살면서 자신들이 힐튼 헤드를 잠시 떠난 동안 내가 글을 쓸 수 있도록 자기 집을 사용할 수 있게 해준 데이비드(David), 케시 브라운(Kethy Brown), 로버트(Robert) 그리고 마넬 그레이브스(Manell Graves)에게 특별히 감사의 마음을 전한다. 나는 이 책을 걸출하게 편집해 준 닐 윌슨(Neil Wilson), 비서로 섬기며 많은 시간을 들여 출판할 수 있도록 원고를 준비해 준 재키 루카스(Jackie Lucas)에게 큰 빚을 졌다. 무디 출판사를 통해 알게 된 많은 친절한 분들에게 감사드린다. 그중에서도 나와 함께 가까이에서 일해 준 수석 편집자 짐 벨(Jim Bell)에게 특별히 감사를 드린다.

그리고 마지막으로 특히 어떤 아이디어가 사역의 현장에서 효과를 나타내는지 알아보기 위해 많은 아이디어를 실험하며 나와 함께 성실하게 섬겨온 페리미터교회의 목회자들과 내가 이 책을 쓰도록 격려해 주고 지속적으로 사랑의 목양을 베풀어 주신 장로들, 그리고 "하나님이 함께하시지 않으면 실패할 수밖에 없는 일"을 기꺼이 시도해준 우리 교회의 성도들에게 감사드린다.

이 책에서 나눈 생각들과 사역의 경험들이 내게 모든 것을 은혜로 허락하신 왕 되신 하나님과 그분의 왕국에 소박하게나마 기여하기를 소원한다.

하나님께 영광을….

진정한 성공을 위해서는
무엇이 필요한가?

나는 당신이 왜 이 책을 읽게 되었는지 모른다. 당신은 사역에 활력을 불어넣어 줄 어떤 것을 찾을 수도 있다. 우리는 더 위대한 성공을 누리도록 도와줄 신선한 아이디어를 얼마나 자주 찾아 헤매 왔는가? 다른 사람들이 경험한 성공을 이뤄내기에는 자신의 경험이 부족하기에 또 다른 '새로운' 프로그램이나 상품을 찾아 자주 이동한다.

우리가 감당하는 사역이 성공하기를 바라는 것은 자연스러운 일이다. 그러나 교회의 목회자들과 대화해 보면 그들 중 얼마나 많은 목회자가 더 많은 예산, 더 많은 부교역자, 더 많은 성도를 추구하는 일로 지쳐 있는지를 발견하고 깜짝 놀라게 된다. 분명 이런 일들을 성취하는 것도 어느 정도 성공을 반영하지만, 내가 서 있는 자리에 당신이 서 있는지-이런 일들이 진정 사람과 지역사회 혹은 세상을 변화시키는 그런 성공을 나타내는지-는 의심스럽다.

내가 성장해 오는 동안 경험한 교회는 모두 다 안전을 추구하고 논쟁을 피하는 교회였고, 성공이냐 실패냐를 따지지 않는 교회였다. 왜냐하면 안전지대를 벗어나 본 적이 거의 없기 때문이다. 그 교회들은 성도들에게 기존의 교회 내 사역 이상의 헌신을 기대하지 않았다. 나는 사람들을 의식하는 목회자 중에서 존경할 만한 사람을 한 사람도 만나보지 못했다. 그런 지도자를 만났다면 왜 그런 연약한 목적을 위해 헌신해 왔는지를 진지하게 물어보았을 것이다.

나는 그런 교회들을 **예방중심적인**(precautionary) 교회라고 부르게 되었다. 자주 들어본 단어는 아니지만, 이 단어는 **예방**(precaution)이라는 명사의 형용사형으로, '가능성 있는 위험, 손해, 실패를 막기 위해 필요한 조치를 취하는'이라는 뜻을 가지고 있다. 그런 예방중심적인 교회는 생기가 없고, 무기력하고, 비전이 없으며, 패배의식에 사로잡혀 있다.

그러나 예수님은 자신의 교회를 향해 훨씬 더 많은 것을 요구하신다!

마침내 하나님의 독생자는, 내가 어린 시절 경험했던, 자칭 예수님을 대표한다는 목회자들보다 매력적인 분으로 자신을 증명해 보이셨다. 나는 그리스도를 따르는 자가 되었고, 영적인 여정을 출발하던 초창기에 그리스도의 신부로서 교회가 가진 이전의 이미지를 산산이 깨부수는 교회들을 만났다. 그리고 나는 하나님의 교회와 사랑에 빠졌다.

그런 교회들을 통해, 나는 자신을 아무런 영향력을 미치지 못하는 섬김의 조직으로 보지 않고 전쟁에 임한 군사로 여기는 성도들을 만났다. 그들은 너무나 자주 평범한 삶 속에서 남다른 목적의식을 드러내 보였다. 믿음에 대해서는 진지했지만 자기의에 대해서는 그렇지 않았다. 자신을 그리스도를 위한 영웅으로 드러내지 않으면서도 영적인 전투 용어에는 편안해 했다. 그들의 유일한 열정은 주님을 따르는 것이었다. 그들의 태도는 전염성이 있었기에, 나는 그들을 닮기 원했고, 그들처럼 이끌기를 원했고, 그들처럼 섬기기를 원했다. 내 신앙의 초창기에 이 지도자들은 큰 비전, 이루기 어려운 비전, 숭고한 비전에 사로잡히는 것이 가치 있는 일임을 보여 주었다. 나는 페리미터교회의 성도들이 다른 교회가 단지 너무 큰 비전이라는 이유로 포기해 버린 비전들에 재차 헌신하는 것을 보아 왔다.

원래 『이기는 교회』(The Prevailing Church)로 출판되었던 이 책 『랜디 포프의 목회 계획』은, 이런 원칙들을 적용하는 것이 어떻게 페리미터교회에 중대한 변화를 가져왔는지에 대한 구체적인 사례를 제시하고자 증보되었다.

나는 이 주제에 대한 책을 집필하기 전에 한 교회를 섬기는 목양 사역에 사반세기 이상을 헌신하며 투자하기로 결심했다. 시간이 흘러감에 따라 내가 이 책에서 기술한 원칙들을 올바로 이해하고 실행하는지에 대한 효과성을 평가하게 되었다. 그러나 이 책을 써내려가면서, 나는 다소 주저하게 되었다. 내가 이 원칙들에 대해 강하게 느끼지 못해서가 아니라 너무 강하게 느끼기 때문이었다.

내가 주저하게 된 또 다른 이유는, 이 책에서 이야기하는 것들이 대부분 개인적인 경험이며 보편적으로 쉽게 적용할 수 없는 것들이라는 사실을 깨달았기 때문이다. 또한 나는 이 책을 통해 접하게 될 내용의 일부를, 내가 믿는 성경적 원칙들을 정확하게 설명한 것이었더라도, 당신이 잘못 이해할 수 있다는 것도 안다. 또한 이 책의 내용은 오랫동안 받아들여지고 거의 의심을 받지 않은, 교회를 향한 하나님의 계획하심에 대한 많은 '법칙'을 깨뜨릴 것이다. 나는 변혁적인 교회의 원칙들은 출석교인 수, 예산의 규모, 부교역자 수와 같은 현 시대의 성공기준들과 상반된다고 확신한다.

또한 내가 이 책에 기록하는 내용 중 일부는 당신이 읽어 내려가는 동안에 이미 변화된 과거가 될 것이라는 것도 안다. 이런 사실들을 처음부터 밝혀둔다. 왜냐하면 우리 교회가 장기간에 걸쳐 치열하게 구조와 계획에 대해 생각해 왔지만, 결국 우리가 행한 대부분의 일은 사실상 우리 교회 고유의 것이기 때문이다. 우리 교회는 성장하고, 나이 들어가고, 변화되어 가고, 배우고, 적응하며, 좀더 주님이 우리 교회를 빚어 가시려는 모습처럼 되기 위해 꾸준히 노력한다. 정말로 이 책의 세부적인 내용 중 상당 부분은 당신이 읽어 내려감에 따라 지나간 과거가 될 것이다. 그러나 핵심적인 내용은 변하지 않고 그대로 살아남을 것이다. 당신이 이 책에서 검토하게 될 원칙들을 하나님이 당신을 부르사 섬기게 하신 교회와 지역사회에 접목하기 시작할 때, 그 원칙들은 다르게 보일 것이다.

그래서 나는 하나님의 우주적인 교회 중 한 모퉁이를 차지하는 조지아 주 애틀랜타 시에 위치한 페리미터교회를 섬겨 온 이야기를 아주 겸손하게 당신과 나누려 한다. 우리는 우리의 여정을 통해 나누면 도움이 될 만한 것이라고 믿는 것들을 배웠다. 페리미터교회를 어떤 모델이 될 만한 거대 교회로 생각하면 안 된다. 나는 부모가 자녀를 사랑하는 것처럼 페리미터교회를 사랑하지만, 그 누구보다도 우리 교회에 존재하는 결점들을 잘 안다.

당신이 애틀랜타로 이사를 와 페리미터교회에 등록한다면 당신도 우리 교회를 사랑하게 되리라고 기대하고 소망한다. 그러나 오직 그때가 되어야만 당신은 우리 교회의 사역이 얼마나 결점이 많은지, 그리스도의 신부로서 우리 교회가 지닌 이런 결점을 아름답게 만들 기회가 얼마나 많은지를 알게 될 것이다. 나는 그런 기회들 때문에 한 교회를 그렇게 오랜 세월동안 지속적으로 목양해 올 수 있었다고 생각한다. 우리 교회가 성공한 부분이 있다면, 그것은 오랜 기도와 토론과 무엇보다도 성령님의 인도하심을 통해 수정 보완된 목회 계획을 가진 '계획이 이끌어 가는' 교회가 **되었기** 때문이다.

내가 원하는 것은 '페리미터교회 같은' 교회를 전국에 복제하는 것이 아니다. 나는 하나님이, 전 세계에 스스로 예방중심적인 교회가 되지 않으리라 선포하며 자신이 속한 공동체를 위한 하나님의 소명을 확실하게 이해하는 교회들을 세우시는 것을 보기 원한다. 그런 교회는 그들이 섬기는 이 세상의 한 부분에 영향력을 미치는 교회가 되기로 결단한다.

당신이 나처럼 하나님이 당신이 섬기는 교회를 위해 계획하신 독특한 사역에 동참하는 환희를 느낀다면, 결단력과 절박함을 가지고 그 일을 계속하기 바란다. 당신을 향한 나의 소망은 영향력이 날로 증대되는 '계획이 이끌어 가는' 교회가 되는 것이다. 그러나 나는 당신에게 다음과 같이 경고해 두어야만 한다. 이 여정을 함께 시작할 때, 우리의 갈 길이 우리를 현혹할 만큼 쉬워 보일 것이고, 이 책에서 소개할 단순한 원리들이 당신의 교회에서 일으키게 될 영향력에 대해 평가절하하려는 유혹을 받을 것이다. 그러나 나는 다음과 같이 약속한다. 당신이 당신의 교회 리더십 팀과 함께 이 책에서 소개하는 각 원칙을 끝까지 성실히 이행한다면, 당신은 당신의 사역을 새로운 경지로, 다시 말해 변혁적인 영향력을 미치는 경지로 이끄는 경험을 하게 될 것이다.

우리는 성공에 대해 재고해 보아야 한다. 오늘날 많은 사람이 받아들이는 정의를 너무 성급히 받아들이지 않아야 한다. 당신이 어느 곳에 있든지 교회에서 무엇을 추구하든지, 하나님의 영광을 위해 성도들의 삶과 지역사회와 온 세상을 변혁하는 데 쓰임 받는 교회로 변화되어 가는 비전을 함께 연구하는 자리로 당신을 초대한다.

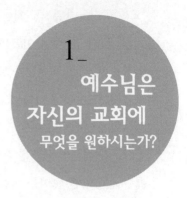

당신이 이제 막 새로운 지역으로 이사를 와 영적인 가정이 될 만한 교회를 찾는다고 생각해 보라. 주변 사람들에게 물어보고, 전화하고, 차를 몰고 돌아다녀 본다. 전화번호부를 뒤져 보고, 인터넷 검색을 해본다. 아마도 적합한 교회를 정하기 전에 몇몇 교회를 방문해 볼 것이다. 당신이 소망하는 이상적인 교회 공동체를 한 단어로 묘사한다면?

성경적, 교리적으로 건전한 교회인가? 설렘이 있고 경건한 교회인가? 따뜻한 돌봄이 있는 교회인가? 성장하는 역동적인 교회인가? 가족을 제일로 생각하는 교회인가?

당신은 (평신도 지도자이든 전임 사역자이든) 교회의 비전에 대해 씨름하는 교회의 지도자일지도 모른다. 수많은 세미나에 참여해 봤고, 자료들을 접해 왔다. 목적이 이끄는~, 구도자에게 민감한~, 포스트모던~, 이머징~ 과 같은 표현들을 모두 들어보았을 것이다. 그러나 당신이 정말로 갈망하는 것은 하나님의 영광과 하나님의 나라를 위해 성도들과 지역사회에 영향력을 미치고 강한 충격을 주는 **영향력 있는** 교회다.

당신은 변혁적인 교회를 갈망한다.

예수님은 이런 교회를 마음에 그리셨다. 성도들에게 하나님의 능력이 강하게 역사하여 그들의 삶과 그들이 관계를 맺고 살아가는 사람들의 삶을 변혁함으로써, 섬기는 지역사회에 지워지지 않는 영적 흔적을 새겨 넣는 그런 교회 말이다.

"너희는 나를 누구라 하느냐?"

변혁적인 교회의 비전은 2000년 전에 교회의 지도자 되신 분이 하신 말씀에 근거한다. 예수님은 제자들을 데리고 가이사랴 빌립보 지방으로 가셨다. 아마 사람이 만든 신들을 경배하기 위해 근처 언덕에 세워진 여러 산당을 보시면서 이야기를 시작하셨을 것이다. 그 우상들 중에 몇몇을 지적하시며 이렇게 질문하셨을 것이다. "사람들이 정말로 이 우상들에 대해 무엇이라고 생각하느냐?" 그 질문은 분명 이어질 이야기의 무대를 제공했을 것이다.

예수님이 제자들에게 "사람들이 인자를 누구라 하느냐?"(마 16:13)라고 질문하시는 내용을 듣기 위해 우리도 그 토론에 동참해 보자. 흥미롭게도 사람들이 거론한 이름은 하나같이 죽은 사람들이었다. 세례요한, 엘리야, 예레미야, 또는 "선지자 중에 하나"(14절).

그러나 예수님은 자신의 기원과 관련한 이런저런 '견해'들에 개의치 않으셨다. 예수님께서는 잘 알지 못하는 무리들을 통해 자신의 교회를 세우고 궁극적으로 자신의 나라를 위해 세상을 정복해 나가려는 의도가 없었다. 예수님은 열두 제자와 같은 사람들을 통해 자신의 사명을 수행해 가신다.

그래서 예수님은 중요한 질문을 던지셨다. "너희는 나를 누구라 하느냐?"(15절) 제자들 중에 비공식적으로 그리고 자칭 지도자격인 베드로가 언제나 그랬던 것처럼 재빨리 대답했다. "주는 그리스도시요 살아 계신 하나님의 아들이시니이다"(16절). 그의 답변은 충동적이었지만 너무나도 정확했다.

예수님은 오직 하나님 아버지만 그에게 그런 통찰력과 이해를 주실 수 있는 분이라고 말씀하시며, 베드로가 정확한 대답을 안다는 것이 얼마나 큰 복인지를 말씀해 주셨다(17절). 베드로는 예수님이 자신을 완전히 무장해제시키는 이야기를 하셨을 때 동의하며 고개를 끄덕였을 것이다. "또 내가 네게 이르노니 너는 베드로라 내가 이 반석 위에 내 교회를 세우리니 음부의 권세가 이기지 못하리라"(18절).

그리스도의 신부, 교회가 쭈그리고 앉았다

잔디를 가지런히 깎아 놓은 대형교회의 구내로부터 숨통이 탁탁 막히는 도시의 상가교회에 이르기까지, 고전적으로 개혁주의 신앙을 고백하는 무리들로부터 자유분방하게 '성령이 이끄시는' 대로 인도함을 받는 방식을 지지하는 교제 그룹에 이르기까지, 오늘날 모든 교회가 그 뿌리를 찾아 거슬러 올라가면 예수님의 선포에 귀착하게 된다. 음부의 권세가 이기지 못하는 교회의 구성 요소는, 고백 자체와 고백하는 사람들과 고백의 대상이 되시는 그리스도시다.

또한 오늘날의 교회와 문화를 바라볼 때, 우리는 놀라게 된다. 누가 무엇을 이긴다는 말인가? 교회의 존재로 인해 성도들의 삶과 지역사회에 생겨난 변혁의 증거물들은 어떤 것인가?

최근 서구세계는 프랑스 노르망디(Normandy)에 있는 오마하 (Omaha), 유타(Utah), 주노(Juno) 해안에 상륙했던 수만 명의 젊은이에게 공로 돌리기를 60여 년 전보다 더 주저한다. 농장과 도시로부터, 공장과 사무실과 강의실로부터 모여든 시민군들은 훈련을 받고 세상에서 가장 강력한 상륙 부대가 되기 위한 채비를 갖추었다. 그들의 사명은 확산되는 나치주의의 어두운 그림자로부터 세상을 구하는 것이었다고 해도 과장은 아닐 것이다. 그렇게 함으로써 연합군은 공격을 감행했다. 그들은 독일군의 포위 공격 아래서 영국의 남쪽 해안선을 따라 참호를 파고 몸을 숨기지 않았다.

예수님이 묘사하신 교회도 그러했다. 예수님은 적들의 공성(攻城) 망치가 도시를 보호하는 성문을 습격하는 것처럼, 자신의 교회가 사탄의 요새를 포위 공격할 것을 내다보셨고, 자신과 자신의 교회가 결국 음부의 권세를 깨뜨리고 이길 것이라고 약속하셨다.

그러면 영적 전쟁의 실제에 대한 우리의 가르침은 왜 최대한의 역공 모드를 취하는 군대가 아니라 방어적인 자세로 쭈그리고 앉은 모양새일까? 그런 수세적인 전쟁의 이미지를 수용하는 한, 우리는 사탄이 음부의 권세를 넓게 펼치고 이 세상을 완전히 다스리도록 허락하게 된다.

학교와 대학에 침투해 들어온 동성결혼과 반기독교적 경향에서부터 교회 공동체 안에까지 스며들어와 매년 자행되는 수천 건의 낙태와 이혼에 대한 관대함에 이르기까지, 그 열린 문의 징후를 파악하기 위해 음부의 권세(성문) 안으로 깊숙이 들어갈 필요가 전혀 없다. 하지만 이는 사탄의 힘이 증가한 것이 아니라 그리스도의 교회가 교회로서의 역할을 진지하게 감당하는 데 실패한 것 뿐이다. 성도들이 어슬렁어슬렁 떼를 지어 전장을 떠나버렸다. 한때 우리는 강력한 확신을 가지고 "십자가 군병 되어서", "주 예수 믿는 자여", "믿는 사람들은 군병 같으니" 같은 찬송을 불렀다. 그러나 요즘은 다른 사람들에게 '우리들이 가진 가치를 들이미는' 것에 대해 위축되어 있다. 살아나라, 그리고 살게 하라. 우리는 이기는 교회가 되기보다 **예방중심적인 차원**에 머물러 왔다.

더 이상 틀에 갇힌 교회가 되지 말라

나는 지난 몇 년 동안, 아무리 열심히 노력하더라도 자신의 독특한 상황과 문화에 맞게 변하지 않는 '틀에 갇힌 교회' 모델의 증가로 인해 혼란을 겪고 환멸을 느끼는 교회 지도자들이 늘어난다는 소식을 들었다. 당신에게 경고와 더불어 격려를 하고 싶다. 변혁적인(transformational) 교회는 패키지도 아니고 모델도 아니다. 변혁적인 교회는 틀이 되기보다 종종 틀을 깨뜨린다. 변혁적인 교회라는 비전은 예수 그리스도께서 어느 특정한 곳에서 자신의 교회와 함께—다시 말해, **당신이 섬기는** 성도들과, **당신이 섬기는** 지역사회에서, **당신이 섬기는**

교회를 통해 – 이뤄내시려는 작품과 더 관련이 있다. 모든 변혁적인 교회는 독창적이다.

변혁적인 교회에는 그 저변에 공통적으로 흐르는 패턴과 불변하는 구조적 요소들이 있다. 나는 영적 가정인 당신이 속한 교회가 이미 이런 요소들 가운데 많은 것을 드러내고 있기를 바란다. 그러나 더 중요한 것은 **목적**(intention)과 **방향**(direction)이다. 그래서 리더십 팀은 지속적으로 이렇게 질문한다. "우리는 의식적으로 변혁적인 교회가 되고자 하는가?"

그러면 당신은 당신이 섬기는 교회를 어떻게 평가하는가? 가이사랴 빌립보 지방에서의 예수님과 열두 제자의 이야기로 돌아가 보자. 이 본문에서 우리는 계획이 이끄는 변혁적인 교회를 향한 그리스도의 열망을 발견하게 된다.

변혁하는(transforming) 교회:
주는 그리스도시라는 고백대로 살아가는 교회

먼저, 변혁하는 교회는 주는 그리스도시라는 신앙고백대로 살아가는 사람들로 구성되었다. 베드로가 신앙을 고백하고 예수님이 자신에 대해 계시하신 동일한 문맥과 상황에서, 예수님이 제자가 되기 위한 조건을 말씀하셨다는 사실에 놀라서는 안 된다. 마태복음 16장 24-25절은 이렇게 기록되어 있다. "이에 예수께서 제자들에게 이르시되 누구든지 나를 따라오려거든 자기를 부인하고 자기 십자가를 지고 나를 따를 것이니라. 누구든지 제 목숨을 구원하고자 하면 잃을 것이요 누구든지 나를 위하여 제 목숨을 잃으면 찾으리라."

예수님이 세우기로 결정하신 교회의 기초에는 '선택적인 순종'이 발붙일 틈이 없다. 그러나 오늘날 많은 그리스도인을 살펴본다면 동일한 결론에 도달하지 못할 것이다. 그리스도를 따른다고 고백한 사람이 아직도 도둑질을 하느냐는 질문을 받는다면, "절대로 그러지 않습니다"라고 대답한다. "왜 그러냐?"고 질문하면 "저는 그리스도인입니다. 하나님이 도둑질하지 말라고 하셨어요"라고 대답한다. "살인해 본 적이 있습니까?"라고 질문하면, 또 다시 같은 이유로 이렇게 대답한다. "절대로 없습니다." 그러나 삼십 세의 미혼으로서 성적인 절제를 지켜 왔는지 물으면, 종종 머뭇거리고 수줍어하며 이렇게 대답한다. "글쎄요. 제가 지켜야 하는 만큼은 못한 것 같은데요."

하나님의 말씀은 도둑질이나 살인을 금하는 것처럼 똑같이 성적인 난잡함을 금하는가? 정말로 그렇다. 그러나 오늘날 많은 그리스도인 사이에 내가 '선택적인 순종'이라고 부르는 것으로 판명된 돌연변이 형태의 기독교 신앙이 유행하는 것 같다.

나는 이런 구체적인 도전들이 종종 '그리스도인들은 절대로 율법주의자가 되어서는 안 된다'는 염려에 직면한다는 사실을 충분히 안다. 우리는 절대로 다른 그리스도인들의 삶 속에 드러난 약점을 지적하기 위해 기준들을 선택하는 것이 아니다. 율법주의를 걱정하는 염려에 대한 나의 대답은, 우리가 선택한 대안인 '선택적인 순종'이 그리스도를 세상 가운데 명확하게 소개할 능력을 거의 죽여 놓았다는 사실을 지적하는 것이다. 이혼율 통계자료나 다른 행위적 요소들을 살펴볼 때, 그리스도인이라고 주장하는 사람들은 세상의 빛과 소금이기보다 오히려 세상 사람들과 더욱 닮아 보인다. 그렇다. 그리스도인들은 실패했다. 나는 몇몇 영역만을 선택하고 그 영역에서만 순종하려는(그리고 때때로 그 영역에서 조차도 실패로 끝나 버리는) 그리스도인들보다, 그리스도께 온전히 순종하려고 전심으로 노력하다가 실패하는 그리스도인의 효과에 대해 더 소망을 가지고 있다. 낮은 수준을 요구하거나 아무것도 요구하지 않는 신앙은 예방중심적인 교회의 신앙이다.

분명 그런 생각은 우리 주님이 변혁하는 교회를 구성하게 될 성도들을 향해 주신 명령의 일부분이 아니었다. 예수님은 완전히 그리고 명확하게 그분을 따르는 자들이 자기를 부인하고 자기 십자가를 지고(자기 욕망과 만족을 죽이고) 그분을(예수님의 모범과 기록된 말씀의 가르침을) 따르는 자가 되기를 기대하셨다(눅 9:23을 보라). 그것이 예수님이 다른 곳(눅 14:25-35)에서 그리스도를 따를 때 치르게 될 대가를 심각하게 계산해 보지 않은 채 제자가 되려는 열망만을 가진 사람들을 실제로 저지하신 이유다.

교회의 핵심적인 역할 가운데 하나는, 하나님의 백성들이 자신의 삶을 향한 하나님의 디자인과 계획을 이해하도록 무장해 주는 '안전한 가정'이 되는 것이다[교회의 또 다른 핵심적인 역할은 효과적인 전도조직(effective mission)이 되는 것이다]. 교회가 가진 이런 안전한 가정과 같은 환경 속에서 성도들은 다음과 같은 것을 공급받는다.

- 하나님의 임재와 능력을 드러내는 살아 있는 예배
- 중요하고 의미 있는 관계 속에서 발견되는 진실한 교제
- 성경신학에 기초한 성경적 가르침과 제자훈련

- 전인적인 필요를 채우기 위한 목회적 돌봄과 목양
- 사역을 감당하는 데 필요한 준비와 위임

따라서 변혁적인 교회의 첫 번째 특징은 안전한 가정에서, 특별히 역사상 어느 때나 맹렬한 공격이 퍼부어질 수 있는 순종의 영역에서, 주(主)는 그리스도시라는 고백대로 신실하게 살아가도록 무장된 성도들로 구성되었다는 점이다. 이 첫 번째 조건에 우리는 몇 가지 명확한 조건을 추가해야 한다.

변혁하는 교회:
음부의 그림자 가운데서 고백대로 살아가는 교회

둘째로, 변혁하는 교회는 음부의 그림자 가운데서 자신의 신앙고백대로 살아가는 성도들로 구성되었다. 예수님은 로마의 강점 아래 희롱당하는 백성들과 함께 사셨다. 비록 시대가 전쟁의 영역으로 빠져들어 가도 로마제국의 권력자들과 함께할 목적은 거의 없거나 전무하다고 반복적으로 말씀하셨다. 사람들은 현재 경험하는 이 땅의 대적을 뒤집어엎어 줄 메시아를 기대한 반면, 예수님은 백성들의 영적인 대적을 물리치려 하셨다. 유대인들은 로마제국을 대적하여 이기기를 원했지만, 예수님은 자신의 제자들이 음부의 권세를 대적하여 이기기를 원하셨다.

고대 근동의 문화에서 지역사회의 권위자들이나 통치 조직은 종종 도시의 성문 앞에 모였다. 시의회 의사당이 생기기 훨씬 전에는 성문이 그 역할을 감당했다. 성문들은 그저 통과하는 출입문 이상의 의미를 가졌다. 성문들은 출입, 안전, 방어, 취약성을 의미했다. 요새화된 도시의 안전은 성문이 얼마나 강하냐에 달렸다. '음부'로 번역된 헬라어 '하데스'(hades)는 문자적으로 '보지 못한다'는 의미다. 그 단어는 보이지 않는 세계 혹은 영적인 세계를 의미한다. 마태복음 16장 18절에서 "음부의 권세"(gates of Hades)라는 표현을 사용하셨을 때, 예수님은 사탄과 그의 군대들이 잃어버린 영혼들을 속이고, 교회의 증거를 파괴하며, 사회를 통제하라는 임무와 의도를 가지고 세상 속으로 돌진해 오는 근거지가 되는 영적인 요새를 묘사하신 것이다.

교회가 스스로를 어떻게 보느냐는
교회가 세상에서 어떻게 행동하느냐에 영향을 미친다

그러나 예수님이 실제로 성경에 포함시키신 그림을 주목해 보라. 권세로 번역된 Gates는 고정된 장소다. 성문들은 공성 망치의 공격 앞에 잘 견디거나 산산조각난다. 예수님은 강력한 습격을 당하는 도시를 묘사하신다. 그분은 교회가 사탄의 요새를 포위 공격할 것을 내다보셨다. 자신과 자신의 교회가 결국은 음부의 권세를 부술 것이라고 약속하셨다. 그러면 왜 영적 전쟁의 현실에 대한 우리의 가르침은 너무나도 자주, 진을 정렬하고 사탄의 방어를 쳐부수는 교회로 묘사되기보다 사탄에게 포위 공격을 당하는 교회로 묘사되는가? 왜 당신은 스스로를 최대한의 역공 자세를 취하는 군대가 아니라 공격에 저항하는 방어 자세를 취하는 모습으로 바라보는가?

교회의 모습을 불안해 하며 벽 뒤에 쭈그리고 앉은 모습으로 받아들이는 이상, 우리는 사탄이 음부의 권세를 넓게 펼치고 이 세상을 완전히 통제하도록 허락하게 된다.

마음속으로 그려보는 심상이 차이를 만들어낸다. 교회가 스스로를 어떻게 보느냐가 교회가 세상에서 어떻게 행동하느냐에 영향을 미친다. 최근에 미국에서 벌어지는 사건들은 교련 수업을 다시 한 번 허용하게 할 것이다. 군사적인 목적의 수업은 분명 성경의 가르침 가운데 빠뜨릴 수 없는 요소다. 내가 군사전문용어를 사용하는 의도는 그리스도인의 삶이 지닌 위엄과 어려움을 찬송하려는 것이 아니라, 예수님이 제자들에게 세상 속에 있는 자신의 교회와 교회의 대치(對置)에 대해 말씀하신 것을 존중하고 명확하게 하려는 것이다. 제자들에게 사람을 낚는 어부가 되게 하겠다고 약속하신 동일한 스승께서 또한 제자들이 음부의 권세를 이길 것이라고 약속하셨다.

활짝 열린 음부의 권세는 오늘날의 사회 구조에서 너무나 명백하게 드러난다. 오늘날의 학교 시스템을 흘끗 쳐다보기만 해도 음부의 권세가 끼치는 통제와 영향력의 증거들을 발견할 수 있다.

몇 해 전, 우리 교회에서 자란 고등학생 한 명이 단순히 그 날 밤 자기 집에서 열릴 크리스천체육인협회(Fellowship of Christian Athletes)의 행사를 소개하는 유인물을 친구에게 건넸다는 이유로 정학을 당했다. 그는 그 유인물을 쉬는 시간에 복도에서 나눠주었고, 복도를 감시하던 학급위원이 유인물을 압수하고 그를 교장실로 보냈다. 그리고 그는 정학 판결을 받았다.

의문의 여지없이, 오늘날 음부의 권세는 학교에서뿐만 아니라 우리가 속한 사회 클럽, 이웃 모임, 의료계, 도서관, 사법 체계, 정당 속에 너무나 명백히 드러난다. 음부의 권세는 유감스럽게도 많은 현대 교회 한가운데서도 발견된다. 이는 사탄의 힘이 증가했기 때문이 아니라 그리스도의 교회들 중 대다수가 교회로서의 역할을 진지하게 받아들이는데 실패했기 때문이다. 성도들은 어슬렁어슬렁 떼를 지어 전장을 떠나버렸고, 그리스도인이 스스로를 군사로 보는 관점은 시대에 뒤떨어진 것으로 취급되거나 무시를 당한다. 나는 예방중심적이고 주저하는 교회가 음부의 권세와의 싸움에서 진다는 점을 말하고 싶은 것이 아니라, 이런 모습의 교회가 진지하게 노력조차하지 않는다는 점을 말하고 싶은 것이다.

사실, 음부의 권세는 잃어버린 바 된 세상에서 거의 아무런 도전도 받지 않은 채 이기고 있다. 음부의 권세가 드리운 그림자 속에서 자신의 신앙고백대로 살아가는 성도들은 음부의 권세와 맞서야 한다. 예방중심적인 교회는 보이지 않는 권세자 마귀에게 아무런 위협이 되지 못하고, 침묵하거나 혼수상태에 처해 있어 음부의 권세의 조력자나 협력자가 되어 버렸다. 주저하는 교회는 공격에 대응할 수도 없고, 대응하고 싶지도 않은 피해자라는 의식을 가지고 있다. 세상은 기다리고 있고, 음부의 권세는 교회가 교회 될 수 있는지 도전한다.

변혁하는 교회:
잃어버린 영혼들을 향한 싸움에 뛰어드는 교회

세 번째, 변혁하는 교회는 잃어버린 영혼을 구원하기 위한

전투에 뛰어들라는 명령을 받아들인다. 다른 말로 표현하면, 변혁적인 교회는 **가정**(home)으로서의 임무뿐만 아니라 **전도**(mission)의 임무에도 똑같이 헌신해야 한다고 말할 수 있다. 여기서 **전도**라는 용어는 잃어버린 자들을 향해 다가서는 교회의 헌신을 묘사하기 위해 사용했고, **가정**이라는 용어는 하나님의 백성들을 돌보고, 먹이고, 보호하는 임무를 묘사하기 위해 사용했다. [이 책에서 **전도**(복음 전도)라는 용어는 목회 계획과 관련하여 사용하기도 했다. 이와 관련해서는 특히 7, 8장을 보라] 후하게 평가하더라도, 잃어버린 자들을 향해 열정을 느끼고, 그들을 전도하도록 가르치고, 실제로 전도하는 교회가 얼마나 적은지 알면 실망하게 된다. 그들도 '전도'를 말할 것이다. 그러나 '전도'를 하지는 않는다. 지역교회에서 전도와 가정이라는 두 가지 역할이 차별 없이 이해되고 실행되지 않는다면, 그 교회는 지역사회에서 변혁을 일으킬 수 없고 앞으로도 그럴 것이다.

몇 해 전 여름, 연구 주간을 갖는 동안, 나는 우리 교회와 교회의 리더로서 나의 역할을 평가해 보았다. 평가를 진행하는 동안, 나는 누가복음 15장을 묵상하면서 경건의 시간을 가졌다. 예수님은 누가복음 15장에서 잃어버린 양, 잃어버린 동전, 잃었던 아들에 대한 이야기를 하신다. 묵상을 하던 중, 나는 잃어버린 양에 대한 비유에 초점을 맞추었다. 예수님은 일백 마리 양 중에 한 마리가 길을 잃으면 어떻게 목자가 아흔아홉 마리를 들에 두고 그 잃은 한 마리를 찾기 위해 즉각적으로 떠나는지 말씀하셨다. 자기 목자가 보이지 않거나 그를 찾을 수 없으면 양이 아주 불안해 한다는 사실을 기억하라. 다른 말로 하면, 이 이야기에서 우리는 아흔아홉 마리의 아주 실망한 양떼를 발견하게 된다. 잃어버린 한 마리를 찾자, 목자는 그것을 어깨에 메고(5절) 즐거워하며 집으로 돌아왔다. 이 이야기를 통해 예수님이 지적하시는 핵심과 심오한 적용은 바로 이것이다. "내가 너희에게 이르노니 이와 같이 죄인 한 사람이 회개하면 하늘에서는 회개할 것 없는 의인 아흔아홉으로 말미암아 기뻐하는 것보다 더하리라"(7절).

양심의 가책을 받다

나는 적어도 미국에 있는 최고의 교회 성도들의 대다수는 이 본문을 믿지 않는다고 확신한다. 사실, 우리가 이 진리를 위장해 그 이야기가 하나님의 말씀에 기록되어 있다는 사실을 밝히지 않고 전달한다면, 대다수의 그리스도인은 이 가르침을 불합리하며 하나님의 가치를 드러내지 못하는 것으로 여겨 거부할 것이다.

이 본문을 깊이 묵상한 후에, 나는 영적 일기장에 다음과 같은 내용을 기록해 두었다.

그리스도와 하나님의 열정은 잃어버린 바 된 세상에까지 미친다. 목회자의 입장에서, 하나님과 똑같은 열정을 소유하는 것은 유명한 복음주의 교회들 가운데서 자신을 의심받게 만드는 처사다.

전국을 돌아다니며 목회자들이 모이는 컨퍼런스에서 이 깨달음을 공유했을 때, 참석자들이 만장일치로 나의 생각에 동의하는 것을 발견했다. 결국, 성숙한 성도들이 필요로 하는 것은 '깊은 진리'이며, 그들이 목회자를 세운 이유도 그런 깊은 진리를 전하라고 한 것인데, 잃어버린 자들에게 다가가는 것은 그들이 볼 때 '얕은 가르침'이다. 그리고 누가 깊어지는 대신 얕아지겠는가?

그 날 기록한 내 영적 일기는 이렇게 이어진다.

잃어버린 자를 찾기 위해 아흔아홉을 내버려 두는 것은 받아들이기 어렵다. 성도들은 잃어버린 자들을 무시하는 것에 대해서는 잘 참고 잘 용서해 주지만, 의인들을 무시하는 것에 대해서는 몹시 참지 못하며 용서하지 않는다.

왼쪽 끝은 가장 효과적인 '가정'으로서의 교회의 기능을 나타내고, 오른쪽 끝은 가장 효과적인 '전도'의 기능을 나타내는 연속선이 있다고 생각해 보라.

이런 생각을 영적 일기에 남긴 다음, 나는 이 연속선을 가지고 내가 목회하는 교회를 평가해 보기로 했다. 오른쪽이든 왼쪽이든 치우치지 않은 교회가 건강하고 균형 잡힌 교회라고 믿는다면, 나는 우리 교회가 전도보다는 가정으로서의 역할을 효과적으로 감당하는 데 더 많이 치우쳐 있다는 사실을 솔직하게 인정해야만 했다.

양떼로부터의 교훈

여러 해 동안 수많은 사람이 성도로서의 필요가 충족되지 않았다고 느끼며 우리 교회를 떠났다. 그리고 솔직히 그들의 불평 가운데 상당수는 정당한 것이다. 그러나 우리 교회가 전도하는 데 비효과적이라고 불평하는 사람은 한 사람도 없었다는 점이 나를 가장 슬프게 했다. 많은 사람이 개인적인 이유로 교회를 떠났지만, 우리가 잃어버린 자들을 돌보는 데 실패했다는 이유로 교회를 떠난 사람은 한 명도 없었다. 잃어버린 자들에게 효과적으로 다가서는 데 실패했다는 이유로 성도를 잃어 본 적이 한 번이라도 있는가?

나는 내 과오를 깨닫게 해준 평가를 마음에 담고 연구 주간을 마무리했다. 나는 우리 교회를 가정과 전도라는 연속선상에서 균형을 유지하도록 이끄는 데 최선을 다하기로 결심했다.

계획이 이끌어 가는 의도적인 전도에 대한 헌신은 필연적인 도전에 직면했다. 그런 도전들은 종종 예기치 않게 찾아왔다. 한 가지 예를 들어 보자. 나는 한 번도 만나 본 적이 없는 다른 주에 사는 사람에게 전화를 받았다. 그는 자신의 가족이 애틀랜타로 이사를 할 예정이며, 그의 직장은 애틀랜타의 어느 곳에라도 거주지를 정할 수 있도록 허락해 주었다고 설명했다. 그는 어느 교회를 선택하느냐에 따라 거주지를 결정하기로 마음먹고, 시간관계상 애틀랜타의 교회들을 방문할 수 없었기 때문에, 전화로 소위 '교회 쇼핑'을 하고 있었다. 그는 이렇게 말했다. "저는 목사님이 섬기시는 교회가 교회에 다니지 않는 사람들에게 다가가는 일에 대단히 헌신되어 있다고 들었습니다." 그러면서 그는 이렇게 덧붙였다. "저를 오해하지 마십시오. 저도 역시 전도에 헌신되어 있습니다." 그 사람의 다음 말이 무엇인지 예상할 수 있겠는가? 바로 맞췄다! 그는 이렇게 말을 이었다. "그런데 교회에 다니지 않는 사람들에게 다가서려는 교회의 헌신이 어떤 식으로든 저나 제 가족의 필요를 충족해 주지 못하는 쪽으로 작용하는 것은 아닌지 알고 싶군요."

나는 그 단순한 질문 때문에 슬퍼졌다. 긴 침묵 이후에 나는 최종적으로 이렇게 대답했다. "아니오, 하지만 머지않은 장래에 온 교회와 교회의 모든 자원이 교회에 다니지 않는 사람들에게 다가가는 사역에 드려져서 최소한 성도들의 필요가 무시되었다는 인식을 갖게 하는 것이 저의 가장 큰 열망입니다."(나중에 설명하겠지만, 그 두 가지가 정말 서로 충돌하는 존재가 아님에도 불구하고 말이다).

균형

사실, 하나님의 백성들의 필요가 무시되는 첩경은 그들이 '전도'의 기능을 제대로 감당하지 못하는 교회에서 신앙생활을 하게 만드는 것이다. 양육과 제자훈련을 위한 가장 건강한 환경은 '전도'다. 그렇지 않다면, 양육과 제자훈련은 하나님의 위대한 목적을 달성하는 수단이 되기보다 목적 그 자체가 되어 버린다. '가정'과 '전도'라는 두 우선순위가 적절한 관심을 받지 못하면, 교회는 건강한 균형이 결여된 채로 기능하게 된다.

여러 해 동안 제자훈련을 해오면서, 나는 성도들에게 진리와 믿음에 따르는 헌신에 대해 가르쳐도 전도에 대한 열망이라는 자연스러운 부산물이 없을 수 있다는 것을 배웠다. 그러나 성도들을 전도라는 환경 속에 두었을 때, 그들이 갈급해 하며 스스로 영적 양식을 공급받아 양육되기를 열망하는 모습을 발견했다. 먹는 것으로는 운동에 대한 욕망을 불러일으키지 못하는 것처럼, 성경공부와 기도만으로는 전도 지향적인 그리스도인을 만들어내지 못한다는 사실 또한 발견했다. 그러나 운동이 음식과 음료에 대한 욕망을 불러일으키는 것과 마찬가지로 전도와 관계된 활동들은, 하나님의 말씀을 섭취하려는, 만족을 모르는 갈

증과 배고픔을 불러일으킨다.

사람들은 여러 해 동안 하나님이 페리미터교회에 큰 복을 주신 이유가 무엇인지 물어 왔다. 나는 하나님의 은혜라고 분명히 대답한다. 그런 다음 나는 종종, 하늘에서 천사들이 전 세계의 많은 그리스도의 교회를 향해 복을 배달하려고 준비할 때, 하나님이 자신의 천사들에게 다음과 같이 말씀하시는 것을 상상해 본다고 덧붙여 말한다. "페리미터교회에 계속해서 복을 쏟아 부어라. 그 교회는 아직도 그 교회가 마땅히 도달해야 할 만큼 효과적이지 못하다. 하지만 그들은 교회에 다니지 않는 사람들에게 다가서려는 열정과 헌신을 가지고 있다."

이처럼 변혁적인 교회는 잃어버린 영혼을 구원하기 위한 전투에 뛰어들라는 명령을 받아들인다. 변혁적인 교회는 잃어버린 자들을 향한 열정을 가지고 있다. 변혁적인 교회는 잃어버린 자들에게 다가가려는 목표를 향해 초자연적으로 조직화되어 있다. 그리고 변혁적인 교회는 잃어버린 사람들이 하나님의 나라로 회복되기까지 크게 실망하고 좌절한다. 그런 교회는 전도의 사명을 수행할 때 의도적인 계획이 교회를 이끌어 간다.

변혁하는 교회: 음부의 권세와 싸워서 이기는 교회

넷째, 변혁하는 교회는 음부의 권세와 싸워서 이긴다. 분명, 하나님의 교회와 보이지 않는 세계의 권세자와의 궁극적인 전쟁은 결말이 나 있다. 그리고 공표된 승리자는 그리스도와 그분의 교회가 될 것이다. 예수님은 자신의 죽음과 부활을 통해 단번에 사탄의 영원한 패배를 결정하셨고, 무오한 그분의 말씀 속에 이 전쟁의 마지막 전투에 대해 아주 자세하게 묘사해 두셨다.

그러나 지금과 그때 사이에 하나님은 자신의 교회에 일상의 작은 전투에서 승리할 수 있는 힘을 풍성히 공급하신다. 하나님은 자신의 교회에게 싸우라고 명령하셨고, 승리를 보장할 만큼 능력을 주시기로 약속하셨다. 그러나 교회는 자신의 신앙고백을 타협하지 않고, 음부의 권세가 드리운 어두운 그림자 속으로 곧게 걸어 들어가며, 잃어버린 영혼을 구원하기 위한 전투에서 대적과 교전하는 성도들의 공동체여야만 한다.

들어 보라. 교회는 씨름할 것이고 실패를 경험할 것이다. 당신과 나는 모두 그런 것을 수없이 보아 왔다. 그러나 교회의 주인이시요 총사령관이신 분이 교회는 너무나 강력해서 음부의 권세가 이기지 못하리라고 선포하셨다. 하나님의 교회는 승리할 수 있고, 승리해야만 하고, 궁극적으로 승리할 것이다.

대략적으로 살펴보았을 때, 이것이 계획이 이끌어 가는 교회, 능력 있는 교회, 영향력 있는 교회, 영혼과 지역사회를 변혁하는 교회의 모습이다. 만약 이 교회의 모습이 하나님이 당신으로 하여금 세우기 원하셔서 부르시는 그런 교회처럼 들린다면, 이제 이 흥미진진한 여행을 시작해 보자.

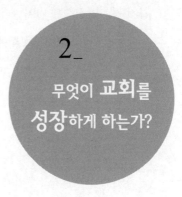

2_

무엇이 **교회를**
성장하게 하는가?

무엇이 교회를 성장하게 하는가? 어떤 점에서는 대답이 꽤나 단순하다.
바울 사도는 성장을 가져오시는 분이 하나님이라고 명확하게 밝혔다.
사실 바울 사도는 "심는 이나 물주는 이는 아무것도 아니로되 오직 자
라게 하시는 이는 하나님뿐이니라"(고전 3:7)라고 명확하게 주장했다.

   그러나 또 다른 차원에서 보면, 무엇이 교회를 성장하게 하느냐는 질
문에 대한 답이 꽤나 복잡할 수 있다. 기초가 되는 신적인 원인은 명백
한 요소이겠지만, 하나님이 사용하시는 수단들은 아주 다양할 것이다.
우리는 다양한 기술과 리더십 은사, 건물과 예산, 교회 성장 원칙들과
프로그램 모두가 '독특하고 왕성하게 성장하는 지역교회'라는 결과를

가져오는 방정식에 기여한다는 사실을 인정해야 한다.

바울 사도가 고린도교회에 보낸 편지에서 사용하는 정원의 식물을 가꾸는 비유(고전 3:1-9)는 교회 성장을 이해하는 데 유익한 탁월한 본문이다. 팀 켈러(Tim Keller)는 성장의 장애물을 넘어서는 주제와 관련된 미출간 글에서 이렇게 기록한다.

정원의 식물을 가꾸는 일이 성공하느냐 실패하느냐는 두 가지 요소에 달려 있다. 첫 번째 요소는 정원의 식물을 가꾸는 행위 그 자체다. 씨를 뿌리고 물을 주고, 잡초를 제거하고 가지치기를 하고, 거름을 주고 소독약을 뿌리는 것과 같은 행위들이다. 이 요소들에 대해서는 정원사가 통제권을 가지고 있다. 정원사가 얼마나 근면한지, 얼마나 기술을 갖췄는지, 얼마나 은사가 있는지에 달린 문제다. "나는 심었고 아볼로는 물을 주었으되…"(6절). 두 번째 요소는 상황적인 요소들이다. 심긴 씨의 품질, 기후 조건, 토양의 일반적인 상태 같은 것들이다. 이 요소들에 대해서는 정원사가 아무런 통제력을 가지고 있지 않다. 이 요소들은 하나님의 손에 달려 있는 것이다. "오직 자라게 하시는 이는 하나님뿐이니라"(7절). 성장력은 씨 안에 존재한다. 성장의 양은 기후 조건과 토양 조건에 절대적으로 의존한다. 그럼에도 여전히 숙련된 정원 관리 기술은 씨가 잘 성장하도록 돕는다. 따라서 이렇게 결론내릴 수 있다. 건전한 정원 관리 원칙을 적용한다면, 일반적으로 양적·질적 교회 성장이 열매로 맺힌다는 것이다. 그러나 성장의 양과 크기는 하나님이 통제권을 행사하시는 '기후 조건'과 '토양의 수용성'에 달려 있다. 사람의 손을 벗어난 문제인 것이다. 성장이 경미하거나 없다면, 기후 조건 때문일 수 있다. 그러나 너무 빨리 책임을 떠넘기지 않기 위해 정원 관리의 질적 수준을 먼저 살펴보아야 한다.

정원 관리의 질적인 부분은 어떤 요소들로 구성되어 있는가? 나는 일곱 가지 주된 요소가 건강한 교회 성장에 결정적으로 영향력을 미친다고 생각한다(이 요소들 중에 몇 가지는 교회가 위치한 지역의 문화에 따라 그 중요도가 다소 차이가 난다). 이 중 여섯 가지 요소는 널리 받아들여진다. 물론이 요소들이 아주 신실하게 실행되지는 않지만 말이다. 일곱 번째 요소는 교회 성장에서 간과되어 왔다. 자주 간과되었음에도 불구하고 일곱 번째 요소는 계획이 이끌어 가는 교회의 성장에 결정적인 요소다.
일곱 가지 요소 각각에 대해 간략하게 살펴보자.

여섯 가지 요소

당신은 계획이 이끌어 가는 변혁적인 교회를 구성하는 필수적인 여섯 가지 구성 요소 중 몇 가지밖에 맞추지 못할 것이다. 당연히 첫 번째 요소는 **성경적 신학과 정치제도**이다. 그것이 율법과 은혜에 대한 합당한 이해이거나, 구도자들과 성도들 모두에게 동일하게 적용되는 복음의 의미이거나, 옛 언약과 새 언약의 관계이거나, 교회가 견지하는 신학적인 틀과 교리적인 신념들은 교회의 장점과 성장을 결정짓는 중요한 요소다. 리더십과 권위, 조직에 대한 합당한 이해도 마찬가지다. 사실, 빈약한 신학이나 정치제도를 가진 교회도 성장할 수 있다. 그러나 건강하게 성장하지는 않을 것이다.
두 번째 요소는 **몸의 갱신으로 이어지는 영적 훈련의 존재와 실행**이다. "여호와께서 집을 세우지 아니하시면 세우는 자의 수고가 헛되며" (시 127:1). 하나님 말씀에 대한 신실하고 명확한 선포, 성례전, 생명력 있는 예배, 기도, 성경공부와 묵상, 그리고 영적 성장을 가져오는 다른 수단들이 지속적으로 영향력을 끼치는 교회를 세운다.

세 번째 요소는 자신이 설교한 대로 실천하고 회중들이 그 뒤를 따르는, **영적이고, 분별력 있고, 리더십의 은사가 있는 지도자**이다. 오늘날 너무나 많은 교회가 예배의 깊이를 경험하지 못한 천박한 수준의 개인적인 예배자들로 꽉 차 있다. 교회의 지도자는 어떻게 예배해야 하는지 직접 보여 주면서 예배의 모델을 제시할 필요가 있으며, 새로운 신자들을 훈련하고 개인적으로 구도자들을 그리스도께로 이끌어갈 필요가 있다.

네 번째로, **영적이고 사역 중심적인 평신도**를 개발하는 것이 건강하고 힘찬 교회의 핵심요소다. 때때로 교회의 지도자가 평신도들에 대해 불평하는 것을 발견한다. 그러나 그런 일꾼을 양육하고 개발하는 데는 시간이 걸린다. 올바른 격려와 투자와 환경이 뒷받침되어야 강하고 헌신된 성도들을 얻을 수 있다.

다섯째로, 싫든 좋든 간에 교회 성장과 **개선된 교회 건물**(주차장 포함) 간에는 강한 상관관계가 존재한다. 내가 거의 30년간 섬길 특권을 누려 온 페리미터교회는 다섯 번에 걸쳐 예배 처소를 옮겼다. 매번 예배 처소를 옮길 때마다 더 넓은 건물과 더 많은 주차시설을 확보했다. 그리고 새로운 예배 처소로 옮길 때마다 중요한 새로운 성장을 경험했다. 잘사는 지역일수록 교회 건물에 대한 기대치는 높아진다. 그러나 어느 지역에서 섬기든지 당신이 섬기는 교회의 예배 공간이 제한적이라면 새로운 사람들에게 다가갈 수 있는 잠재력을 빼앗기는 것이다.

여섯 번째로, 성장하는 변혁적인 교회는 **충분한 재정**이 있어야 한다. 거의 모든 전임 사역자들이 "하나님이 당신을 사역으로 부르실 때는 재정을 책임져 주십니다"라는 말을 들었다. 이 진술이 사실이겠지만, 우리는 여러 해 지속되는 재정 부족으로 인해 좌절하고 습관적으로 염려하는 수많은 사역자를 안다.

하나님은 분명 신실하신 분이다. 그러나 청지기직에 대한 불충분한 교육, 적당하지 못하고 지혜롭지 못한 재원확보기술, 기도 없이 행하는 일, 무능한 관리, 그리고 위험 회피, 이 모든 것이 사역자들이 겪는 재정적 재난에 일조를 한다.

재정은 명확하게 정의된 비전을 따라다닌다. 명확하게 정의된 비전을 가지고 있고 그 비전을 성취하기 위한 헌신과 계획을 갖춘 교회를 나에게 보여 보라. 그러면 내가 당신에게 가장 충분한 재정을 소유할 만한 교회를 보여 주겠다.

일곱 번째 요소

건강한 교회 성장에 필요한 마지막 요소는, 교회의 침체나 쇠퇴 원인을 평가할 때 가장 간과되어 온 요소다. 이 요소는 지도자들이 중요 주제로 언급하는 일곱 가지 요소 중 가장 복잡한 것이다. 이 요소는 **효과적인 목회 계획**이라는 말로 가장 잘 표현될 수 있다.

이미 제시한 여섯 가지 요소가 중요한 것만큼, 효과적인 목회 계획을 갖는 데 실패하면 이 여섯 가지 요소는 심각할 정도로 그 힘을 잃어버리고 중화된다. 물론 이미 제시한 여섯 가지 요소가 훌륭한 사역과 폭발력 있는 교회를 출범시키는 데는 분명 기여할 수 있다. 그러나 우리는 다른 종류의 결말을 지향하고 훨씬 더 장기적인 비전을 지향한다. 변혁적인 교회는 단순히 성장하는 교회를 의미하지 않는다. 변혁적인 교회는 **지속되는** 교회다. 이미 제시한 여섯 가지 요소는 효과적인 목회 계획이라는 일곱 번째의 결정적인 요소가 뒷받침되지 않고서는 장기적인 영향력을 미치지 못할 것이다.

목회 계획은 명확하게 정의된 목적, 비전, 사명으로 구성된다. 그리고 성경적으로 건전하고 문화적으로 적절한 목회 철학이 그것을 떠받치고 있다. 목회 계획은 전략적으로 디자인한 하부구조와 상세히 기록한 업무 분담표를 포함한다. 개략적인 계획은 목표를 규정하는 실행 계획과 구체적인 실행 단계, 시간 계획, 비전과 사명을 완수하는 데 필요한 자원들로 뒷받침된다. 계획의 실행 여부를 점검하는 이유는 어떤 부분이 잘 진행되는지 그리고 어떤 부분은 잘 진행되지 않는지를 평가하기 위해서이다.

효과적인 목회 계획을 수립하기 위해 계획하는 교회는 서로 좀처럼 한 방향으로 정렬되지 않고 때때로 최고의 효율성과는 거리가 멀게 작동되는 것 같아 보이는 많은 기능에 대해 논의해야만 한다. 공동체의 변혁을 가져오는 계획을 수립할 때 교회는 교회 안에 존재하는 두 종류의 너무나도 다른 기능에 대해 평가할 필요가 있다. 첫 번째는 교회에 출석하는 성도들의 삶에 변화를 구축하고 가져오는 기능이다. 이 기능에는 다음과 같은 요소들이 포함된다.

- 리더십 개발
- 하나님의 말씀을 가르치고 설교하는 것
- 삶대 삶의 형식을 취하는 제자훈련
- 복음 전도
- 새가족들의 정착
- 하나님의 백성들을 돌봄

두 번째는 성도들이 세상으로 나아가 삶을 통해 지역사회 안에서 변혁을 이뤄내는 기능이다. 여기에는 다음과 같은 요소들이 포함된다.

- 지역사회의 필요를 이해하는 것
- 필요한 영역에서 지역사회를 섬기는 것
- 다른 교회나 기관들과 협력하는 것
- 교회 개척

곧 보게 되겠지만, 효과적인 목회 계획은 그리스도를 따르는 성숙하고 무장된 성도들을 만들어 내고, 그들을 동원해 지역사회에서 효과적이고 변혁적인 전도를 하고자 하는 단순한 과정을 기초로 개발된다.

연구 여행

수년간 나는 여름에 몇 주간을 개인적인 계획 수립과 집중적인 기도, 그리고 사역을 평가하는 데 사용해 왔다. 몇 해 전 여름 연구 휴가 중에, 나는 내가 교회 사역에 대해 꿈꾸어 왔던 것들이 거의 대부분 현실화되지 못했다는 사실을 깨닫고 실망했다.

등록교인들의 대다수가 그리스도를 따르는 성숙하고 무장된 성도가 되는 것을 꿈꾸어 왔지만, 소망은 실현될 것 같지 않아 보였다. 내가 보기에 그런 헌신된 제자들을 키워내는 것과 우리가 아는 선에서의 교회의 일처리 과정은 전혀 양립할 수 없었다. 그 자리에서 그리스도를 따르는 성숙한 성도들을 만들어내는 주제를 생각해 보았을 때, 예상했던 결과들이 나타나지 않았다는 사실을 알았다. 교회와 지역사회에서 많은 좋은 일이 일어나는 것을 보아 왔지만, 더 많은 성도가 그리스도를 따르는 성숙하고 무장된 성도들로 변해가기를 기대했다면 그 온전함(integrity)을 향해 더 변해야 했다.

교회로 돌아와 내가 얻은 결론을 장로들과 나누었을 때 우리는 흥미로운 토론을 하게 되었다. 장로들은 내게 성숙하고 무장된 제자들을 효과적으로 생산해 내는 실존하는 과정을 생각하고 있었느냐고 질문했다. 마음 깊은 곳에서 나는 피할 수 없이 그런 과정이 적어도 하나는 존재해야 한다는 확신을 갖고 있었다. 그러나 그런 과정이 어떤 형태를 가질 것인지에 대해서는 불확실했다. 우리는 이미 여러 해 동안 강하고 성공적인 교회를 세우기 위해 노력했다. 많은 사람을 그리스도께로 인도했고, 소그룹 사역은 왕성하게 성장했으며, 교회도 지속적으로 성장해 왔다. 그러나 우리 모두는 드러난 열매보다도 교회가 가진 잠재력이 훨씬 더 크다는 사실을 알았다.

교회의 장로들은 얼마의 시간을 투자하든지 그 과정과 열매가 한 방향으로 정렬될 수 있는 대안을 수립하고 돌아오라고 내게 요청했다. 나는 재빨리 그런 목회 계획을 수립하는 과정에 대해 부지런히 연구하기 시작했다. 우리는 새로운 계획을 수립하는 일 년 내내 기도와 전략을 세우는 일에 투자했다. 이 계획을 실행하느라 몇 해를 보낸 이후에 나는 이제 열매와 과정이 함께 갈 수 있다는 확신에 이르렀다. 그 두 가지는 함께 기능하지 않으면 안 된다. 사실 교회에서 열매와 과정이 서로 멀어진다면 변혁적인 교회가 되려는 비전을 이루는 데 성공할 수 없을 것이다.

이어지는 몇 장은 효과적인 목회 계획을 구성하는 각기 다른 구성요소들에 대해 자세히 설명한다. 각각의 구성요소는 효과적인 목회에 대한 핵심 질문에 대답할 것이다. 또한 목회 계획의 핵심적인 측면들을 실행하고, 반성하고, 개정하고, 다듬어오는 동안 우리 교회가 경험했던 다양한 측면에 대한 이야기들을 소개할 것이다. 목회자들과 교회의 지도자들이 우리가 경험한 교회 성공과 지역사회 변혁을 향한 사역의 순례여정을 통해 통찰력을 얻기를 바란다. 그러나 내가 가장 중요하게 기도하는 것은, 분명하고도 균형 잡힌 다음 두 가지 결과를 얻는 것이다. 첫째는 여러분의 교회가 그리스도를 따르는 성숙하고 무장된 성도들이라는 탁월한 열매를 맺는 동시에 성장해 나가는 것이요, 둘째는 그 성숙하고 무장된 성도들을 여러분이 섬기도록 보냄 받은 지역사회와 다른 영역들에서 변혁을 일으킬 수 있도록 동원하는 것이다. 그래서 우리의 주님이시요 구원자 되시는 예수 그리스도께서 허락하신 명령을 진정으로 수행하는 것이다.

나는 당신이 '행하는 교회'에 대한 다소간 다른 차원의 접근에 대해 생각해 본 후에 교회에 대한 새로운 소망을 갖게 되기를 기도한다. 사

실 나는, 당신이 교회가 다음 세대를 대상으로 사역하는 방식을 변화시
켜야 하고 또 변화시킬 수 있다는 사실을 확신하게 되리라고 믿는다.
그런 변화들이 현실로 나타난다면 하나님께 영광을 돌리라.

● ● ● 우 리 는   왜   존 재 하 는 가 ?

나이가 들고 지식이 쌓이고 이해력이 자란 후에야, 나는 어린 시절 출
석했던 교회가 하나님의 말씀의 권위를 붙들지 않고 참된 복음을 선포
하지 않았다는 사실을 깨달았다. 내가, 예수 그리스도를 따르기로 헌신
하기 전에는, 하나님의 영광을 위해 사는 삶은 결코 즐거운 삶이 아닐
거라고 잘못 생각했던 것도 전혀 놀라운 일이 아니다. 나는 하나님의
영광을 위해 사는 것보다 즐거운 삶을 상상할 수 없었다.

　그 후에 나는 실제적으로 그리스도를 만났다. 그리스도와 새로운 사
랑의 관계 속에서 자라가는 동안, 나는 하나님의 영광을 위해 살아가는
것이 인간이 알 수 있는 가장 큰 기쁨을 경험하는 것이라는 사실을 깨

닿고 즐거웠다. 아무런 의미도 없을 거라고 생각했던 바로 그 자리가 무한한 영광의 공급처라는 사실이 드러났다.

나는 풍부한 역사신학과 성경신학의 배경 속에서 나의 영적 순례의 여정을 시작했다. 그 여정 가운데 전통과 영적 뿌리는 존중받았지만, 세간에 인기 있는 신학은 거부되었다. 나의 초기 멘토들은 영적으로 거듭난 신앙의 세부 내용들을 스스로 창작할 필요가 없다고 가르쳐 주었다. 나는, 내가 압도적인 신임장과 오랜 경험으로 보증된 해답들을 가진, 기초가 튼튼한 진리의 흐름에 새롭게 참여한 초신자라는 사실을 재빨리 배웠다.

많은 사람이 아우구스티누스(Augustine), 칼뱅(Calvin), 오웬(Owens), 에드워즈(Edwards), 스펄전(Spurgeon)과 같은 신학 거장들의 글을 읽고 존경했다. 영적 멘토들은 성경 이해를 돕는 안내서로 웨스트민스터 신앙고백서를 추천했다. 또한 성경 구절과 웨스트민스터 요리문답을 외우라고 격려했고, 그것은 하나님의 말씀을 해석하는 데 도움을 주었다. 이런 영향력의 결과로, 초기부터 하나님은 나에게 '큰 하나님'(big God)이셨다. 그리고 그것 때문에 나는 영원히 감사한다.

영적인 삶의 처음 몇 해 동안, 나는 사람이 던질 수 있는 가장 중요한 질문일지도 모르는 "인간의 가장 으뜸가는 결말 혹은 목적은 무엇인가?"라는 질문에 대한 답을 배웠다. 유서 깊은 요리문답서들은 창조세계를 향한 하나님의 계획에 대한 위대한 통찰을 바탕으로, 인간이 존재하는 목적이 "하나님을 영화롭게 하고 그분을 영원히 즐거워하는 것"이라고 대답한다. 우리는 이미 소천한 조나단 에드워즈나 아직도 활동하는 존 파이퍼(John Piper)와 R. C. 스프라울(Sproul) 같은 신학자들에게 감사해야 한다. 그분들은 인간의 목적에 대해 주의를 기울였으며, 그 문제에 대해 명확하게 규정해 주었다. 그분들이 찾은 대답은 하나님의 크심과 우리를 향한 훌륭한 목적을 믿는 것이다.

교회는 왜 존재하는가?

교회의 목회 계획을 수립하는 첫 번째 단계는 교회의 목적을 결정하는 것이며, 이는 다음 질문에 대답함으로써 결정된다. "우리는 왜 (교회로) 존재하는가?"

교회의 목적은 인간이 존재하는 목적의 외연을 확대한 것이다. 따라서 '교회'란 다른 사람들이 하나님의 명성과 광휘를 나누는 일을 즐거워하도록 하나님의 영광을 선포하는 것이라는 결론에 도달하게 된다. 비록 이 정의가 다소간 다른 용어들로 정의되었더라도, 교회의 으뜸가는 결말 혹은 목적은 "하나님을 영화롭게 하고 그분을 영원히 즐거워하는 것"이다.

다른 이유를 위해 존재하는 교회란 있을 수 없다. 도움이 필요한 사람들을 돕고 지역사회에 유익을 끼치기 위해 존재하는 것과 같은 수준의 선한 일을 행하는 정도는 하나님이 교회의 목적으로 받아들이시기 어려운 것들이다. 왜 그럴까? 왜냐하면 선을 행하는 정도의 목적은 선한 수단을 촉진하고 선을 행하는 것을 으뜸가는 결말로 만듦으로써 목적을 뒤틀어 버리기 때문이다. 혹 그렇지 않으면 포괄적인 하나님 중심의 목적을 옹색하고 작은 목적으로 대체해 버리기 때문이다.

결혼생활에서 배우는 교훈

이런 실수는 잘못된 동기로 아내를 위해 올바른 일을 하는 남편이 저지르는 실수와 유사하다(사실 그보다 더 심각한 실수이지만). 아내에게 꽃을 선물하는 남편을 생각해 보라. 축하할 아무런 이유가 없음을 발견하고는 아내가 남편에게 무슨 동기로 그런 사랑을 표현했는지 묻는다. 남편은 이렇게 대답한다. "아무런 이유도 없어, 그냥 '사랑해'라고 말하고 싶어서." 아내가 막 감사의 표현을 하려고 할 때 남편이 끼어든다. 시계를 보며 남편은 그날 아내와 함께 쇼핑하기로 약속했던 것을 지키지 못하게 된 상황을 용서해 줄 수 있는지 퉁명스럽게 묻는다. "이유가 뭐예요?"라고 묻는 아내에게 남편은 이렇게 대답한다. "골프 초대를 받았거든."

꽃다발이 "사랑해"라는 의미를 담은 게 아니라 "골프 치러가고 싶어"라는 의미를 담았다는 사실을 깨닫자, 아내의 감사는 곧바로 분노로 변한다. 꽃다발을 선물로 주는 바로 그 행위는 아내에게 불쾌한 일이 되어 버린다.

하나님을 영화롭게 하고 그분을 영원히 즐거워하는 것에 대한 대체물로 제시되는 수많은 교회의 존재 이유도 그와 같다. 교회가 옳은 일을 행할 수 있지만, 그 목적이 그릇된 것일 수도 있다.

친절한 경고

한걸음 더 나아가 목회 계획 수립의 다른 요소들을 살펴보기 전에, 야심찬 목회자에게 주의하라는 말을 해두는 것이 유익하리라고 믿는다. 사람을 속이는 이기적인 야망이라는 내면의 적과 게릴라전을 수행한 고참병으로서, 나는 녹록지 않은 경험들을 근거로 말한다. 목회 초년병 시절, 나는 그릇된 목적을 위해 옳은 일을 행하는 것이 나에게 식은 죽 먹기라는 사실을 깨달았다. 이 전투의 가장 위험한 측면은, 야망을 상대로 한 전투에서 패할 수 있다는 것이다. 그러나 목회의 성공이 (주일에 예배당을 가득 채운 성도들과 같은) 가시적인 것으로 규정되기 때문에 야망과의 전투에서 패한 사람도 목회 세계에서 위대한 승리자로 알려질 수 있다.

그것이 우리가 설교하는 메시지이든 섬김의 출발점이 되는 동기이든 상관없이, 우리는 항상 야망과 관계된 세 가지 질문에 답해야 한다. 첫째, 내가 행하는 일이나 다른 사람들에게 행하도록 요청하는 일이 옳은 일인가? 둘째, 내가 행하는 일이나 다른 사람들에게 행하도록 요청하는 일이 올바른 목적을 위해 행해지는 일인가? 셋째, 내가 행하는 일이나 다른 사람들에게 행하도록 요청하는 일이 인본주의적인 자기결단에 의해서가 아니라 올바른 힘(성령의 능력)에 의해 행해지는 일인가? 인간의 소망이 가진 목적은 동기를 다루는 두 번째 질문에 대한 대답을 부분적으로 결정해 준다.

소망을 잘못된 대상에 두면 그릇된 동기가 필연적으로 따라온다. 나는 소망의 지향점이 삶을 지배한다는 사실을 경험을 통해 자주 깨달았다. 성공이나 사람들의 박수에 소망을 둔다면, 사람들이 말하는 성공을 좇아 살 것이며 그 사실을 입증할 수 있는 일을 할 것이다. 나는 합당하지 못한 소망은 항상, 보편적으로가 아니라 항상, 더 큰 죄악으로 이끈다는 사실을 배웠다(지금도 여전히 조금씩 배워간다). 예수님이 아닌 다른 소망은 결과적으로 죄악의 앞잡이가 되도록 이끌어 간다. 죄악의 앞잡이가 되는 것은 결국 자신을 파괴하고 파멸로 빠져들게 만든다.

나는 내가 소망하는 것이 내가 누구 안에서 소망하느냐를 결정한다는 사실도 배웠다. 사역에서의 인간적인 성공이나 좋은 평판을 원한다면, 사역의 증진이나 연구, 자신의 능력과 같은 것들에 소망을 두기 시작할 것이다. 그러나 소망이 여전히 그리스도와 그분의 내주하시는 능력에 근거할 때, 필연적으로 유일한 소망을 그리스도께 둘 것이다. 1990년 7월의 연구 휴가 기간 중에, 나는 잘못된 대상을 향한 소망이나 이기적인 야망으로 인한 황폐함에 대해 폐부를 찌르는 깨달음을 얻었다. 크고 중요해 보이는 사역을 이끌던 몇몇 동료 목사가 통탄할 죄악에 넘어졌다는 이야기를 전해 듣고, 어느 이른 아침 영적 일기장에 다음과 같은 의견과 개인적인 경고를 기록해 두었다.

불신자들에게 다가가는 (그래서 건강한 성장에 헌신하게 하는) 사역은 공개적으로 드러난 성취를 통해 개인적인 중요성을 드러내는 수단이 되기 쉽다. 규모가 큰 은행 계좌처럼, 규모가 큰 사역은 너무나 자주 그 사역을 담당하는 지도자들을 삼켜 버리는 괴물로 변한다.

교회 지도자로서 우리의 목표는 불신자들에게 다가가는 규모가 큰 사역을 일으키는 것이 아니라 그리스도를 따르는 성숙한 성도를 개발하는, 그래서 결과적으로 수많은 불신자에게 다가가는 훈련 사역을 구축하는 것이 되어야 한다.

영적 일기에 묘사된 사역에 대한 두 가지 접근이 매우 유사해 보일지라도, 각 사람을 자신의 잃어버린 세계에 도달하도록 준비시키려는 의도를 가지고 각 개인에게 투자하는 제자훈련 사역은, 궁극적으로 그 사역의 지도자를 삼켜 버리는 이기적인 야망이라는 괴물과 전혀 다르다.

지혜

몇 년 전, 하나님의 지혜 문학의 일부분이 내게 초점과 야망에 대해 꽤나 크게 말씀하시기 시작했다. 잠언 30장 7-9절의 말씀이었다.

내가 두 가지 일을 주께 구하였사오니 내가 죽기 전에 내게 거절하지 마시옵소서. 곧 헛된 것과 거짓말을 내게서 멀리 하옵시며, 나를 가난하게도 마옵시고 부하게도 마옵시고 오직 필요한 양식으로 나를 먹이시옵소서. 혹 내가 배불러서 하나님을 모른다 여호와가 누구냐 할까 하오며, 혹 내가 가난하여 도둑질하고 내 하나님의 이름을 욕되게 할까 두려워함이니이다.

나는 저자의 깨달음이 심오함을 발견한다. 만일 하나님께 두 가지만 구할 수 있고 하나님의 계시된 말씀 가운데 이 부분에 대한 통찰력이 없었다면, 나는 잠언 저자처럼 선택하지 않았을 것이며, "나를 부하게도 마옵시고"라고 기도한 부분은 분명 내가 선택하지 않았을 것이다. 나에 대해 오해하지 말라. 규모가 큰 은행 계좌가 한 번도 나를 유혹하지 않았다. 그러나 부라는 말은 단순히 돈이라는 개념으로만이 아니라 훨씬 더 창조적인 방식으로 표현될 수 있다. 내가 재능, 아름다움, 두뇌,

기회에 대한 부요함을 갈망했는가? 명백하게 그렇다. 내 자녀들이 그런 영역에서 부요해지기를 원했는가? 또 한 번, 재론의 여지없이 그렇다.

첫 아이가 태어났을 때, 그 아이가 아들이라는 사실에 전율했다. 내가 운동을 좋아하기 때문에, 첫 아이가 뛰어난 운동선수가 되기를 간절히 소망했었다. 지금까지 나는 그렇게 탐욕적이지는 않았다. 그 아이가 NBA에서 뛰든, NFL에서 뛰든, 메이저 리그에서 뛰든, 그건 상관이 없었다. 둘째 아이로 딸이 태어났을 때 나는 눈부시게 멋진 젊은 여인으로 자라나기를 간절히 원했다. 그러나 나중에 두 아들과 두 딸이 성장하기 시작했을 때, 나는 탁월한 운동 능력과 빼어난 미모를 가진 아이들이 전형적으로 훌륭한 태도와 겸손한 마음을 드러내는 데 악전고투한다는 사실을 발견했다(나는 능력이나 훌륭한 외모보다 질적인 특성을 훨씬 더 값어치 있는 것으로 여긴다).

잠언의 저자가 간구한 내용은 곧 내 삶과 내 자녀의 삶을 위한 나의 간구가 되었다. 이제 나의 기도는 이렇게 바뀌었다. "주여, 제 자녀들에게 능력이나 미모의 부족을 허락하지 마옵소서. 그래서 자존감의 문제로 악전고투하지 않게 하소서. 제 자녀들에게 능력이나 외모에 있어 넘치는 부요함도 허락하지 마옵소서. 그래서 자만심의 문제로 씨름하지 않게 하소서. 주여 제 기도에 응답하실 수 있거든, 제 자녀들이 만족하고 적당하게, 지나친 가난도 지나친 부요도 아닌, 그 둘 사이의 어느 적당한 지점에 거하게 하소서."

오해하지 말기를 바란다. 나는 평범한 사람으로 살아가는 데 헌신하는 것을 옹호하는 게 아니다. 사실, 하나님의 말씀은 명확하게 가르친다. "무슨 일을 하든지 마음을 다하여 주께 하듯 하고"(골 3:23). 나는 이 명령이 우리가 자신을 훈련시키는 방식에서부터 자신의 능력을 개발하기 위해 노력하는 방식까지를 다 포함한다고 믿는다. 분명, 하나님은 우리가 부요하거나 가난하도록, 혹은 그 가운데 어느 지점에 위치하도록 결정하신다. 부자가 되는 것이 죄악은 아니다. 가난하다는 것도 죄인이라는 증거가 되지 못한다. 우리는 "어떠한 형편에서든지" 자족하는 법을 배워야 한다(빌 4:11).

비밀은 단순히 다음과 같은 것이다. 재정적인 부, 훌륭한 외모, 운동 능력 혹은 사역의 성공이라는 측면에서 부요하기를 소망한다면 그리고 그런 부가 주어졌다면, 가장 위험한 지위에 올라와 있는 것이다. 그러나 잠언 30장 7-9절의 지혜를 믿을 수 있고, 가난하지도 부하지도 않은 상태의 유익을 알 수 있다면, 그래서 그런 부요를 구하지 않을 수 있다면 결과는 달라질 것이다. 하나님이 나를 부요하게 만들기로 작정하셨다면, 하나님이 내 삶에 허락하신 부요함의 선한 청지기가 되는 게 훨씬 더 수월할 것이다. 그러나 내가 부요함을 갈망했다면, 그래서 그 부요함을 얻었다면, 그 부요함은 아마도 나를 파멸로 이끌 것이다.

어느 날 나의 훌륭한 친구 프레드 스미스 주니어(Fred Smith Jr.)가 야망이라는 매복병에게 공격받은 몇몇 교회 지도자에 대한 묵상을 들려주며 이렇게 말했다. "언제 하나님의 기름부으심이 충만해질까?" 목회자로서 그냥 내버려 두면 자연적으로 야망에 사로잡히는 우리 각자를 위해, 나는 우리가 예수님을 우리의 유일한 소망으로 바라보며, 우리의 목적 진술이 우리가 "하나님의 영광을 위해 그리고 그분을 영원토록 즐거워하기 위해" 존재한다는 사실을 끊임없이 상기시켜 주기를 간절히 기도한다.

4_

효과적인 목회 계획의 내면 ❷

믿음에
기초한 헌신

● ● ● 그 것 은   하 나 님 의   뜻 인 가 ?

히브리서 기자는 하나님이 믿음으로 사는 성도들을 얼마나 중요하게 여기시는지 명확하게 표현했다. "믿음이 없이는 하나님을 기쁘시게 하지 못하나니"(히 11:6). '믿음의 삶'이 개인적인 삶뿐만 아니라 교회 안에서의 삶에 끊임없이 영향력을 미친다는 사실이 의문의 여지없이 중요한 사실로 받아들여지게 하라. 성공의 가능성에 연연해 하지 않고 하나님의 인도하심을 따라가려는 사고방식을 가진 목회는 하나님의 은혜 안에서 전개되는 목회가 될 수밖에 없다.

교회를 위한 전략적인 계획을 수립할 때, 지도자들은 이 문제를 먼저 해결해야 한다. "믿음의 헌신을 할 것인가, 아닌가?" 대답이 "그렇다"

이면, 스스로에게 다시 물어야 한다. "어떤 방식으로 믿음의 헌신을 증명해 보일 것인가?" 다른 말로 하면, 교회 지도자들은 위험을 수반하는 결정을 내려야 할 때 어떤 물음에 근거해 질문할지 일찌감치 결정할 필요가 있다. "이것은 가능한 일인가?"라는 질문을 던질지, 아니면 "이것은 하나님의 뜻인가?"라는 질문을 던질지. 나는 두 번째 질문이 유일하게 합당한 질문이라고 확신한다. 다른 표현을 빌어 질문해 본다면 "하나님의 영광을 드러내기 위해 어느 정도까지 실패의 위험을 감수할 것인가?"로 바꿀 수 있을 것이다.

신학교를 절반쯤 마쳤을 때, 나는 졸업 후 사역이 어떻게 전개될지에 대해 진지하게 기도하기 시작했다. 몇몇 친구는 미국처럼 쉽게 복음을 들을 기회가 없는 다른 나라에 사는 사람들의 영적인 필요를 채워 주기 위해 선교에 헌신할 마음이 없는지 생각해 보라고 도전했다. 해가이 연구소의 소장이자 창립자인 존 해가이(John Haggai) 박사님이 해가이 연구소에 동참하여 복음을 전파하기 위해 제3세계 지도자들과 함께 일하자고 제안한 것이 그 무렵이었다. 그 사역에 대해 흥미를 느꼈지만 그런 요청이 하나님의 인도하심은 아니라는 것을 깨달았다.

내 결정을 알려드리기 위해 해가이 박사님을 만났을 때 그분이 보였던 반응이 내 삶과 미래의 사역을 극적으로 정리해 주었다. 그분의 강력한 도전은 "하나님을 위해 아주 위대한 일을 시도하라. 그래서 하나님이 함께하시지 않는다면 실패할 수밖에 없는 일을 시도하라"는 것이었다. 나는 그 도전을 마음에서 지울 수가 없었다. 그 도전은 내 생애 가장 완벽한 순간에 주어졌다. 그 구호를 받아들인 이후로 나는 한 번도 그저 평범하게 "그게 가능한가?"라고 질문하지 않았다. 그 순간부터 생각해 보아야 할 유일하게 합당한 질문은 "그게 하나님의 뜻인가?" 였다.

그 질문은 다소 예기치 못한 방식으로 다시 찾아왔다. 우리 교회 초창기에, 처음 장립 받은 몇 안 되는 장로들이 교회를 위한 중요한 몇몇 결정을 내리기 위해 모였다. 장로 중 한 분이 대담한 변화를 시도하고, 평범하지 않으며 (비용도 아주 많이 드는) 규모가 큰 위험을 감수해야 한다고 제안했다. 그 장로의 제안을 들으면서, 나는 그 제안이 훌륭하긴 하지만 가능성은 없어 보인다고 중얼거렸다. 실패라는 대가를 치르고 얻게될 교훈 때문에 나 자신을 더 훌륭한 사람인양 자처할 수는 없었다. 그순간 나는 우리 교회의 새로운 표어가 된 해가이 박사님의 도전을 장로들에게 가르치고, 믿음에 기초한 헌신의 중요성을 강조해 온 사람이 바로 나 자신이라는 사실을 기억했다. 바로 그 장로가 우리가 자주 사용했던 표어를 인용하라고 내게 요청했을 때, 내 마음은 아주 겸손해져 있었다. 그 표어를 말하자마자 그 장로는 이렇게 말했다. "랜디 목사님, 저는 이 제안이 (하나님의 뜻이 아닐 것이라고 믿을 아무런 이유가 없다고 추정하며) 정곡을 찌르는 올바른 제안이라고 주장합니다." 우리는 그 제안을 받아들였고, 그 제안이 훌륭한 결정임을 알게 되었다.

많은 사람이 올바른 동기에서 출발해 하나님의 뜻을 행하고자 하면 성공이 보장되리라는 잘못된 추측을 한다. 하지만 하나님의 뜻이라고 생각한 일을 합당한 동기를 가지고 행하고도 철저하게 실패할 가능성이 무척 크다는 사실을 인정할 필요가 있다. 솔직히 말하면, 하나님의 뜻대로 행했는데도 실패할 때가 있다.

교회의 첫 건물을 구입하려고 애쓸 때, 우리는 우리 교회의 이름이 새겨진 것 같은 땅 하나를 발견했다. 그러나 그 땅의 가격은 당시 최선을 다해 헌금한 건축헌금 4만 달러를 훨씬 넘어섰다.

나나 그 어느 누구도 부탁하지 않았지만, 우리 교회가 땅을 필요로 한다는 사실을 알고 우리 교회와 친분이 있던 한 그룹의 다른 지역 사업가들이, 우리를 위해 그 땅을 구입하는 합자회사에 투자하겠다는 호의적인 제안을 해왔다. 미국 증권거래위원회의 인가를 얻은 합자회사를 구하고, 이 친구들이 주선해 주는 만남을 통해 다양한 도시에 있는 사업가들에게 투자 제안을 하는 문제는 우리의 책임이었다. 그리고 거기에는 분명 위험이 뒤따랐다.

증권거래위원회로부터 인가가 나기까지 그 땅을 잡아두는 데 필요한 담보금은 (우리 교회가 그때 가졌던 건축헌금 전부인) 4만 달러였다. 사업가들의 조언과 영적인 조언 모두, 그 위험을 감수하라고 우리를 격려했다. 우리는 기도했다. 그리고 정부가 우리에게 기금조성을 허락해 주길 기다렸다. 결국 주식 공모 때 필요한 매출 안내서는 인가되었지만 (증권거래소의) 청산 거래 완료 시점이 우리가 맺은 부동산 계약의 만기일 바로 며칠 전이었다. 많은 도시를 돌며 우리의 제안을 설명할 충분한 시간이 없었기에 시간은 계약 만기를 넘어섰고, 그 땅은 우리 교회 다음으로 계약하기를 원했던 사람에게 넘어갔다. 우리는 그 땅을 잃었을 뿐만 아니라 우리가 걸었던 담보금(우리 교회가 모은 건축헌금 전액)까지 잃어버렸다.

이 사건이 있자마자 즉각적으로 돈이 모이기 시작했다. (실패할 위험을 감수하면서 어떤 위대한 일도 시도하지 못했던, 그래서 그렇고 그런 성취를 얻거나 아무런 성취도 얻지 못했던) 우리 교회의 성도들이 평소와 달리 거액을 헌금했을 뿐만 아니라, 합자회사를 제안했던 그 친구들 중 몇몇도 우리 교회에 헌금을 했다. 몇 달 만에 우리 교회의 은행 잔고는 원래 가지고 있던 것보다 많아졌다. 그래도 결국 우리 교회는 첫 번째 구입하려고 했던 땅보다는 결코 이상적이지 않아 보이는 땅을 구입했다.

여러 해 동안, 나는 우리가 처음에 구입하려 했고 지금은 대단위 아파트단지가 들어선 그 땅 옆을 운전하며 지나다녔다. 그 당시 우리가 구입했던 땅보다 네 배나 컸고 큰 도로와 인접해 있어서 접근성도 양호했던 그 땅을 바라보며, 나는 종종 왜 하나님이 우리가 그렇게 노력했음에도 불구하고 실패라는 쓴잔을 맛보게 하셨는지 궁금했다. 여러 해가 지난 후에 하나님은 내게 하나님의 '더 나은 길'에 대한 작은 깨달음을 허락하셨다.

약 8년이 지난 후에, 우리는 원래 구입했던 땅에 추가로 1만 3천 평의 땅을 더 구입했음에도 늘어나는 교회의 성도들을 섬기기에 충분치 않다는 사실을 깨달았다. 하나님은 자신의 섭리 가운데 원래 우리가 구입하려고 했던 땅보다 2.5배나 크고 훨씬 더 좋은 위치에 있는 땅을 허락하셨다. 우리가 처음 땅에다 교회 건물을 건축했다면 절대로 그런 이동 결정을 내리지 못했을 것이다.

그리고 눈이 열리는 후기가 있다. 우리가 원래 구입하려고 했던 그 땅으로 강력한 토네이도가 할퀴고 지나가 그 곳에 세워졌던 대단위 아파트 단지가 기초까지 다 무너졌다. 그 땅을 원래 계획대로 구입했더라면, 우리 교회는 토네이도에 갈기갈기 찢겼을 것이다.

분명히 하나님을 경외하는 것이 우리의 목적이라고 믿을 만한 충분한 이유를 지닌 어떤 일을 시도할 때, 심지어 그 일을 하는 올바른 동기로 무장되어 있을 때조차도, 여전히 우리는 실패할 가능성이 있다. 그러나 우리는 실패를 경험할 때 궁극적으로는 이 실패로 인하여 훨씬 더 유익하게 될 것이라는 사실을 알 수 있다.

예배 처소 이전

믿음에 기초한 헌신으로 교회를 이끌어 가는 것은 고통스러운 경험이 될 수 있고, 연약한 믿음으로 인해 두려움이 생길 때도 있다. 그리고 분명 나도 예외는 아니다. 다음에 소개할 이야기가 그 점을 잘 드러낸다.

이미 우리 교회가 새로운 예배 처소로 옮겨가는 문제를 언급했다. 그때는 교회가 설립된 지 대략 12주년째가 되는 해였다. 우리 교회의 지도자들은 만장일치로 이 결정을 가결했다. 진부하게 느껴질 만큼 오랫동안 사용해 온 구호를 부여잡으며, 우리는 우리가 생각하는 하나님의 뜻이 땅값과 관계된 것이라고 생각했다. 응답을 주시기에 합당하다고 생각되는 공식을 사용해 계산해 보니 최소한 9만 5천 평의 땅이 필요하다는 사실을 발견하고 깜짝 놀랐다. "하나님이 함께하시지 않는다면 실패할 수밖에 없는" 큰 일이었지만, 우리는 예배 처소를 옮기는 문제의 예비 단계에 착수했다.

풍성하지만 합당하다고 생각하는 최대한의 예산을 수립했다. 그리고 두 명의 전문 부동산 중개업자(우리 교회 교인)를 고용해 합당한 예배 처소를 찾도록 했다. 그들에게 주어진 기준을 적용한 결과 단 한 곳, 13만 평의 땅만이 모든 조건을 충족하는 것으로 나타났다. 그러나 땅 주인이 제시한 가격은 우리 예산의 몇 배에 해당하는 수준이었고, 그 땅은 이미 다른 사람과 계약이 체결된 상태였다. 그 땅 주인은 우리의 제안을 거절했고, 우리가 고용한 부동산 중개인들은 계속해서 땅을 물색했다.

다른 땅을 찾는 일이 아무런 진전이 없자, 나는 두 명의 부동산 중개인에게 그 땅 주인에게 찾아가 우리 교회의 제안을 한 번 더 제시하라고 부탁했다. 그 두 사람은 땅 주인이 우리 제안에 아무런 관심이 없고, 그 땅은 여전히 다른 사람과 계약이 진행중이라고 했다. 다른 땅을 찾는 일이 몇 주 동안 아무런 진척이 없자, 나는 또 다시 두 명의 부동산 중개업자에게 마지막으로 그 땅 주인을 만나 달라고 간청했다. 그들은 내키지 않았지만 내 의견을 받아들였다. 그리고 놀랍게도 그 땅 주인이 맺었던 이전 계약이 파기되어 그 땅을 급하게 팔아야 할 상황에 내몰렸다는 사실을 알게 되었다. 그 땅 주인은 우리가 제시했던 원래 제안을 절충 없이 받아들였다.

잠재적인 걸림돌

그 땅을 구입하는 절차를 마무리하기 전, 계약이 진행되어가는 동안에 나는 그 땅을 걸었다. 인접한 곳에 사는 이웃이 그 공터를 거니는 모습을 의아해 하며 내가 누구인지 물었다. 나를 소개하자 그녀는 그 땅의 구입 계약을 체결한 것에 대해 축하해 주었다. 그러나 곧바로 그 땅을 교회용 부지로 사용하는 허가는 결코 얻어내지 못할 것이라고 말했다. 나는 왜 그렇게 생각하느냐고 물었다. 그녀는 우리가 구입하려던 땅과 인접해 있는 또 다른 이웃 중에 한 사람이 북애틀랜타에서 가장 규모가 크고 힘이 센 자택소유자연합의 회장이라고 말해 주었다.

이 자택소유자연합의 회장이 우리 교회와 싸울 것이며 분명 승리할 것이라고 그녀는 확신했다. 나는 신속하게 그 회장의 이름을 알아냈고 예배 처소 이전을 담당한 책임자에게 넘겨주었다. 그리고 그 책임자에게 최대한 신속하게 그 회장의 가까운 친구가 되라고 지시했다. 그러나 그 책임자가 연락하기도 전에 그 회장이 먼저 예배 처소 이전을 담당한 책임자에게 전화를 걸어 다음 자택소유자연합회 모임에 참석해 달라고 초대했다. 예배 처소 이전을 담당한 책임자가 왜 자신을 초대하는지 물었더니, 그 회장은 "제가 교회 용도로 사용하도록 허가해 달라는 귀 교회의 요청을 얼마나 열성적으로 후원할 것인지 보여 드리고 싶어서요" 라고 대답했다. 예배 처소 이선을 담당한 책임자는 니무나도 놀랐고, 일이 어떻게 전개되는 건지 몰라 의아해 했다.

예배 처소 이전을 담당한 책임자는 그 회장에게 자신이 들었던 이야기(그녀가 용도변경 신청을 가로막기 위해 싸울 가능성이 농후하다는 이야기)에 대해 노골적으로 질문했다. 그녀는 7년 전에 자신이 그리스도인이 되었으며 믿음의 은사와 기도 사역을 부여받았다고 설명했다. 그녀는 그 7년 동안 집 뒤편의 넓은 토지가 자신의 기도 정원이었다고 설명했다. 그녀는 7년 동안 하나님이 하나님의 영광을 위해 사용할 어떤 사람을 위해 그 땅을 구별해 주시도록 기도했다.

그녀는 "우리는 잠재적인 구매자들과 하나하나 싸워서 이겼어요. 그러나 페리미터교회가 이 땅을 구입하려고 한다는 이야기를 듣고, 지역 사회에서 그 교회가 갖는 좋은 평판을 알게 되었을 때, 페리미터교회가 이 땅을 사용하도록 열성적으로 돕는 것이 나를 향한 하나님의 뜻이라는 것을 알았어요"라고 말했다. 뒤이어 우리의 용도변경 신청은 만장일치로 통과되었다.

테니스 코트에서 얻은 교훈

당신은 그런 초자연적인 간섭을 통해 우리가 예배 처소 이전 프로젝트를 진행하는 기간 내내 위대한 믿음을 증명해 보였으리라고 생각할 것이다. 그러나 사실은 그렇지 않았다. 그 땅 구입에 필요한 돈을 모금하는 시도나, 기존의 건물을 매각하는 일, 그리고 새로 건물을 짓는 데 필요한 헌금을 모금하는 일까지 모두 다 난항을 겪는 것 같았다. 전망은 냉혹했다. 여름이 되었을 때, 나는 매년 갖던 2주간의 연구 휴가를 떠났다. 나는 아내 캐롤에게 하나님이 내가 페리미터교회를 떠나 다른 사역지를 찾도록 인도하시는 것 같다고 말했다. 아내는 충격을 받았다. 그리고 나는 하나님이 나를 그렇게 인도하신다는 느낌 때문에 슬펐다. 나는 그 이전에도, 그 이후에도 결단코 그런 느낌을 받아본 적이 없다.

연구 휴가기간의 마지막 주간 동안, 나는 다른 도시에 있는 친구의 집에 머물렀다. 이 친구는 여러 해 동안 전문 테니스 강사로 일해 왔고, 나에게 테니스를 가르쳐 주었다. 여러 해 동안 그 친구를 이겨 본 적이 없었다. 내가 애틀랜타로 돌아오기 전날 나는 그와 경기를 했다. 내가 처음으로 그 친구를 이겼다. 그 친구도 나만큼이나 충격을 받았다. 그리고 다음 날 아침 내가 집으로 떠나기 전에 재경기를 갖자고 도전했다. 그 친구는 "난 정말로 네가 이긴 것이 요행이었는지 알고 싶어"라고 말했다. 나는 다시 경기를 하고 싶지 않았다. 내가 마지막으로 이긴 상태에서 그 도시를 떠나고 싶었다. 그러나 재경기를 피할 수 없었다. 나는 그 친구가 세트마다 나를 '영점 행진'으로 무찌를 것이라고 믿었다.

경기를 마치고 나서, 그 친구는 과거에 나를 경기를 아주 못하는 사람으로 보았지만 한 번도 이기려는 모습을 발견하지 못했다고 이야기했다. 그 친구는 무엇이 문제였는지 물었다. 나는 이기려고 노력하지 않았고, 그 이유는 다름 아닌 패배에 대한 두려움 때문이었다. 내가 이기려고 노력하지 않았다면 게임에서 진 것에 대해 쉽게 변명할 수 있다는 사실을 깨달았다.

하나님은 동일한 원리가 교회의 예배 처소를 옮기는 문제와 관련해서도 진리라는 점을 깨닫게 해주시려고 이 사건을 사용하셨다. 나는 하나님이 페리미터교회를 떠나도록 인도하신다는 것을 느낀 것이 아니라 테니스 경기에서처럼 단지 실패가 두려웠던 것이다. 나는 우리가 예배처소 이전을 완수할 수 없을 것이며, 개인적인 수치로 결말지어질 것이라는 확신을 갖게 되었다.

집으로 돌아온 후 어느 아침, 나는 출애굽기에서 모세의 지도 아래 인도함을 받는 이스라엘 백성들의 여정에 대한 내용을 읽고 있었다. 나는 강력한 충동에 이끌려 나의 영적 일기에 다음과 같은 내용을 기록으로 남겼다.

나는 우리 교회를 홍해의 해변으로 이끌어 왔다. 탈출구는 없고, 바로의 군대는 점점 다가온다. 나는 백성들이 홍해가 갈라질지 그렇지 않을지 알고 싶어 하기 시작했다고 확신한다. 내가 백성들이 홍해를 건너게 할 능력을 갖고 있다는 확신은 희미해졌다 ─ 그것까지는 좋다. 그러나 희미해진 확신의 빛 아래에서 두려워하고 의기소침해진 나 자신을 발견한다. 내가 느끼는 두려움의 일부분은 바로가 다가올수록 성도들이 홍해가 갈라지는 것을 보기 위해 점점 더 마지못해 믿음으로 서 있게 될 것이라는 데 대한 걱정이 더 커진다는 것이다. 그러나 나는 그들을 이끌어 홍해를 건너게 하는 일에 헌신된 사람이다. 모두가 우리와 함께 가지는 않을 것이다. 그러나 이기든 지든, 우리는 완주할 것이다.

내가 실패를 두려워하는 만큼 믿음의 헌신에서조차 모험을 하지 않는다는 두려움이 더 증가되어 갔다. 이제 나는 하나님께 영광을 돌리기 위해 믿음에 기초한 헌신을 증명해 보이는 교회의 일원이 되는 것의 유익 – 예를 들어, 사역의 오래 된 패러다임이 새로운 패러다임에 의해 깨지는 것을 보거나, 가장 중요한 하나님이 (나를 포함한) 어떤 사람들이 불가능하다고 생각했던 것을 행하시는 것을 지켜보는 복을 매 순간 반복적으로 받는 것 – 을 말하고 싶다. 한 가지 사건을 더 예로 들어보자.

개척 초기

페리미터교회를 개척하기 위해 애틀랜타로 이주한 우리는 새로운 교회를 세우기 위해 우리와 함께 일할 핵심그룹을 모으는 데 노력을 집중했다. 몇 달 만에 하나님은 우리에게 함께 개척하는 일에 헌신할 다섯 가정을 허락하셨다. 우리는 주일 아침 예배를 드릴 공간이 필요했다. 우리는 어떤 특정일까지 모임장소를 허락해 달라고 구체적으로 작정기도를 시작했다. 모두 다 그날까지 안전한 건물을 허락해 달라고 기도하기로 했으며, 함께 그런 건물을 찾아보기로 했다.
한 사람은 학교를 찾아보기로 했고, 다른 사람은 부동산 중개업소를 찾아다니기로 했고, 다른 사람은 호텔이나 사무실 공간 그리고 모임이 가능한 다른 유형의 건물들을 찾아보기로 했다. 예배 처소를 위한 작정 기도의 마지막 날이 되었지만, 아무도 적당한 건물을 찾아내지 못했다. 그날 이른 오후에 나는 하나님이 우리의 기도에 응답하지 않으신 것 같아 실망하며 집에 있는 사무실에 앉아 있었다.

내가 거기 앉아 있을 때 세실 데이(Cecil Day)라는 이름이 내 마음에 떠올랐다. 그는 미국에 있는 모텔 체인 중 하나인 데이즈 인(Days Inn)의 창립자이자 회장이었다. 비록 내가 그를 한 번도 만나본 적은 없지만 그의 놀라운 신앙에 대한 소문은 애틀랜타에 자자했다. 아마도 이전에 내가 선포했던 '믿음에 기초한 헌신'이라는 주제 때문에, 나는 그가 지금 이 도시에 있는지, 그의 사무실에 있는지, 나를 만날 시간이 있는지도 모른 채 안면도 없는 그에게 전화를 걸기로 했다. 내가 집을 나설 때 아내 캐롤이 어딜 가느냐고 물었다. 나는 "데이즈 인의 창립자를 만나러 가요"라고 대답했다. 그녀는 내가 약속도 잡지 않고 찾아 나선다는 사실을 알기 전까지는 감동했다. 아내가 왜 먼저 전화하지 않느냐고 질문했을 때, 나는 전화를 하면 그가 결코 약속을 잡지 않고는 만나주지 않을 것이 분명하고, 그날이 우리가 작정기도한 마지막 날이기 때문에 그렇게 한다고 대답했다.

그의 사무실에 도착했을 때 그의 비서가 응접실로 마중 나왔다. 그녀의 책상 뒤에 있는 문에 데이 씨의 이름이 기록된 것을 보고 나는 위험을 감수하기로 했다. 나는 그 문을 조심스럽게 열었다. 마침 그때 데이 씨는 막 사무실을 떠나려던 참이었다. 나는 재빨리 나를 소개하고 우리 교회가 예배 처소를 찾는다고 설명했다. 공짜로 사용할 건물을 요구하는 것이 아니라 빌려서 사용할 건물이 필요하다고 말했다. 그는 인자하게 내 말을 듣고 이제 막 공간이 빈, 오래된 데이 부동산 회사(Day Realty Company)의 본부 건물로 안내할 직원 한 명을 붙여 주었다.

건물은 작고 낡았지만, 내 눈에는 황실건물 같아 보였다. 나는 그 건물을 월세로 임대하고 싶다고 관심을 표현했으며, 월세가 얼마인지 물었다. 그 직원은 (원래 그 건물은 교회였기 때문에) 데이 씨가 원래 가격의 절반에 그 건물을 사용하도록 해줄 것이라고 말했다. 절반으로 할인되어 제시된 월세 가격은 매달 1,700달러였다. 나는 충격을 받아 거의 쓰러질 뻔했다. 우리 교회는 아직 비축한 헌금이 없었고, 저축한 돈도 없었다.

데이 씨가 붙여준 직원은 추가로 제반 공과금이 매달 300달러씩 더 든다고 설명했다. 2,000달러의 월세는 우리 교회로서는 2만 달러만큼 부담되는 액수였다. 내가 그 은혜로운 제안을 거절하기 전에, 그 직원은 데이 씨가 우리가 그 건물을 사용하고 싶어 하는지 알려 달라고 말했다고 했다. 그 직원은 이렇게 말했다. "데이 씨는 당신에게 추가로 월세를 깎아주길 원하십니다."

나는 그 직원에게 우리 교회가 정말 이 건물을 사용하고 싶다고 다시 한 번 말했다. 나는 데이 씨가 아마도 10퍼센트를 추가로 깎아줄 것이라고 생각했다. 할인된 금액을 계산하는 데는 그리 오랜 시간이 걸리지 않았다. 나는 대학에서 수학을 전공했다. 그러니 2,000달러의 10퍼센트는 너무나 쉽게 답이 나오는 것이었다. 그리고 그 10퍼센트의 차이는 우리에게 아무런 의미가 없었다. 그러나 내가 한 마디도 더 하기 전에 그 직원은 데이 씨에게 전화해 우리가 이 건물에 관심이 있다고 알렸다.

전화를 끊었을 때 그 직원의 입이 떡 벌어졌다. 그 직원은 나를 보고 이렇게 말했다. "데이 씨가 많이 깎아주시려고 하네요. 월세는 단돈 50 달러입니다. 그리고 추가로 내셔야 할 공과금도 없습니다."(나는 25달러로 깎아 달라고 한 번 더 요청했다. 농담이다.) 다시 한 번 하나님은 믿음에 기초한 헌신을 귀히 여기셨다.

"위대한 일을 시도하라"

믿음에 기초한 헌신이 가져다주는 유익은 수없이 많다. 그 유익이 의사결정 과정을 정하는 것이든 하나님이 불가능해 보이는 일을 행하시는 것을 보게 되는 것이든 간에, 하나님이 영화로워지셨고 그래서 기뻐하셨다는 사실을 알 때 경험하게 되는 만족과 비교해 볼 때 아무것도 아닌 것들이다.

1899년 시어도어 루즈벨트(Theodore Roosevelt)는 이렇게 말했다. "성공도 실패도 모르는 어두컴컴한 쇠퇴기를 살아가기 때문에 더 많이 즐기지도 더 많은 고난을 감수하지도 않는 못난 사람들과 어깨를 나란히 하기보다는, 실패할 확률이 있음에도 불구하고 영광스러운 승리를 쟁취하기 위해 위대한 일을 시도하는 것이 훨씬 낫다." 그의 말에 전적으로 동의하지만 나는 한 걸음 더 나아가 이렇게 말하고 싶다. "위대한 일을 성취했음에도 불구하고 믿음이 부족해 하나님의 칭찬을 듣지 못하는 것보다는 하나님을 위해 어떤 위대한 일을 시도했다가 실패하는 것이, 그래서 천국에서 하나님이 '잘 하였도다 착하고 충성된 종아, 너는 너의 믿음의 삶을 통해 나를 기쁘게 하였도다'라고 말씀하시는 것을 듣는 것이 훨씬 낫다."

시도한 일이 성공하느냐 실패하느냐는 핵심적인 문제가 아니다. 중요한 것은 믿음에 기초한 헌신과 우리의 삶을 통제하는 확신에 기초해 살아가는 삶을 통해 하나님을 영화롭게 하고, 왕중왕되신 그분의 내주하시는 능력으로 하나님을 영화롭게 하느냐이다. 교회가 하나님을 영화롭게 하고 그분을 즐거워하는 유일한 목표를 위해 존재하고 믿음에 기초한 헌신으로 움직여 갈 때 어떤 일이 일어나는지 지켜보라! 당신은 변혁적인 교회가 탄생하는 것을 보게 될 것이다.

당신이 수립하는 전략적인 목회 계획의 초창기부터 하나님을 경외하는 믿음과 더불어 믿음에 기초한 헌신을 드리라. 그러면 하나님을 기뻐하는 교회에게 주어질 복을 누릴 것이다.

하나님이
허락하신 비전

● ● ● 우 리 는   무 엇 을   이 루 려   하 는 가 ?

교회의 목적이 "왜 우리가 존재하는가?"라는 질문에 답했다면, 교회의
비전은 "우리는 무엇을 이루려 하는가?"라는 질문에 답함으로써 확립
된다. 마찬가지로, 믿음에 기초한 헌신이 위험을 감수하도록 우리를 준
비시킨다면, 하나님이 허락하신 비전은 우리에게 올바른 위험을 감수
할 책임을 지워준다.

전략적인 목회 계획을 수립할 때 다음으로 취할 단계에는 하나님이
당신의 교회를 통해 이루시려는 것이 무엇인지를 규정하는 과정, 다시
말해, 당신의 교회를 향한 하나님의 비전을 깨닫는 과정이 포함된다.
지도자들이 이 비전에 공감하기 전에는, 교회가 전진할 수 없다.

비전의 힘

1961년 5월 케네디(John F. Kennedy) 대통령은, 대통령으로서 그가 행한 가장 유명한 연설 중 하나에서, 우리의 생각을 확장하며 성취할 수 있는 능력에 도전하게 했던 미국의 비전과 우주 계획에 관한 비전을 제시했다. "저는 앞으로 10년이라는 세월이 지나기 전에 우리나라가 달에 사람을 착륙시키고 그를 무사히 지구로 귀환시키는 목표를 달성하기 위해 헌신해야 한다고 믿습니다." 이 비전을 전달할 때, 그는 다음과 같이 이야기하면서 이 목표가 갖는 거대함을 명확하게 인식했다. "이 기간 동안 그 어떤 우주 계획도 인류에게 더 인상적이거나 장기간의 우주 탐험이라는 측면에서 볼 때 더 중요하지 않을 것입니다. 어떤 어려움이 있어도, 어떤 비용을 치르더라도, 그 목표를 성취하고야 말 것입니다."

케네디가 제시한 비전이 1961년을 살아가던 대다수 사람에게는 불가능해 보였지만, 미국을 위한 대통령의 비전은 닐 암스트롱(Neil Armstrong)이 달에 인류의 첫 족적을 남기고 "인간에게는 작은 한 걸음이지만, 인류에게는 하나의 위대한 도약이다"라는 역사적인 말을 남긴 1969년 7월 20일에 성취되었다.

명백한 장기적 목표를 정의해 주는 명확하고 집중된 비전은 사람들이 비전이 아니었다면 불가능하다고 생각했을 일을 성취하도록 동기를 부여한다. 역대상 28장에 보면, 다윗 왕이 하나님을 위해 성전을 건축하는 비전과 계획을 나눈다. 역대상 29장은 백성들이 기쁨으로 반응했고, 자원하는 심령으로 성전 건축이라는 비전과 계획을 현실화하는 데 필요한 자원들을 헌금했다고 기록한다.

성경적 기초

마태복음 28장에서, 그리스도께서는 자신의 제자들에게 비전을 허락하셨다. 그리고 그 비전은 세대를 거쳐 우리에게까지 전달되었다. "그러므로 너희는 가서 모든 민족을 제자로 삼아 아버지와 아들과 성령의 이름으로 세례를 베풀고 내가 너희에게 분부한 모든 것을 가르쳐 지키게 하라. 볼지어다 내가 세상 끝날까지 너희와 항상 함께 있으리라 하시니라"(마 28:19-20). 대위임령은 실제로 우리가 생각해야할 비전의 두 가지 구성 요소를 제시한다.

먼저, 대위임령은 각자의 삶**에서** 일으켜야 할 **변화**에 대한 비전을 우리에게 제시한다. 특별히 교회는 그리스도의 가르침과 말씀에 순종하고 실천에 옮기도록 훈련된 제자를 만들어내라고 부름 받았다. 요한복음 15장에서, 예수님은 새신자가 무장되고 성숙해감에 따라 지역사회를 향해 파송된 성도의 삶에서 열매를 보게 될 것을 기대하라고 말씀하셨다.

둘째로, 대위임령은 교회 공동체에 속한 성도들의 삶을 **통해** 나타날 **변화**에 대한 비전을 교회에 제시한다. 사도행전 1장 8절은 세상을 향해 나아가 세상을 변화시켜야 할 비전을 성취하기 위해 교회가 감당할 역할에 대한 추가적인 관점을 제공한다. "예루살렘과 온 유대와 사마리아와 땅 끝까지 이르러 내 증인이 되리라."

이 구절에서 제시하는 지리적 위치에 대해 생각하는 한 가지 방법은,

예루살렘이 당신의 교회가 위치한 지역에서 **지리적으로** 가까운 사람들과 **관계적으로** 가까운 사람들 모두를 의미한다고 생각하는 것이다. 유대와 사마리아는 **지리적으로 가깝지만 관계적으로는 먼** 사람들을 의미한다. 이 지구상에서 가장 멀리 떨어진 곳은 당신의 교회와 **지리적으로도 관계적으로도 멀리 떨어진** 사람들을 의미한다. 증인의 역할은 각자의 위치에 따라 다양하겠지만, 증인의 사명을 감당하는 것이 변혁적인 교회가 붙들어야 할 비전의 일부라는 것은 성경을 근거로 볼 때 명백하다.

당신의 교회는 명확하게 정의된 비전을 추구하는가?

섬기는 교회를 향한 당신의 비전은 무엇인가? 그 비전에 대해 생각해 보았는가? 비전을 정의해 보았는가? 그 비전을 지도자 그룹과 부교역자 그리고 핵심적인 평신도 지도자들에게 분명하게 제시해 보았는가?

계획이 이끌어 가는 교회는 비전이 이끌어 간다. 간단히 말해서, 비전은 "우리는 무엇을 이루려 하는가?"라는 질문에 답을 준다. 비전 진술문을 만드는 과정에는, 하나님을 추구하고, 비전을 통해 달성될 요소들을 나열하고, 장로들의 참여와 동의를 구하며, 이 작업에서 불순물을 제거하고 정제하여 교회가 성취하기 원하는 바를 규정하는 짧고 기억하기 쉬운 진술문을 만드는 일이 포함된다. 변혁적인 교회가 되기 원하는 교회가 가져야 할 효과적인 비전 진술문의 특징들은 다음과 같다.

• 효과적인 비전 진술문은 하나님의 크심을 반영하는, 그래서 "하나님이

함께하시지 않으면 성취될 수 없는" 목표를 반영하는 믿음에 기초한 헌신에 근거해야 한다.

- 효과적인 비전 진술문은 교회가 성도들의 삶**에서** 이뤄내고자 하는 **변화**를 규정한다. 다시 말해, 대위임령이 제시하는 제자를 삼으라는 명령을 성취하기 위해 교회가 사역의 목표로 삼는 변화를 규정한다.
- 효과적인 비전 진술문은 교회가 성도들의 삶을 **통해** 이뤄내고자 하는 **변화**를 규정한다. 다시 말해, 세상 속으로 의도적으로 나아가 변화의 영향력을 미치기 원하는 교회가 사역해야 할 영역과 그 사역의 넓이를 확정해 준다.

누가 비전을 부여받는가?

이 질문은 하나님께로부터 비전을 부여받는 것이 누구의 책임인지에 대한 흥미로운 토론을 유발한다. 분명 정치구조는 교회마다 차이가 있다. 각 교회가 하나님이 허락하신 비전을 분별하는 적절한 과정을 가지고 있지만, 적어도 초창기에는 대개 하나님이 지도자에게 개인적으로 사역에 대한 비전을 허락하신다. 우리 교회의 경험을 돌이켜 볼 때도, 비전이 명료해지는 것은 종종 리더십 팀의 구성원이 염려를 표하거나 진단 질문을 던지는 것을 통해서였다. 목회자가 비전을 부여받는 문제에 있어서 중요한 책임을 감당해야 하지만, 결코 이 역할을 독립적인 방식으로 감당해서는 안 된다. 나는 우리 교회의 장로들이 내 마음을 견책함으로써 내 삶에 강력한 사역을 행해 오셨다는 사실을 발견했다. 장로들의 연합된 지혜는 나의 한계로 인해 내가 놓쳤던 하나님의 사역의 여러 측면을 보고 이해하도록 반복적으로 나를 도왔다. 사실 나는 우리의 마음을 다스리시는 하나님의 다스리심의 중요한 측면에는 다른 신실한 지도자들의 지혜를 통해 말씀하시는 하나님께 청종하려는 의지가 포함된다는 사실을 발견했다.

나는 하나님이 교회를 향해 품으신 비전이 무엇인지 결정하고자 하는 당회에 다음과 같이 조언한다.

"담임목사님이 비전에 대한 그림을 갖도록 연구 여행을 보내십시오. 시간을 투자해 하나님이 담임목사님의 직무기술서에서 어떤 내용이 우선순위를 차지하기 원하시는지 들으십시오."

의사결정

교회 사역의 초창기에, 나는 교회의 비전을 평가하는 다양한 시도를 통해 나를 호위해 달라고 장로들에게 요청하는 것이 최선의 길이라고 생각했다. 우리는 하나님이 우리를 향한 하나님의 계획에 대해 새로운 관점을 허락하시는지 혹은 단순히 현재 우리가 붙드는 비전을 재확인해 주시는지에 대해 함께 심사숙고했다. 나는 합의를 도출하는 방식으로 교회를 이끌어 갔기 때문에 하나님의 인도하심을 추구하는 문제도 팀으로 함께해 달라고 장로들에게 요청했다.

개인적으로 생각을 정리하고 기도하는 데 많은 시간을 투자했고, 시간이 지남에 따라 점점 더 하나님의 인도하심에 대한 확신이 생겼다. 그러나 매달 장로들과 대화하는 모임도 가졌다. 궁극적으로는 동일한 결론에 도달했지만, 그 과정에서 많은 것을 얻기보다 많은 것을 잃는 것 같은 느낌은 지울 수가 없었다. 합의를 도출했지만 그 과정에서 무수히 덜컹거리는 길을 경험했고, 논쟁점들을 가지고 토론하느라 더 많은 시간을 허비했다. 시간의 청지기라는 관점에서 볼 때는 분명 지혜롭지 못했던 것이다.

모든 토론 과정이 끝난 후, 나는 신뢰하는 교회 컨설턴트이자 저자로 활동하는 라일 쉘러(Lyle Shaller)에게 전화를 걸어 좀전에 우리가 마무리한 의사결정 과정을 평가해 달라고 요청했다. 그의 평가는 심오했다. 다음에 또 이런 결정을 내릴 때는 하나님이 초기에는 대개 담임목사를 통해 아주 명확하게 이끌어 가신다는 사실을 기억하라고 제안했다. 그는 이상적인 의사결정 과정을 다음과 같이 설명했다.

쉘러의 조언에 따르면, 담임목사는 비전 진술문을 만드는 데 주도적인 역할을 감당해야 한다. 그는 내가 "하나님의 음성을 구하러 산으로 올라가야 한다"고 말했다. 내가 하나님의 음성을 들었다는 확신이 들면, 내가 속한 교회의 정치구조상 나의 권위로 기능하는 장로들에게 나누어야 한다고 말했다. 그 순간 장로들이 내가 하나님의 인도하심으로 받아들이는 제안을 수용하지 않는다면, 다시 산으로 올라가 하나님의 음성을 듣기 위한 시간을 보내야 한다고 말했다. 하나님이 처음에 인도하시던 그 길로 이끄신다는 재확신이 들든지 다른 길로 인도하신다는 확신이 들든지, 그 확신을 장로들과 공유해야 한다. 또 다시 장로들이 새롭게 받은 비전을 수용하지 않는다면, 한 번 더 산으로 올라가 하나님의 뜻을 구하는 과정이 필요할 것이다. 그러나 세 번의 기회가 지난 후에도 합의점을 찾지 못한다면, 쉘러는 내가 담임목사직에서 사임해야 한다고 제안했다. 장로그룹과 담임목사가 비전에 합의하지 못한다면, 내가 속한 교단의 정치구조상 종속적인 위치에 있는 내가 내 비전과 내 리더십 팀의 방향이 조화를 이루는 다른 교회에서 사역의 기회를 찾아야 한다는 것이다.

이런 접근법은 공유된 리더십 구조를 갖게 하며, 그렇게 될 때 리더십 구조는 최선의 기능을 한다. 이런 접근법을 따를 때 비전을 부여받는 책임은 한 사람에게 지워지지만 그 비전을 확증하는 중요한 역할은 동료 지도자 그룹 안에서 이루어진다. 이 방법은 지도자에게 중요한 주도적인 권위를 부여하면서도 지도자가 자신의 비전을 하나님이 허락하신 비전이라고 확신하기 때문에 다른 사람들에게 일방적으로 주입하는 독재적인 구조를 만들어내지 않게 한다. 때로는, 비전이 다를 경우 서로 다른 길을 선택하는 것도 필요하다 (행 15: 36-41에 나타난 바울과 바나바가 헤어지는 모습을 살펴보라).

비전은 어떻게 부여되는가?

비전에 대해 가장 자주 묻는 질문은, "당신은 어떻게 비전을 부여받았습니까?"일 것이다. 각 교회의 정치구조가 다르고, 각 교회가 견지하는 신학 역시 동일하지 않다. 따라서 내가 견지한 신학이 옳다고 논쟁하고 싶은 것이 아니다. 다만 비전을 부여받는 것과 관련해 내가 배우고 경험했던 것을 통해 얻은 개인적인 관점을 나누고 싶을 뿐이다.

먼저, 비전이라는 단어는 수많은 사람에게 수많은 의미로 정의된다. 어떤 사람들은 비전이란 말을 들으면 곧바로 신비적인 황홀경이나 특별한 징조가 주어지는 것을 떠올릴 것이다. 어떤 사람들은 귀로 들을 수 있는 음성을 듣는 사건을 떠올리고, 어떤 사람들은 즉각적으로 바울 사도가 하나님께로부터 받았던 것과 같은 계시를 떠올릴 것이다. 내 경험으로는, 하나님이 허락하시는 비전을 부여받는 것은 드라마틱하기보다 다이내믹하다. 페리미터교회의 창립비전을 부여받는 과정을 설명하면서 어떻게 하나님이 허락하시는 비전을 추구했는지 나누겠다.

해가이 박사가 믿음에 기초한 사역에 대해 도전한 후에, 나는 연필과 종이를 준비하고 앉아서 하나님과만 지속적으로 시간을 보내기 시작했다. 하나님 한 분만이 나를 어떤 사역으로 부르시는지 알려주실 수 있다는 사실을 알았기 때문에, 하나님이 우리를 통해 어떤 일을 이루시기 원하는지에 대한 아이디어를 달라고 기도하며 매시간을 시작했다. 특별히 우리가 전심으로 추구할 수 있고, 그 비전이 성취될 경우에 하나님을 영화롭게 할 수 있으며, 하나님이 그 비전의 성취과정에 함께하시지 않으면 실패할 수밖에 없는 그런 비전의 요소들을 추구했다.

지금은 당시 내 마음에 떠올랐던 모든 생각이 하나님이 허락하신 것이라고 보장할 수는 없다는 사실을 안다. 그러나 내 마음이 깨끗하게 비워지고 하나님의 임재를 구한 상황이었기 때문에, 내가 기록으로 남긴 많은 아이디어 중 어떤 것들은 하나님이 자극해 주셨던 것이며 어떤 것들은 하나님이 내 삶을 걸도록 계획하신 바로 그 비전의 요소들이 될 충분한 이유가 있다고 확신한다.

나는 하나님과의 의사소통 경험을 위해 거의 100시간을 하나님께만 집중했다. 이 특별한 영적 훈련 기간 동안 클립보드를 옆에 두고 각 페이지를 채워가며 아이디어를 기록했다. 잠재적으로 하나님이 허락하셨다는 생각이 드는 것은 다 기록했으며, 적어도 생각을 더 발전시킬 가치가 있는 아이디어도 모두 기록했다. 그때 기록한 내용은 정기적으로 재검토했다. 나를 가장 잘 아는 사람들에게 자문을 구한 것들도 많지만, 주로 하나님이 내 마음 깊숙한 곳에 허락하신 그분의 생각들로 불타오르도록 간구하는 데 의존했다. 귀에 들리는 음성을 기대한 적은 한 번도 없었지만, 목표는 하나님과만 보내는 시간에 주어진 어느 특정 아이디어가 내 마음과 정신의 깊은 곳에서 불타올라 마치 하나님이 내 귀에 분명하게 말씀하신 것을 듣는 것처럼 확실해지는 것이었다.

그 기간 동안, 나는 하나님이 지금까지 경험하지 못했던 교회를 개척하도록 나를 부르신다는 강한 확신을 갖게 되었다. 내 마음의 눈을 통해 보았던 그 교회는 하나님이 함께하시지 않으면 실패할 수밖에 없는 그런 일을 성취해 내려고 노력하는 교회였다. 단순히 인간적으로 최선의 노력을 기울이는 것만으로도 달성할 수 있는 비전이라면, 그것은 하나님이 허락하신 비전이 아니라고 절대적으로 확신했다. 그 비전이 강하게 내 삶을 사로잡을수록, 그 비전을 추구하는 일에 왠지 이례적으로 성공할 것 같은 생각보다 비참하게 실패할 것 같은 생각이 더 많이 들었다.

전통적인 생각을 가진 사람들이 반대하지 않도록 하기 위해 내가 제일 먼저 헌신된 사람이 될 필요가 있다는 사실을 알았다. 그래서 아무도 없이 개척하는 것이 현명하다고 믿었다. 여러 사건을 통해 하나님은 애틀랜타가 하나님이 내게 교회 개척지로 허락하신 땅이라고 믿게 하셨다. 시간이 지나감에 따라 클립보드의 페이지들은 차곡차곡 채워져 갔다. 하나님의 비전을 추구하며 탐색여행을 시작한 지 몇 개월이 지난 후, 나는 마음속에 큰 그림을 갖게 되었다. 그리고 그 큰 그림을 종이에 기록했다. 그 큰 그림은 페리미터교회가 지난 세월 동안 발전해 온 모습과 놀라우리만치 닮았다.

애틀랜타로의 모험

나는 이제 곧 교회를 개척하려는 동역자들이 꿈꾸는 미래의 교회가 '그렇고 그런' 교회의 유형, 즉 다른 어떤 도시에 이미 존재하는 다이내믹하고 잘 알려진 교회와 동일한 유형이라는 이야기를 들을 때마다 실망한다. 내가 실망하는 이유 중 하나는, 그들이 자신과 자신이 사역하는 지역사회에 정확하게 맞아떨어질 바로 그 사역의 일부분을 감당하게 될 기회를 잃어버리기 때문이다. 나아가 내가 실망하는 진짜 이유는, 믿음에 기초한 헌신을 내어드리도록 강력하게 자극하시는 하나님의 이끄심을 심오하게 경험하는 교회 개척자를 내가 갈망하기 때문이다.

예를 들어, 나와 내 아내 캐롤이 마침내 애틀랜타로 이사 왔을 때, 나는 막 신학대학원을 졸업한 상태였다. 첫 아이는 생후 2개월도 되지 않은 상황이었다. 나는 미국 장로교회(The Presbyterian Church in America)의 후원을 받아 애틀랜타에 교회를 개척하기로 되어 있었다. 미국 장로교회 교단이 나를 선택한 것은 결코 내키는 일이 아니었다. 교회 개척을 위한 핵심멤버가 구축되지 않은 상황에서는 교회를 개척하지 않는 것이 그 교단에서 오랫동안 유지해 온 정책이었기 때문이다. 그런데 내가 그동안 하나님과 교제하며 정리해 둔 클립보드를 들고 아무런 동역자 없이 개척을 시작하라는 강렬한 소명의식으로 무장한 채 찾아왔기 때문에, 그들은 교단의 정책을 유보하면서까지 내 요청을 받아들여 주었다. 그들은 우리가 졸업하기 전에 애틀랜타에 아파트를 구해 주었고, 1년간 매달 1,200달러를 지원해 주기로 했다. 모든 준비가 끝났다.

그러나 나는 신학교를 떠나 개척할 도시로 이사를 한 후 맞이할 첫 번째 달이 끝날 때까지 수입원이 사라질 거라는 사실을 깨닫지 못했다. 우리는 그 기간 동안 아무런 재정계획이 없었다. 그러나 강력한 소명을 느꼈기 때문에 우리가 애틀랜타로 이사 가게 될 것을 알았다(아주 분명히 확실한 것은 아니었지만 말이다). 애틀랜타에 도착했을 때, 우리 수중에는 현금 10달러와 전기와 수도가 공급되지 않는 아파트, 텅 빈 냉장고 그리고 첫 달 월세 고지서밖에 없었다.

애틀랜타에 도착하는 날까지, 우리는 하나님이 우리의 모든 필요를 채우실 것이라는 확신을 갖고 있었다. 첫 달 월세를 지불해야 하는 금요일 오후 시간이 째깍째깍 흘러가면서 우리가 가졌던 그 모든 확신은 사라져 버렸다. 나는 아파트 관리인에게 우리의 사정을 설명해야 한다고 느꼈다. 캐롤과 나는 아파트 관리인이 어떻게 반응할지 염려했다. 월세를 미루고 미루다가 더 미룰 수 없게 되었을 때, 나는 사무실로 찾아가 관리인에게 이렇게 말했다. "아마도 지금 월세를 내야겠지요?" 아파트 관리인은 미안하다는 듯이 나를 쳐다보며 이렇게 말했다. "미안해요. 당신이 월세를 내야 한다는 사실을 깜빡 잊어버리고 오늘 결산한 금액을 벌써 은행에 입금해 버렸네요. 주말 동안 사무실에 돈을 두면 안 되거든요." 그러고는 나에게 이렇게 물었다. "월요일 아침 일찍 사무실로 오셔서 월세를 내셔도 괜찮겠어요?"

나는 안도의 감정을 애써 숨기며 관리인을 바라보며 이렇게 대답했다. "물론이죠. 그게 당신을 도울 수 있는 일이라면 월요일까지 기다리는 건 문제가 되지 않아요." 나는 월요일 아침까지라는 새롭게 얻은 예기치 않은 유예기간 동안 하나님이 우리에게 공급해 주셔야 할 금액을 계산하며 새로운 희망을 품고 집으로 서둘러 돌아왔다. 우리가 첫 달 생활비를 지원 받을 때까지 남은 주간 동안 우리 가정에 필요한 최소한의 예산은 아파트 관리비를 포함해 약 600달러였다. 이제 이틀간 더 하나님의 공급하심에 대한 확신을 갖게 되었다.

내가 아파트에 들어섰을 때 아내 캐롤은 결과가 어떻게 되었는지 걱정스럽게 기다렸다. 나는 흥분하여 아내에게 이렇게 말했다. "캐롤, 하나님이 자기 백성들의 믿음을 견고히 세우기 위해 항상 백성들의 필요를 마지막 순간까지 채워주지 않고 기다리시는 거 알지? 마지막 순간이 월요일 아침으로 연기되었어. 기다려 봐." 나는 다소 예언적인 어조로 그녀에게 말했다. "하나님이 토요일 우편물을 통해 우리가 필요로 하는 금액을 채워주실 거야." 나는 다음과 같은 세 가지 이유를 근거로 하나님이 그렇게 역사해 주실 것이라고 확신했다. 첫째, 우리가 애틀랜타로 개척여행을 떠난다는 사실을 아는 많은 친구에게 애틀랜타의 새 집 주소를 알려주고 왔기 때문이다. 둘째, 우리가 아는 사람들 중에서 우리의 필요를 채워줄 만한 사람이라곤 애틀랜타에 하나도 없었기 때문이다. 그리고 마지막으로, 정확히 필요한 금액을 우편을 통해 공급받은 그리스도인 지도자들에 대해 많이 들어보았기 때문이다. 나는 우리 가정에도 그런 역사가 일어날 것이라고 확신했다.

다음날 아침, 우리는 덥고 습도가 높은 애틀랜타의 6월 중순 무더위 속에 에어컨을 가동시킬 전기가 공급되지 않는 아파트에서 우편배달부가 도착하기를 기다렸다. 우편배달부가 도착해 우리 집에 아무런 우편물도 배달하지 않고 지나가는 모습을 볼 때까지 걱정과 희망이 공존한 상태로 우편배달부를 기다렸다. 그 순간 내 마음은 좌절되었고, 희미하던 소망도 자취를 감추었다. 나는 하나님이 우리의 필요를 채우실지에 대해 심각하게 의심하기 시작했다. 사실, 그날 밤 나는 갓난아기의 아버지로서 느끼는 책임감과 아무런 공급의 통로도 열리지 않은 상황으로 인한 중압감을 느낀 나머지 밤새도록 깨어 무릎 꿇고 혼란과 불확신 속에서 하나님께 부르짖었다.

나는 하나님이 그렇게 채우시리라고 혹은 채우셔야 한다고 내가 생각하는 방식대로 우리의 필요를 채우셔야 할 의무가 없는 분임을 잘 알았다. 우리가 애틀랜타로 이사해야 한다는 사실이 (우리가 의심할 여지없이 알 수 있는 유일한 하나님의 뜻인) 성경에 계시되어 있지 않다는 사실도 알았다. 그럼에도 불구하고 하나님이 내게 비전을 허락하셨고 소명을 허락하셨다는 확신이 너무나 강했기에 그 순간 일어난 일들이 이해가 되지 않았다. 나는 하나님께 정직히 내 마음을 내어드리며 이렇게 말씀드렸다. "지금 저는 하나님을 경외하는 사역 가운데 내동댕이쳐진 것 같은 느낌이 듭니다."

다음 날은 주일이었다. 우리는 낯선 애틀랜타에서 담임한 교회가 없는 한 목회자와 그의 가족이었다. 우리는 그 당시 가장 큰 교회였을 것으로 생각되는 제일침례교회 예배에 참석하기로 했다. 주차를 하고 우리 가족이 교회의 출입문을 향해 다가갔을 때 앞서 예배를 마치고 나오는 나의 오래 전 대학친구를 만났다. 이 친구는 학창시절 하나님의 은혜로 나를 통해 변화를 맛보았던 친구 중 하나다. 그 이후에 내가 신학대학원에 재학할 시절 몇 차례 재정적인 후원을 해주었던 친구다. 그때마다 나는 나보다 훨씬 더 그 돈이 필요한 사람에게 전해 주라고 돈을 되돌려 주었다. 그를 만나자마자 나는 그 돈을 기억했다. 우리가 지금 겪는 재정적인 어려움을 해결해 주는 것이 그 친구에게는 기쁨 그 이상의 일이 될 것이라는 사실도 알았다. (그리고 어쨌든 내가 되돌려 주었던 그 돈들은 결국 내게 돌아왔다!)

서로 따뜻하게 인사를 나눈 후 그 친구는 내가 애틀랜타에서 뭘 하는지 물었다. 나는 우리가 이곳에 교회를 개척하러 왔다고 대답했다. 그 친구는 흥미를 표하며 예배의 전반부가 진행되는 동안 함께 예배당 뒷좌석에 앉아 있자고 제안했다. 그는 이전 예배를 드렸기 때문에 설교 전에 떠나겠다고 말했다. 함께 예배당으로 걸어가면서 나는 벌써 하나님의 공급하심에 대해 감사를 드렸다. 그러나 우리가 좌석에 앉기 전에 하나님이 내게 말씀하신다는 강한 확신을 느꼈다. 다시 한 번 귀에 들리는 음성은 아니었지만 내 양심에 강렬한 확신으로 다가왔고, 이는 귀에 들리는 것처럼 생생했다. 나는 하나님이 나의 재정적인 필요에 대해 설명하지 말라고 말씀하신다는 사실을 알았다. 비슷한 상황에 처한 다른 사람에게는 잘못된 것이 아닐 수도 있고, 비슷하지만 다른 상황에 내가 처했더라면 잘못된 것이 아닐 수도 있는 일이었다. 그러나 나는 하나님이 나로 하여금 침묵하게 하신다는 것을 알았다.

나는 마지못해 순종했으며 아무런 언급을 하지 않았다. 재정적인 필요에 대해서는 한 마디도 언급하지 않았다. 헌금 바구니가 돌아갈 때, 나는 친구가 수표를 기록하는 것을 보았다. 나는 그가 이전 예배 때 드리지 못한 헌금을 드리나 보다고 생각했다. 나는 헌금 바구니를 그에게 전달했다. 그는 헌금 바구니에 수표를 넣지 않고 헌금 바구니를 돌리는 안내위원에게 전달했다. 그리고 나를 바라보더니 그 수표를 내 셔츠 주머니에 밀어넣으며 이렇게 말했다. "이 수표를 받아줬으면 좋겠어. 오랫동안 널 위해 뭔가 해주고 싶었어." 나는 곧바로 "알았어!"라고 대답했다. '이 돈은 돌려주지 않을 거야.' 내 마음에 울려 퍼지던, 아직 해결되지 않고 남아 있는 유일한 질문은, 그 친구가 나에게 충분한 돈을 주었느냐 하는 것이었다. 그 친구에게 얼마를 준 거냐고 묻는 것은 적절하지 않은 일이었다. 그래서 그냥 감사를 표하고는 설교가 시작되어 그 친구가 자리를 떠나기를, 그래서 수표가 얼마짜리인지 확인하기를 조마조마하게 기다렸다.

아주 실망스럽게도 그 친구는 설교가 시작되었는데도 자리를 떠나지 않았고, 예배가 끝날 때까지 내 옆에 앉아 있었다. 물어보나 마나 그 날의 설교는 내가 경험한 가장 긴 설교였다. 그 친구가 고개를 다른 곳으로 돌릴 때마다 주머니를 재빠르게 흘긋 쳐다보았지만, 얼마짜리 수표인지 확인하는 데는 실패했다. 마침내 예배가 끝나고 친구와 헤어졌다. 나는 우리가 필요로 하던 600달러인지 알아보기 위해 재빨리 수표를 꺼냈다. 어떤 사람들은 정확하게 일치하는 금액을 경험했을 것이다. 그러나 내게는 그렇지 않았다. 사실, 나는 하나님이 정확한 시간, 정확한 장소에 개입하셔서 아주 멋지게 그 선물을 우리에게 제공해 주셨다고 확신한다. 그리고 그분은 그 일을 독특하고 기억에 남는 방식으로 행하셨다.

핵심은 이것이다. 하나님이 허락하신 비전에 대한 강력한 확신이 아니었다면, 우리는 결코 주일 아침에 제일침례교회에 끝까지 앉아 있을 만큼의 '믿음에 기초한 헌신'을 가지고 열정적으로 집을 나서지 못했을 것이다. 우리는 하나님이 도와주시지 않았다면 실패했을 일들을 하나님이 현실화하시는 것을 지속적으로 목도했다.

페리미터교회에서의 비전 수립

이미 하나님이 허락하시는 비전을 구하며 하나님과만 시간을 보내기 위해 100시간을 투자했다는 이야기를 했다. 탐구 과정을 통해 모든 것을 말하고 모든 과정을 이행했을 때, 수많은 개념적 요소가 그 비전의 구성 요소가 되었다. 우리가 이 실재를 '비전'이라고 부르기 때문에, 내 마음의 눈을 통해 보았던 그 교회를 설명해 보겠다. 다음에 제시하는 것이 하나님이 내가 세우기를 원하신다고 느꼈던 교회의 윤곽이다.

먼저, 그 교회는 훈련받은 제자들의 질적인 특성을 통해 대도시 전체에 영향력을 끼치는 교회였다. 둘째로, 지리적으로 그 도시 전반에 퍼져 있는 사람들에게 충분히 다가갈 수 있는 지역적으로 광범위한 교회였다. 셋째로, 애틀랜타에 사는 모든 종류의 사람들에게 다가갈 정도로 사회학적으로, 경제적으로, 문화적으로 충분한 다양성을 갖춘 교회였다. 마지막으로, 나는 애틀랜타의 영적, 정치적, 교육적, 사회적 구조를 변화시키기 위해 연합하는 무장된 성도들의 개별 공동체, 다시 말해 애틀랜타가 하나님의 나라와 대면하게 만드는 교회 공동체의 연합을 보았다.

나는 이 비전이 하나님이 허락하신 비전이라고 조심스럽게 결론 내렸다. 그러나 오직 시간만이 증명해 주리란 것을 알았다. 의심의 여지 없이 그 노력은 두 가지 이유 때문에 믿음에 기초한 것이었다. 첫째로, 내게 어떻게 그런 교회를 구상해야 하는지에 대한 아무런 아이디어가 없었을 뿐 아니라 그런 유사한 비전을 가진 교회를 보거나 책을 통해서도 접한 적이 없었기 때문이다. 둘째로, 더 중요한 이유는, 그런 비전은 "하나님이 함께하시지 않는 한 반드시 실패한다"는 것이 교회의 목사인 나에게 주어진 현실이었기 때문이다.

최종적으로 기록된 비전

비전은 기록되기 전까지는 무용지물이라는 지적이 제기되어 왔다. 아마도 조금은 과장된 말인 듯하다. 그러나 당신이 비전을 기록할 수 없다면 그 비전을 현실화할 능력을 지닌 사람들에게 그것을 분명히 전달하지 못할 것이고, 그럴 경우에 기록으로 남기지 못한 비전은 무용지물이 되고 말 것이다. 이미 언급했던 것처럼 단순하고 간략하게 잘 기록된 비전은 다른 사람들이 이해할 수 있고, 암기할 수 있고, 반복할 수 있는 형식으로 표현된 것이며, 하나님이 개입하셔야만 이루어질 수 있는 규모의 아이디어다.

교회의 비전을 기록하는 데는 성경이 중요한 역할을 담당한다. 비전은 성경적 진리를 명확하게 재진술하고 적용할 때 신뢰를 얻는다. 거꾸로 말하면, 성경적인 원칙에 위배되는 어떤 비전이 아무리 생생하고 흥분되고 심지어 담대하기까지 할지라도 그것은 하나님이 허락하신 비전일 수 없다.

페리미터교회의 비전이 교회가 위치한 지역사회와 관련된 긴급한 관심사들을 표현하지만, "우리가 어떤 곳에서 섬기는가"는 이 장의 앞부분에서 언급했던 사도행전 1장 8절에서 발견되는 세 겹의 지역적 범위의 분석을 반영한다. 페리미터교회의 기록된 비전은 "우리는 무엇을 이루려 하는가?" 라는 질문에 다음과 같이 대답한다.

우리는 대 애틀랜타 시의 시민들과 우리가 섬기는 모든 지역에 사는 사람들이 하나님의 나라를 만남으로써 삶의 변화를 경험하게 한다.

지역사회 내에서 삶의 변화를 가져오는 그런 만남이 갖는 특성은 다음과 같다.

- 이 도시에 사는 사람들은 점점 더 인종이나 사회경제적 계층을 초월하여 말과 행동으로 전개되는 사역에 동참하고 그분께 열정적으로 헌신함으로써 그리스도의 몸된 교회의 구성원들이 되어 간다.
- 이 도시에 사는 신자들의 생활양식은 점점 더 높은 수준의 도덕적 기준을 지키며, 차별 없는 사랑을 실천하며, 모든 관계에서 영적인 온전함(integrity)을 드러내며, 믿음에 기초한 목표를 추구하며 그리스도 안에 있는 믿음으로 살아가고, 결과에 상관하지 않고 진리를 증거하는 생활양식으로 현저히 변해 간다.
- 이 도시에 있는 교회들은 점점 더 성령의 하나 되게 하심 안에 연합하여 지역사회의 필요를 채우는 사역을 해가며, 힘없는 자들을 위한 정의구현

과 화해와 일치를 위해 일한다.

- 이 도시의 교육적, 사법적, 정치적, 사업적, 사회적 구조들이 점점 더 하나님의 말씀에 일치해 가기 시작한다.

우리 교회는 모든 등록교인에게 이 비전을 소개한다. 우리는 각각의 초점이 지닌 배경을 설명하고, 명확한 이해를 돕기 위해 질문하게 하면서 많은 시간을 투자한다. 모든 장로, 집사, 제자훈련 지도자들이 이 비전을 암기해야 하고 이 비전에 동의해야 한다. 당신의 교회를 향해 하나님이 허락하시고, 충분히 명확하게 기록되고, 성도들에게 가능한 한 자주 제시되고, 가능한 한 많은 모임에서 제시되는 비전이 얼마나 중요한지는 아무리 강조해도 지나치지 않다. 그런 비전은 변혁적인 교회를 세워가는 기초석이다.

● ● ● ● 우 리 에 게   가 장   중 요 한   것 은   무 엇 인 가 ?

당신이 섬기는 교회생활 가운데, 금지해 버리면 교회의 사역이 지속적
으로 그 가치를 다하지 못하게 되는 확신, 활동 혹은 관습은 무엇인가?
다른 말로, 당신이 섬기는 교회에서 가장 중요한 것은 무엇인가? 아직
도 잘 이해되지 않는다면, 어떤 요소가 절대적으로 필요불가결한가?

　이 질문들에 명확하게 대답했다면, 당신은 섬기는 교회의 가치를 정
확하게 묘사한 것이다.

명시된 가치와 내재된 가치

　　대부분의 교회가 그렇지는 않을지라도, 많은 교회가 기록된

가치(written values, 가장 중요한 것이 되기를 열망하거나 기대하는 것들)와 (교회가 매일 신실하게 붙드는) 내재된 가치(unstated values)를 지닌다. 방문자들과 새로운 등록교인들은 명시된 가치들(stated values)에 대해 안다. 내재된 가치들은 내부자들에 의해 공유되고 존중받는다. 공식적이고 기록된 가치들은 비교적 변화시키기가 쉽다. 내재된 가치들은 보이지 않는 돌판에 새겨진 것 같다.

계획이 이끌어 가는 교회는 그 교회의 가치를 알고 명시해야 한다. 교회의 성도들과 지역사회를 효과적으로 변화시키기 원하는 교회는, 교회의 숨은 가치들을 분별해 내고 정직하게 평가한다. 왜냐하면 그 숨은 가치들이 교회 생활의 모든 면에 영향을 끼치기 때문이다. 그런 내재된 가치들을 분별해 내고 평가하는 것이 어렵다고 생각한다면, 교회가 열심을 내는 관례들이 실제적으로 교회의 내재된 가치들을 변화시켜가는 것을 목격할 때까지 기다리라. 한 교회가 내재된 가치들을 테이블 위에 올려놓고 시험해 보려 하지 않는다면 변화에 대한 그 어떤 이야기도 열매를 거두지 못할 것이다. 이 부분에 대해서는 이 장의 뒷부분에서 다시 다루도록 하겠다.

'존재론적인' 가치와 '행위론적인' 가치

목회 계획을 수립하면서 우리가 겪은 가장 도전적인 실습 중 하나는, 합당한 가치들로 구성된 간단한 목록을 작성하고 그 목록에 합의하는 과정이었다. (100명에 달하는 장로와 집사들이 참여하는) 연례 제직수련회 기간 동안에 지도자들을 10명씩 그룹으로 묶고 우리 교회를 규정하는 다섯 가지 명시된 핵심가치를 나열해 보라고 했다. 놀랍게도 약 10세트의 다섯 가지 가치 중에서 중복되는 가치들은 소수에 지나지 않았다. 어떤 그룹은 사랑 혹은 온전함(integrity) 같은 '존재론적인'(who we are) 가치의 관점으로 생각했다. 어떤 그룹들은 선교 혹은 제자훈련과 같은 '행위론적인'(what we do) 가치들을 제시했다. 또 다른 그룹들은 소그룹사역 혹은 문화적 적절성과 같이 내가 '방법론적'(how we do ministry)이라고 부르는 가치들을 제시했다.

이렇게 서로 다른 관점들은 마라톤 토론을 해야 할 만큼 풍성한 재료를 제공했다. 마침내 우리는 이 세 영역에 대해 간략한 목록을 도출하고 그 각각의 가치들에 대한 우리의 확신을 기술한 내용을 작성했다. 그런 다음 우리는 스스로에게 중요한 우선순위를 결정짓는 질문을 던져 보았다. "이 가치 목록들 중 어떤 것이 우리에게 가장 중요한가?"

질문의 여지없이 교회가 수행해 왔던 네 가지로 구성된 '존재론적인' 가치 목록이 최우선순위를 차지했다. 그 네 가지 가치는 사랑(Love), 온전함(Integrity), 믿음(Faith), 진리(Truth)였다 (영어의 첫 글자를 모으면 기억하기 쉽게 LIFT라는 단어가 된다). 사랑하지 않고, 온전함을 유지하지 않고, 믿음을 나타내 보이지 않고, 진리를 받아들이지 않는다면, 우리는 더 이상 교회로 존재하지 말아야 한다.

두 번째로 우리 교회에 중요한 가치 목록은 '행위론적인' 가치들이다. 우리는 교회가 행하도록 부름 받은 모든 일 중에서 우리 교회에 가장 중요한 세 가치를 우선순위에 두기로 결정했다. 다음에 제시하는 것이 우리가 우선순위를 두기로 결정한 '행위론적인' 가치들이다.

1. 우리는 공적인 예배와 개인 예배를 통해 하나님을 영화롭게 한다.
2. 성도의 교제와 영적 무장을 통해 신앙 안에서 자라간다.
3. 봉사와 긍휼과 복음 전도와 청지기의 삶을 통해 자신을 내어 준다.

세 가지 가치 목록 중 마지막은 '방법론적인' 가치들이다. 이 가치 목록에는 모든 등록교인이 참여하는 사역, 무장, 문화적 적절성, 소그룹사역이 포함된다. 이 가치 목록에 대해 교회의 지도자들에게 교육했지만, 일반적인 교회 성도들은 이 가치 목록에 대해 이야기하는 것을 거의 듣지 못한다. 두 가지 목록 정도가 일반 성도들이 소화하고 분명히 암기할 수 있는 최대 수준이다.

기존 가치의 변화

공식적이면서 내재된 가치들이 공개되고 나면 실제적인 사역이 시작된다. 가장 변화시키기 어려운 이념들은 '존재론적인' 가치들이다. '행위론적이고' '방법론적인' 가치들은 '존재론적인' 가치들이 명확하게 이해되고 유지된다면 대개 '존재론적인' 가치들을 따르기 마련이다.

본질적으로 교회 지도자들의 특성이 그런 가치들을 결정한다. 지도자의 핵심적인 의무 중 하나는 가치들의 우선순위를 알고 자신과 다른 사람들이 그 우선순위를 책임지도록 하는 것이다. 때로 가치를 변화시키는 (혹은 유지하는) 유일한 길은 지도자를 교체하는 것까지를 포함한다. 교회의 핵심 가치에 대해 전심으로 동의하지 않는 기존의 지도자나 잠재적인 지도자는 그 역할을 박탈당하게 된다.

한 교회의 '존재론적인' 가치들이 명시되고, 우선순위가 부여되고 나면, 그 가치들을 지속적으로 지키고 명확하게 하기 위해 정기적으로 재검토해야 한다. 정기적으로 행하는 부교역자들의 평가 항목에는 가치에 기초한 평가 요소가 포함되어야 한다. 이 과정을 통해 교회는 바람직한 가치와 훈련을 증명해 보인 사람들을 시상하고 격려할 수 있고, 그렇게 하는 데 실패한 사람들을 해임할 수 있다. 새로운 중직자나 사역의 지도자를 모집하고, 선택하고, 임용하는 과정에도 그런 가치들에 대해 미리 점검하는 과정이 포함되어야 한다. 현재 지도자들에게 높은 수준의 책임을 요구하는 것도 훌륭한 가치를 유지하고 변화가 필요한 가치들을 고쳐 가는 데 기여할 것이다.

'행위론적인' 가치와 '방법론적인' 가치들을 변화시켜 가는 데 있어서 두 가지를 제안하고 싶다. 먼저, 자원들이 교회의 가치와 충분히 한방향으로 정렬되게 하라. 한방향으로 정렬되어야 할 자원들에는 주요 시간대의 활동, 지도자, 재정이 포함된다.

예를 들어, 어떤 교회의 지도자가 선교를 '행위론적인' 가치라고 선포한다고 치자. 그러나 선교 훈련을 제공하지 않거나 선교 일정을 교회의 행사 계획에서 중요한 시간대에 배치하지 않는다면, 이것은 분명 명시된 가치를 손상한다. 영향력 있는 부교역자나 등록교인을 선발해 교회의 가치를 고취할 수 있는 사역을 인도하게 하고, 그들의 사역이 성공하도록 예산을 집행하는 것은 종이에 기록된 가치를 교회가 받아들이는 가치로 변화시켜 가는 방법이다.

모든 지도자의 사역관련 결정은 명시된 가치들과 한방향으로 정렬되어야 한다. 페리미터교회에서는 단순히 교회의 '행위론적인' 가치들이나 '방법론적인' 가치들에 부합하지 않는다는 이유로 많은 훌륭한 사역이 중단되거나 거부되었다. 그런 결정들은 사역의 유익에 기초한 판단이 아니라 우선순위가 분명히 정해진 분명한 가치 목록에 대한 헌신의 표현이었다. 가치를 명확히 하고 우선순위를 부여한 이유 중 하나는, 가치 있는 기회를 너무 많이 만날 때 결정을 내리도록 돕기 위해서다. 명확하게 정의된 우선순위가 없다면, 교회로서 우리가 기울이는 노력들은 파편화되고, 무질서하고, 쓸모없는 것이 될 것이다.

13장에서는 하부구조를 다룰 것이다. 그러나 이 장에서 우리가 가치에 대해 이야기하기 때문에 복잡한 가치 철학 전반에 대해 교회의 하부구조를 설계할 필요가 있다고 말하고 싶다. 교회 사역에는 언제나 과거의 성공이나 목회자의 영적 은사나 재능, 전통적으로 행해 온 프로그램 등이 (특히 '행위론적인' 가치와 관련해서) 다른 가치들을 지배하는 주요 가치가 되게끔 하는 유혹이 존재한다. 미국의 개신교회는 이 부분에 있어서 지난 몇 십 년 간 죄를 범해 왔다. 내 생각에 한 가지 '행위론적인' 가치가 미국 개신교회를 지배해 왔다. 그 가치가 교회의 중요한 시간을 점령하고 최고 지도자들을 독점해 왔다.

새신자들을 위한 구도자반에서, 나는 참석자들에게 매번 최근 몇 십 년 간 개신교회를 지배해 왔다고 생각하는 가치가 어떤 것인지 알아맞혀 보라고 한다. 내가 생각하는 가치를 말하기 전에 손을 들게 하여 의견을 수렴한다. 항상 내가 최우선으로 꼽는 가치는 참석자들이 꼽는 마지막 순위의 가치다. 당신도 한번 알아맞혀 보라. 다음에 제시하는 것이 내가 구도자반에서 사용하는 '행위론적인' 가치 목록이다.

- 예배와 기도
- 선교
- 제자훈련
- 교육
- 성도의 교제
- 목회적 돌봄
- 봉사와 긍휼

　이 가치 목록 중에서 어떤 가치가 지배적인 가치였다고 생각하는가? 당신이 '교육'을 선택했다면, 내 의견과 동의하는 몇 안 되는 사람 중 한 사람이다. 물론 내가 가진 확신은 다음 질문에 대한 답을 요청한다. 교육이 개신교회의 지배적인 가치였다면, 왜 많은 교회의 등록교인들이 성경 말씀에 대해 무식한가? 이 질문에 대한 대답은 교육이 지배적인 가치였다는 데 있는 것이 아니라 그 교육의 질적 빈약성과 관련되어 있다.

　내가 교육이 지배적인 가치였다고 주장하는 논지는 단순하다. 교회가 주요 시간대와 주요 지도자를 어떤 가치에 투자하는지 살펴보라. 지난 몇 년 동안의 공적인 예배를 평가해 달라고 요청받았다면, 당신의 대답은 주로 (모범적인 예배 시간의 절반을 차지하는) 설교의 질적 수준에 의해 좌우될 것이다. 당신이 장년 주일학교에 출석했다면, 장년 주일학교에 대한 평가는 각 수업의 내용에 기초해 이루어질 것이다. 주일 오후 예배에 출석했다면, 담임목사가 시간의 대부분을 가르치는 일에 투자한다는 사실에 주목할 것이다. 수요 저녁 기도회에 참여했다면, 당신의 경험은 아마도 내 경험과 같았을 것이다. 저녁 시간의 거의 대부분이 똑같은 담임목사가 똑같이 가르치는 것을 듣는 데 투자된다. 이 수요 저녁 기도회는 몇몇 사람이 병자와 몸져누운 사람들을 위해 기도하는 것으로 마무리된다. 모든 중요 시간대는 가르침으로 채워져 있고, 목회자의 주간 계획표도 설교를 준비하는 시간들로 가득차 있다. 그렇기 때문에 왜 교육이 지배적인 가치가 되었는지를 쉽게 발견할 수 있다. 봉사나 자비, 기도 혹은 제자훈련에 투자될 시간과 지도력은 거의 남지 않는다.

우리 시대의 가족들의 삶에서 중요 시간대는 많은 소규모 사업체만큼 복잡한 스케줄이 지배한다. 수백만의 미국인들에게 삶의 속도는 심신을 지치게 하는 것일 수 있다. 바쁜 일정과 빠른 속도의 삶은 사역의 다양한 가치 철학을 갈망하는 교회를 향해 수없이 도전해 온다. 극단적으로 어려운 몇몇 선택에 대해 준비하라. 하나의 가치가 다른 가치와 경쟁한다면(그리고 어떤 차원에서는 이런 일이 자주 발생한다) 교회를 위해 어떤 선택을 하겠는가?

- 수적으로 부흥하겠는가 아니면 거룩해지겠는가?
- 예배하겠는가 아니면 선교하겠는가?
- 교제하겠는가 아니면 교육하겠는가?
- 목회적 돌봄을 제공하겠는가 아니면 제자훈련을 하겠는가?

분명히, 교회의 가치를 규정하는 일은 도전적이지만 절대적으로 필요한 훈련이다. 나중에 전략적으로 설계된 하부구조를 이야기할 때 이

훈련에 대해 전반적으로 이야기하겠다. 그러나 지금은 교회의 가치를 결정하고 우선순위를 정하는 일이 교회의 지도자들에게 부여된 절대적으로 필요한 임무라는 사실을 정리하고 지나가라.

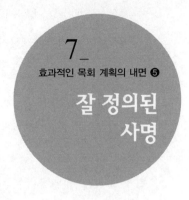

잘 정의된
사명

● ● ● 우 리 의   비 전 을   어 떻 게   성 취 할   것 인 가 ?

조금 전에 당신이 가족과 낯선 도시로 이사를 해야 하는 새로운 직책을
맡았다고 생각해 보라. 여러 해 동안 거주하며 살아온 집을 둘러보면
그동안 모아온 살림살이의 양 때문에 놀랄 것이다. 당신은 가족의 미래
에 대해 생각하기 시작하고 곧 가족을 위한 비전을 인식하게 된다. **새
로운 도시로 이주해 그곳에서 가족을 위한 견고한 기초를 확립한다.**

　한걸음 물러서서 이 비전을 생각해 보면, 비전을 성취하기 위해, 비전
을 달성해야 할 별개의 큰 덩어리 과제들(big-picture tasks)로 쪼갤 필요
가 있다. 예를 들어 보자.

- 부동산중개업자를 찾아내 일을 맡긴다.

- 가족들이 살 집을 물색하러 다닌다.

- 이사를 떠나기 전에 필요 없는 물건을 파는 벼룩시장(garage sale)을 연다.

- 이삿짐 운송업체와 계약한다.

- 마지막으로, 온 가족이 출석할 교회를 찾는다.

위에 제시한 예에서 다섯 가지의 큰 덩어리 과제들은 사명 선언문을 의미하며 각각의 선언문들은 "우리의 비전을 어떻게 성취할 것인가?"라는 질문에 대한 답이다. 섬기는 교회의 상황에 근거해 사명 선언문을 작성할 때, 당신은 하나님이 당신에게 허락하신 비전을 어떻게 성취할 것인지에 초점을 맞추어 작업을 시작해야 한다.

그것은 "하나님이 함께하시지 않으면 실패할" 당신의 교회를 향한 비전을 받아들이는 데 있어서 중요한 도전이다. 첫 단계는 비전 진술문을 더 관리하기 쉽고 큰 덩어리 구성요소로 나눈 사명 선언문을 만드는 것이다.

사명 선언문:
비전 진술문을 관리하기 쉬운 크기로 나누라

이 장의 남은 부분에서는 우리 교회의 비전과 그에 따른 사명 선언문을 살펴보려고 한다. 여기에는 다른 교회에도 접목할 충분한 적용점이 있다고 믿는다. 계획이 이끌어 가는 모든 교회의 중심에는 사명 선언문이 동반된 구체적인 비전이 있다.

예를 들어, 페리미터교회에서 우리는 "'대 애틀랜타 시의 시민들과 우리가 섬기는 모든 지역에 사는 사람들이 하나님의 나라를 만나게 함으로써 삶의 변화를 경험하게 하려는' 우리의 비전을 어떻게 성취할 것인가?"라는 질문에 대답해야 했고, 이 질문에 대해 다음과 같은 사명 선언문으로 대답했다.

우리는 다음의 사명을 완수하는 건강하고 선교지향적인 공동체를 만들어 냄으로써 우리의 비전을 성취한다:

1. 그리스도를 따르는 성숙하고 무장된 제자를 만든다.
2. 힘없는 자들과 잃어버린 자들의 복지를 위해 자신을 기꺼이 내어 주기 원하는, 기도하는 성도들로 구성된, 긍휼이 풍성한 교회가 된다.
3. 우리 교회와 우리가 살고, 일하고, 노는 공동체 사이에 전략적인 다리를 건설한다.
4. 위에 제시한 사명을 전략적으로 실행하기 위해 새로운 교회들을 개척하고, 애틀랜타 전역과 전 세계에 흩어진 기존 교회들과 동역관계를 형성한다.

사명 선언문의 첫 번째 항목("그리스도를 따르는 성숙하고 무장된 제자를 만든다")은 성도들의 삶에서 이뤄내기를 원하는 변화를 정의한다. 이 항목은 나머지 모든 항목의 기초가 된다. 이 항목은 1장에서 토의했던 '안전한 가정'이라는 교회의 역할에 핵심적인 구성 요소다. 이 선언문을 성공적으로 성취하는 것은 2, 3, 4번의 항목을 성취하는 능력과 직결되어 있다. 불신자들이 성숙하고 무장된 그리스도의 제자로 변화되도록 돕는 일에 성공하는 것은, 교회가 감당하는 선교의 효과성이나, 교회 안에서 섬기는 일군들의 숫자나, 남편들과 아내들 사이의 관계나, 지역사회에서 섬기고 세계 선교를 위해 후원하고 섬길 일군을 모집하는 모든 일에 직접적으로 연결되어 있다.

대다수 교회 지도자들이 제자훈련의 효과가 교회의 기초가 된다는 사실에 동의할 것 같지만, 내 생각에 오늘날 대부분의 교회는 성숙하고 무장된 그리스도의 제자들을 길러내는 데 효과적이지 않은 방법을 받아들였다. 나는 이 사실을 우리 교회 자체의 사역을 개발하는 과정 중에 발견했다. 8장에서 나는 우리 교회가 어떻게 이 부족함을 발견했는지, 이 중요한 항목을 성취하기 위해 우리가 취한 단계들을 어떻게 찾아냈는지를 토론할 것이다.

사명 선언문의 두 번째 항목("힘없는 자들과 잃어버린 자들의 복지를 위해 자신을 기꺼이 내어 주기 원하는, 기도하는 성도들로 구성된, 긍휼이 풍성한 교회가 된다")은 공동체 속에 함께 살아가는 가장 연약한 자들과 잃어버린 영혼들을 향해 긍휼의 마음을 가진 교회가 되고자 하는 우리의 헌신을 말해 준다. 자신을 기꺼이 내어 주려 한다는 것은, 우리가 자신을 효과적으로 내어 줄 수 있는 방법을 의식적이고 의도적으로 찾는다는 것이다.

사명 선언문의 세 번째 항목("우리 교회와 우리가 살고 일하고 노는 공동체 사이에 전략적인 다리를 건설한다")은 1장에서 토론했던 '효과적인 선교'(지역사회 전도)라는 두 번째로 중요한 교회의 역할을 구성하는 핵심 요소다.

초창기에 우리 교회가 견지했던 우선적인 전도 전략은, 성도들을 무장시켜 그들이 가족, 친구, 직장 동료에게 자신의 믿음을 나누도록 하는 것이었다. 우리는 성도들이 불신 친구들을 초청하여 복음을 듣게 할 수 있는 수많은 전도 행사를 계획해 개인 전도를 후원했다. 전 교회적인 전도 행사들을 통해 후원하는 개인 전도 전략은 많은 사람을 그리스도께로 인도했다. 사람들을 그리스도께 연결하기 위해 찾아가는 일에는 성공적이었지만, 우리가 놓치는 부분도 있었다.

우리가 견지한 전략을 평가하면서, 나는 조나단 에드워즈의 예를 관찰한 후 가장 효과적인 교회들은 다음 세 가지 영역을 강조한다는 사실을 발견했다. 훌륭한 신학과 성경적인 기초를 의미하는 '머리', '가슴' 혹은 예배와 잃어버린 자들을 향한 열정, 그리고 우리가 살아가는 지역사회의 필요를 채우는 '손'이 그것이다. 나를 놀라게 했던 것은, 우리 교회가 '머리와 가슴'의 훌륭한 조합을 가지고 있었지만 실제로 우리가 살아가는 지역사회의 필요를 채우는 '손'을 놓치고 있었다는 점이다.

지역사회를 향해 '손'을 펴라

세상을 향해 나아가야 할 우리의 역할을 평가하고 지역사회를 향해 '손'을 펼치는 것과 동시에, 나는 로버트 루이스(Robert Lewis)의 『거부할 수 없는 영향력을 가진 교회』(The Church of Irresistible Influence)를 읽었다. 이 책을 적극 추천한다. 이 책이 던진 여러 질문 중 하나가 나에게 강력한 영향을 미쳤다. "내일 당신의 교회가 없어진다면, 지역사회가 그 사실을 알아채거나 그 사실로 인해 걱정하겠는가?"

이 얼마나 강력하고 도전적인 질문인가? 교회는 지역사회에서 변혁의 동인으로 존재하도록 하나님께 부름 받았다. 그런데 페리미터교회를 포함한 많은 교회가 지역사회에서 사라지더라도 구성원 대다수가 교회를 그리워하지 않으리라는 것이 현실이다.

나는 우리 교회에 지역사회 속으로 찾아가 섬기는 성도나 사역이 하나도 없었다는 인상을 주고 싶지 않다. 다른 많은 교회처럼, 우리 교회도 지역사회와 연결된 수많은 사역을 진행했다. 전도사역을 맡아 섬기는 우리 교회 출신의 성도들도 있었다. 우리 교회의 문제는 지역사회 구성원들의 필요에 부합하기 위해 계획적으로 기도하거나 찾아가지 않았다는 것이다. 우리 교회는 계획이 없었다. 결과적으로 행동을 통해 믿음을 보여 줄 기회를 놓쳤을 뿐만 아니라 예수 그리스도의 복음을 나눌 기회를 만들어 주는 관계형성의 기회도 놓쳐 버렸다.

우리가 지역사회 속으로 찾아가는 사역의 영향력을 증대하기 위해 수립한 계획에는 두 가지 핵심 요소가 포함되었다. 첫 번째 요소는 교회 직원들이 교회에서 성도들을 모집하고 무장시켜 그들의 은사를 사용해 지역사회를 섬기도록 돕는, 평신도가 이끌어 가는 사역을 확립하는 것이었다.

두 번째 요소는 이미 지역사회의 필요를 채우는 데 효과적인 족적을 남긴 지역사회의 다른 사역들, 교회들, 정부기관들과 우리 성도들을 연결시키는 것이었다. 교회와 협력할 파트너를 선택하는 가장 중요한 기준 가운데 한 가지는 우리 성도들이 '말과 행동'으로 섬기는 사역 모두에 활동적으로 참여하도록 허락해 주느냐 하는 것이었다.

성도들이 기도하고, 그들이 섬기는 사람들에게 복음을 나눌 기회로 이끄시는 성령님의 인도하심에 민감해지는 것이 우리가 수립한 '지역 사회로 찾아가는 사역'의 목적이었다.

사역에 대한 이런 접근은 다음과 같은 수많은 목표를 이루었다.

- 그리스도를 따르는 성숙하고 무장된 제자를 만들어냈다.
- 우리가 섬기는 개개인, 나아가 지역사회를 향해 그리스도의 사랑을 보여 주었다.
- 그리스도를 위해 사람들에게 다가갔다.

교회 개척과 연합

사명 선언문의 네 번째 항목("위에 제시한 사명을 전략적으로 실행하기 위해 새로운 교회들을 개척하고, 애틀랜타 전역과 전 세계에 흩어진 기존 교회들과 동역관계를 형성한다")은 애틀랜타 지역 내에 지역사회 변혁을 이루기 위한 두 가지 분명한 전략-(1) 교회 개척 (2) 다른 교회들과의 동역-을 설명해 준다.

이 전략은 또한 우리 교회의 세계 선교 전략을 확증해 준다.

비전을 지원하는 전략 개발에 대한 예를 들기 위해, 위에서 제시한 각 영역에 대한 요약본과 페리미터교회에서 개발한 전략들을 소개하려고 한다. 여기에 소개하는 내용은 요약본이니, 인터넷에 접속하면 각 영역에 대해 더 많은 정보를 얻을 수 있을 것이다. 웹사이트 주소는 www.lifeonlife.org이다.

교회 개척을 통한 지역사회 변혁

약 30년 전 페리미터교회가 개척된 이래 교회 개척은 페리미터교회의 비전과 사명의 일부였다. 지난 세월 동안 교회 개척에 대한 열정이 식진 않았지만 교회 개척의 방법론은 발전해 왔다. 초창기 교회 개척 전략은 '한 교회, 여러 회중'(One Church, Many Congregations)이라는 구호로 잘 요약된다.

이 전략에 따라, 우리는 모교회에서 새로운 회중(congregation)을 탄생시키거나 모교회에서 약 8-16킬로미터 떨어진 건물을 임대해 새로운 교회를 개척했다. 나는 모교회에서 가르치는 책임을 감당하면서 일시적으로 새로운 회중을 섬겼다. 주일마다 모교회에서 설교하고 새로운 회중이 모인 곳으로 운전해 가서 설교를 했다. 그리고 다시 모교회로 돌아와 두 번째 예배의 설교를 담당했다. '한 교회, 여러 회중' 모델이 네 번째 다른 회중을 시작하기까지는 잘 움직였지만, 다섯 번째 회중을 위해 토론을 시작했을 때는 그 한계에 도달했음을 깨달았다. 수개월의 기도와, 모임과, 아주 유명하고 그 분야에 은사가 탁월한 컨설턴트의 도움을 포함한 심의 끝에, 우리는 비전을 전진시킬 새로운 수단을 만들어냈다. 우리는 그것을 국제페리미터사역원(PMI, Perimeter Ministries International)이라고 이름 붙였다.

PMI의 목표는 '한 교회, 여러 회중' 모델이 한 덩어리로 묶어 사역을 감당해 오던 다음 세 가지 과업 각각을 완수하는 것이었다.

1. 새로운 교회들을 개척하고 섬긴다.
2. 여러 회중으로부터 모은 자원들을 한 덩어리로 묶어 애틀랜타 내의 자

원이 부족한 교회나 시내에 위치한 교회에 전달하는 역할을 한다.

3. 각 회중의 효과를 증대하기 위해 페리미터교회와 연결된 모든 회중의 사역과 자원들을 중개한다.

1년 안에 페리미터교회의 네 회중 각각은 독창적인 조직의 교회들이 되었다. 나를 보조해 각 회중을 섬기던 부교역자가 각 회중의 담임목사가 되었다. 각각의 교회는 모교회와의 혼동을 피하기 위해 새로운 교회 이름을 정했다.

'한 교회, 여러 회중'이 된 지 10년만에, 우리는 네 개의 교회로 존재하게 되었다. 이 새로운 구조 아래에서 우리는 즉각적으로 새로운 교회들을 개척하기 시작했다. 그리고 얼마 지나지 않아 이 새로운 구조가 다른 성격의 그룹들을 향한 다양한 교회를 시작하는 일을 훨씬 더 쉽게 만들었음을 발견했다.

PMI 모델은 약 10년 동안 우리를 잘 섬겨 주었다. 그리고 우리는 20개 이상의 새로운 교회를 개척했다. PMI는 대 애틀랜타 시에 변화를 일으키려는 교회 사명의 중요한 구성 요소였다. 그럼에도 불구하고, 우리는 어떻게 하면 대 애틀랜타 시의 시민들과 우리가 섬기는 모든 지역에 사는 사람들이 하나님의 나라를 만나게 함으로써 더 큰 삶의 변화를 경험하게 할 수 있을지에 대해 계속 질문했다.

많은 기도와 토론과 평가 이후에 우리는 PMI를 해산하기로 결정했다. 교회 개척에 대한 헌신이 약해진 것이 아니라, 다음 단계로 발전하기 위한 새로운 모델이 필요하다고 결정한 것이다. 우리는 이 새로운 모델을 상근 교회 개척자(CPR, the Church Planter in Residence) 사역이라고 부른다.

CPR 사역은 2년간 페리미터교회에서 전임사역자로 함께 섬기며 개척을 준비하는 과정이다. 이 사역의 핵심 목표 중 하나는 교회 개척자들이 페리미터교회의 비전, 사명, 전략 그리고 계획에 대해 이해하도록 도우며, 이런 계획들이 매일의 사역을 실행하는 가운데 어떻게 전개되는지를 직접 보고 경험하게 하는 것이다.

이 글을 쓰는 지금이 우리 교회의 첫 상근 교회 개척자들이 새로운 교회들을 개척하기 위해 2년간의 과정을 마무리하려는 시점이다. 우리는 이들 교회 개척자들이 하나님이 그들에게 섬기라고 맡기신 지역사회 구성원들의 삶에 끼치게 될 영향력으로 인해 흥분하고 있다. 이 전략이 향후 10년 혹은 그 이상 우리 교회를 충분히 섬겨 줄 것이라고 믿지만, 그래도 이 전략의 성공 여부와 영향력은 평가해 볼 것이다. 그리고 성공적인 변혁적 교회 개척을 보장하기 위해, 필요하다면 수정하고 새로운 전략을 도입할 것이다.

교회 개척과 연합을 통해 대 애틀랜타 시를 향해 다가서다

우리 교회의 연합사역 전략은 "우리는 대 애틀랜타 시의 시민들과 우리가 섬기는 모든 지역에 사는 사람들이 하나님의 나라를 만나게 함으로써 삶의 변화를 경험하게 한다"는 비전을 완수하려는 맥락에서 교회 개척 전략을 평가한 결과 얻은 것이다. 교회의 계획을 평가해 보았을 때, 우리는 우리 교회가 각각 1,500명이 출석하는 또 다른 40개 교회를 개척하고 모두 합해 60개 교회를 개척하더라도 대 애틀랜타 도심지 속에서 단 96,000명의 성도밖에 섬길 수 없다는 사실을 깨달았다. 다음

20년간 도심지의 인구가 400만 명으로 고정되어 있다는 비현실적인 가정을 하더라도, 도심지 인구 전체의 3퍼센트에도 미치지 못하는 사람들만을 섬긴다는 결론에 이른 것이다. 우리는 애틀랜타를 향한 교회의 비전을 성취한다고 말하기가 쉽지 않다는 중압감을 느꼈다.

대 애틀랜타 시를 향해 다가서는 것이 하나님이 우리 교회에 주신 비전이라고 확신했기 때문에, 우리는 교회 개척 전략 하나만으로는 대 애틀랜타 시를 향해 다가서서 변혁이라는 결과를 가져올 수 없음을 깨달았다.

하나님은 신실하셔서 비전을 허락하실 때는 그 비전을 이루는 데 필요한 수단도 신실하게 공급하신다. 그리고 우리는 신실하게 그분이 허락하신 비전을 추구한다. 우리는 하나님이 문을 여셔서 다른 교회들과 연합하는 지혜와 그 지혜의 전략적 중요성을 보도록, 그래서 이 도시를 향해 다가서려는 우리의 비전을 나누도록 도우셨다고 확신한다. 이 비전에서 '연합하라!'(Unite)라는 구호로 호칭되는 운동이 탄생했다.

'연합하라!' 운동은 우리 교회에서 약 15분 떨어진 아프리카계 미국 교회인 호프웰(Hopewell)침례교회와의 월례모임으로 발전했다. 이 월례모임에서 두 교회의 부교역자들이 모여 각 교회와 지역사회를 위해 기도하고, 교회의 사역이 직면한 문제점들과 우리가 어떻게 이런 문제점들을 중점적으로 다룰 것인지에 대한 아이디어를 토론했다.

'연합하라!' 사역의 씨앗이 될 만한 아이디어는 루이스의 책, 『거부할 수 없는 영향력을 가진 교회』에서 얻었다. 그의 책 9장 "다른 교회와 연합하라"에서 루이스는 아칸소 주에서 열린 나눔축제(ShareFest)의 개막식 이야기를 한다. 그 개막식에서 주도(州都)인 리틀락(Little Rock)

시에 있는 100개 교회가 토요일 아침에 합심하여 기도하고, 그 기도모임 후에는 하나님의 사랑을 보여 주는 지역사회 봉사활동을 펼쳤다. 그리고 마지막으로 한 자리에 모여 축하하는 시간을 가졌다.

페리미터교회와 호프웰침례교회는 함께 핵심지도그룹을 형성하고 북동부 애틀랜타에 있는 교회들을 동원해 함께 기도하고 섬기고 축하하는 계획을 수립하기로 했다. 얼마 지나지 않아 두 교회로 시작된 모임은 함께 기도하고 일하는 일곱 교회가 참여하는 리더십 팀으로 확장되었다. 우리가 진행한 첫 번째 행사는 주말에 진행된 '행동하는 긍휼'(Compassion in Action)이었다. 이 행사를 통해 우리는 교회의 벽을 넘어 의미 있고 눈에 잘 띄는 사역을 펼치는 데 여러 교회를 동원했다. 또한 그 다음 주에는 '땅위에 임한 천국'(Heaven on Earth Celebration)이라는 이름의 축제를 개최하려는 계획을 세웠다.

여러 달 동안 기도와 최선을 다한 준비 이후 '연합하라!' 운동의 기치 아래 30여 교회에서 4,500여 명의 성도들이 모여, 각 교회가 결정하여 진행한 광범위한 지역사회 섬김 프로젝트를 통해 그들의 사랑을 실천에 옮겼다. 이날 진행된 프로젝트에는 공원 청소와 정비, 학교 운동장과 건물 수리, 헌혈, 의료지원서비스, 대단위 아파트단지에서 파티 개최하기, 양로원 방문하여 도와드리기, 집과 아파트 보수, 소년원 봉사, 지역사회 잉여음식 나눔 봉사(local food pantries) 등이 포함되었다.

'연합하라! 2003'의 가장 큰 업적 중 하나는 북동부 애틀랜타 전역에 걸쳐 증가일로에 있는 교회들이 함께 모여 기도하고 섬기고 축제를 열 수 있는 지속적인 모임의 기초를 마련했다는 것이다.

현재, 70여 교회가 '연합하라!' 운동에 참여하며, 이 교회들은 참여한 회원 교회들이 직접 찾아내고 가려낸 32개의 사역, 비영리 단체 혹은 정부 기관 중의 하나와 연결되어 사역을 펼친다.

'연합하라!' 운동의 성공은, 단일 교회로는 그 어떤 교회도 애틀랜타와 같이 큰 도시 전체를 섬길 능력이 없지만, 애틀랜타 전역에 있는 75-100여 교회가 하나로 연합할 때 도시 전체에 강력한 영향력을 미치기 시작했다는 사실을 강하게 예증해 주었다. 이 연합 전략은 애틀랜타 시를 향해 다가서려는 우리 교회의 사명과 모순되지 않으며, 우리 교회의 교회 개척 전략을 탁월하게 보충해 준다.

세계 선교

세계 선교를 통해 전 세계로 찾아가는 것은 교회가 개척되는 순간부터 페리미터교회의 비전과 사명의 일부로 자리잡았다. 사역 초기에, 우리 교회의 목표는 교회 재정의 50퍼센트까지를 페리미터교회 밖의 사역을 후원하고, 사도행전 1장 8절에 나오는 "예루살렘과 온 유대와 사마리아와 땅 끝까지 이르러 내 증인이 되라"는 그리스도의 명령을 완수하는 일에 투자하는 것이었다. 우리의 목표는 이 50퍼센트의 대부분을 세계 선교를 후원하는 데 사용하는 것이었다.

1990년대 중반에, 우리 교회의 세계 선교 전략에 중대한 변화가 생겼다. 세계적인 차원의 선교운동을 재검토해 보았을 때, 우리는 선교대상으로 삼는 지역의 필요를 가장 잘 섬길 수 있는 새로운 방법을 깨달았다. 그래서 선교지의 토착 사역들을 후원하고 섬기는 쪽으로 강조점을 옮겼다.

우리 교회 성도들 대부분이 보인 첫 번째 반응은 (우리의 비전을 어떻게 성취할지를 계획한) 사명 선언문을 살펴보고 우리 교회의 세계 선교 전략이 사명 선언문의 네 번째 항목을 성취한다는 결론을 내렸다. 그러나 세계 선교는 사명 선언문의 처음 세 가지 항목, 즉 (1) 그리스도를 따르는 성숙하고 무장된 제자를 만들고, (2) 복지를 위해 자기 자신을 기꺼이 내어 주려는, 기도하는 성도들로 구성된, 긍휼이 풍성한 교회가 되고, (3) 우리 교회와 우리가 사는 공동체 사이에 전략적인 다리를 건설하는 것을 성취하는 데도 중요한 구성 요소다.

그리스도를 따르는 자로 성숙한 성도는 세계 선교에 대한 마음을 가질 것이고, 마태복음 28장 18-20절의 대위임령과 사도행전 1장 8절의 땅 끝까지 이르러 복음을 전하라는 말씀을 성취할 것이다. 그 목표를 이루기 위해 교회의 성도들이 기도와 개인적인 선교여행 참여, 전 세계에 흩어진 동역기관들과의 동역, 사역 대상으로 정해진 마을과 도시와 나라에서 일어나는 측정 가능한 변화를 직접 목도하는 일 등으로 참여할 수 있게 해야 한다.

이곳 애틀랜타에서 우리가 기울이는 사역적 노력과 마찬가지로 세계 선교에서도 우리는 '측정 가능한 변화'라는 개념에 초점을 맞춘다. 우리가 가진 첫 번째 기대는, 사역 파트너들이 효과적인 제자훈련을 통해 교회 안에서 성도들의 삶이 변화되는 것을 보리라는 것이다. 교회 밖 사역을 위해 제자들을 성공적으로 동원할 때, 그들은 측정 가능한 지역사회의 변화를 볼 것이다. 복음이 전파되고, 남녀 성도들이 성숙하고 무장된 그리스도의 제자가 되어감에 따라, 우리는 영적, 경제적, 사회적, 의학적으로 삶의 질이 전반적으로 개선되는 것을 볼 것이다.

나는 이 세계 선교 전략이 가장 잘 감춰진 페리미터교회의 비밀 중 하나라고 확신한다. 하나님이 우리와 동역 관계를 맺은 여러 사역지에서 행하신 일은 엄청나다. 뿐만 아니라 하나님은 우리 교회 성도들의 삶 속에서도 선교지에서 행하신 것처럼 놀랍게 행하셨다. 교회가 개척되었고, 목회자들이 훈련되었고, 평신도들이 복음을 들고 불신자들을 향해 나아가며 훈련되었고, 온 세상 사람들의 마음에 복음으로 인한 소망이 가득 채워졌다.

섬기는 교회를 위한 사명 선언문을 개발하라

내가 페리미터교회에서 이루어진 사역들 중 몇 가지를 소개하는 동안 귀 기울여 주어 고맙다. 당신이 사역하는 교회 현장에서 감당해야 하는 사역은 페리미터교회의 사역과는 아주 다르게 보일 것이다. 이번 장을 통해 하나님이 허락하신 강력한 비전이 사명 선언문들, 다시 말해 각 교회가 자신의 독특한 비전을 성취하게 하는 사명 선언문들 가운데서 스스로 움직여야 한다는 사실을 깨닫기를 바란다. 하나님이 페리미터교회를 대 애틀랜타 시와 우리가 섬기는 모든 지역에 영향력을 끼치도록 부르셨지만, 당신의 교회를 향한 하나님의 비전은 아마도 무척 다른 모습일 것이다.

교회를 향한 사명 선언문을 개발하는 동안 마음에 꼭 간직해야 할 중요한 사실은 세 개에서 다섯 개 정도의 선언문을 찾아내고 문장으로 기록해야 한다는 것이다. 이 선언문은 제대로 구현되기만 하면, 하나님이 당신의 교회에 허락하신 비전을 성취하도록 돕는 큰 그림의 전략을 효과적으로 설명해 줄 수 있어야 한다.

당신의 교회를 향한 비전과 사명을 제대로 개발해 가는지 알 수 있는 여러 방법 중 하나는, 당신이 섬기는 교회의 사명 선언문이 당신이 섬기는 교회의 **성도들을 통해** 이뤄내고자 하는 변화뿐만 아니라 **성도들의 삶에서** 이뤄내고자 하는 변화까지 규정하는지 살피는 것이다.

앞 장에서 언급한 것처럼, 나는 오늘날 대부분의 교회가 성숙하고 무장된 그리스도의 제자들을 양성하기에는 비효율적인 방법을 채택했다고 생각한다. 페리미터교회의 사역을 평가했을 때, 나는 두 가지 사실을 발견했다. 먼저는, **훈련된 제자, 성숙한 성도, 무장된 그리스도인**과 같은 용어들을 큰 소리로 내뱉으며 토론했지만 정작 그 단어가 어떤 의미를 갖는지에 대해 모두가 공감하는 정의가 없었다는 사실이다. 둘째로, 성숙하고 무장된 제자를 훈련시킨다는 개념을 정의한 후에, 교회가 견지하던 프로그램에 기초한 접근법이 성숙한 제자들을 길러내는 능력이 부족하다는 사실을 발견했다.

제자의 개념

1장에서 언급했듯이, 초창기에 장로들은 성도들에게 다음과 같은 것들을 일상적으로 공급할 때 교회를 '안전한 가정'으로 간주하기로 합의했다.

- 하나님의 임재와 능력을 입증하는 살아 있는 예배
- 귀중하고 의미 있는 관계 속에서 발견되는 참된 교제
- 성경신학에 기초한 성경 교육과 제자훈련
- 전인적인 필요를 채우는 목회적 돌봄과 목양
- 사역을 감당하도록 무장시키고 위임함

우리 교회는 여러 해 동안 이 표준을 견지했다. 이 표준은 우리가 성도들을 무장시키는 사역을 얼마나 효과적으로 감당하는지 평가하는 유용한 지침이 되었다. 모든 것이 좋았고 훌륭했다. 그러나 결국에는 어떤 성도들이 이런 질문을 했다. "이 지침을 통해 어떤 '성도'를 길러내기를 원하십니까?" 우리는 이 질문에 다양한 대답을 했으며, 이는 우리가 많은 아이디어를 가지고 있었지만 그 어느 것도 이상적이지는 않았음을 입증했다. 우리는 '성도들'이 앞으로 어떠해야 하는지에 대해 한 번도 명확한 그림을 그리지 못했다.

'성숙하고 무장된 그리스도의 제자'란 어떤 모습인가?

이 주제를 가지고 씨름하며 효과적인 정의를 내린 것은, 지금까지 우

리 교회가 성장해 오면서 경험한 몇 안 되는 건강한 실습이었다. 지금까지는 교회가 가진 비전의 정곡을 찌르는 일이 쉬웠다. 그냥 화살을 쏘고 난 후에 그것이 어디에 맞든지 그 화살 주위에 과녁을 그려 넣으면 되었기 때문이다. 우리는 명확한 목표 없이 과정에 거의 전적으로 집중해 왔다. 이 실습을 통해 우리는, 교회가 길러내기를 원하는 성도들은 '성숙하고 무장된 그리스도의 제자'라고 불리는 사람들이 될 것이라고 합의했다.

이 문구를 사용해서, 우리는 어떤 성도를 길러내기를 원하는지에 대한 측정 가능한 기대치를 명확하게 기술한 개요를 작성했다. 성숙하고 무장된 그리스도의 제자는 다음과 같은 사람이다.

- 지속적으로 성령의 인도하심과 말씀의 이끄심, 그리고 강력한 그리스도의 사랑 아래 살아가는 사람
- 자신의 영적 은사를 발견하고 개발하고 사용하는 사람
- 받아들이는 세상이 놀랄 만한 급진적인 사랑을 증명해 보이며 자신의 믿음을 효과적으로 나누는 법을 배운 사람
- 다음과 같은 강력한 증거를 보이는 사람:
  - 하나님의 교회의 신실한 구성원
  - 삶과 관계와 자원(예를 들어 돈, 시간 등−역주)을 효과적으로 관리하는 사람
  - 하나님의 백성들을 위해 기쁘게 사역하는 사람
  - 시간을 내어 믿지 않는 자들에게 찾아가 전도하는 사람

여기에 더해 성숙하고 무장된 그리스도의 제자의 삶에는 다음과 같은 특징이 나타난다.

- 복음이 이끌어 간다.
- 도덕적으로 순결하다.
- 제자훈련에 기초한다.
- 사회적으로 책임을 다한다.
- 예배에 초점이 맞춰져 있다.
- 복음 전도에 담대하다.
- 가족에게 신실하다.

구체적인 표현은 다를지라도, '제자'라는 단어의 정의는 당신이 섬기는 교회를 위한 계획을 수립하는 데 가장 중요한 요소들 중 한 가지일 것이다. 이 정의는 당신이 섬기는 교회가 성도들의 삶에 일으키려는 삶의 변화를 규정한다. 이런 변화된 삶을 통해 당신은 당신이 섬기는 교회를 향해 하나님이 허락하신 비전을 성취할 것이다.

성숙에 대한 관점

여러 해 동안, 나는 교회 안에 일반적으로 존재하는 성숙과 관련된 잘못된 가설을 관찰해 왔다. 그리스도인들 사이에 흐르는 대다수의 소문에 따르면, 그리스도인의 성숙이란 한 사람의 영적인 헌신과 더불어 그 사람이 축적해 온 성경적, 신학적 지식으로 측정되는 것 같다. 성경을 삶에 적용함으로써 얻는 두드러진 삶의 변화에 대해 얼마나 강조하지 않는지 놀라울 따름이다. 나도 행위만으로는 어떤 사람이 성숙했다고 선언할 수 없다는 것을 안다. 하나님만이 사람들의 마음속 은밀한 곳에 있는 동기를 아신다. 그러나 우리의 주인되신 분이 이렇게 말씀하셨다.

누군가의 삶의 열매를 살펴보기만 해도 그 사람이 주님을 따르는 사람인지 아닌지를 결정지을 수 있다고 말이다. 분명 그런 삶의 열매를 통한 판단은 실수를 범할 수 있고, 관찰하는 사람에 따라 다르게 평가할 수도 있다. 그럼에도 불구하고 열매는 진정한 성숙의 표지다.

또한 나는 수많은 사람이 스스로를 그리스도 안에서 성숙한 자라고 생각함에도 그들의 삶과 증거를 보면 구원을 얻은 사람이 한 사람도 없다는 사실에 놀랄 뿐이다. 이 말은 한 개인의 전도를 통해 그리스도께로 돌아온 사람의 수가 그 사람의 영적 성숙도를 측정하는 기준이 된다는 말은 아니다. 한 사람이 그리스도 안에 있는 믿음을 갖는 것은 말씀을 듣는 사람의 삶 속에서 역사하시는 성령님 때문이다. 우리는 열매를 맺기 위해 성령님께 의존하면서 신실하게 복음을 전하도록 부름 받았다.

위에서 제시한 지침은 일차적으로 성도들이 자신의 성숙도를 평가하도록 돕고, 교회를 향해서는 성도들이 "그리스도 안에서 완전한[성숙한] 자"(골 1:28)로 자라가도록 돕는 사역을 평가할 수 있는 합리적인 측정기준이 된다.

쓸모없는 계획

많은 교회가 성숙하고 무장된 그리스도의 제자를 양성하는 목표를 받아들인다. 대부분의 경우 제자를 양성하려는 각 교회의 계획을 다음과 같은 방식으로 요약해서 정리한다. "건전한 성경적 가르침과 필요 중심적이고 유익한 프로그램을 제공함으로써…." 사실 페리미터교회도 여러 해 동안 그렇게 해왔다. 제자를 양성하는 다른 많은 교회처럼, 효과적인 '가정'이 되려는 계획이 성공했는지 측정하기 위해 좀처럼 평가되지 않는 다음과 같은 두 가지 질문을 사용했다.

- 얼마나 많은 사람이 진리를 듣기 위해 찾아왔는가?
- 진리가 얼마나 잘 제시되었는가?

여기에서는 이런 자기진단 질문들에 약간의 주의를 기울일 필요가 있다. 위에 제시한 두 가지 질문을 던지는 것은 실제로 우리가 무엇을 알아야 하는지 알려준다. 첫 번째 질문은 측정 가능한 결과를 제공한다. '훌륭한 가르침과 다양한 배움의 기회에 노출되는 것'이 효과적인 방법을 요약한다면, 참석자 수는 성공했는지 실패했는지를 말한다. 이 기준은 밖으로 드러난 것이 효과를 측정한다고 가정한다. 그러나 정말 그런가?

그런 질문이 유용한지 테스트해 보는 한 가지 방법은, 그 질문을 예수님의 사역에 적용해 보는 것이다. 예수님의 사역의 효과가 정말로 그분의 가르침을 듣기 위해 몰려왔던 무리들의 수로 결정되었는가? 아니면 예수님은 다른 기준을 사용하셨는가?(마 7:24-27을 보라) 예수님의 말씀을 듣기만 했던 무리들은 예수님을 감동시키지 못했다. 예수님은 당신의 가르침을 듣고 실천에 옮기는 사람들을 찾으셨다.

두 번째 질문("진리가 얼마나 잘 제시되었는가?")은 주관적인 평가를 하게 한다. "얼마나 잘"이라는 말은 좀처럼 "얼마나 진리에 충실하게" 혹은 "복음 제시가 적용과 삶의 변화에 대한 동기를 부여한다는 차원에서 얼마나 효과적이었느냐"를 의미하지 않는다. "얼마나 잘"이라는 말은 보편적으로 "얼마나 흥미롭게, 얼마나 현대적으로, 얼마나 다채롭게" 전했느냐를 의미한다. 나는 이렇게 접근하는 교회를 **프로그램에 기초한**(program-based) 교회라고 부른다. 성숙하고 무장된 그리스도의 제자를 양성하는 주된 방법이 교회의 프로그램(예를 들어 세미나, 설교, 강의)이라는 수단을 통해 진리를 전달하는 데 집중되었을 때, 그 교회는 프로그램에 기초한 교회다.

나는 이미 성숙하고 무장된 그리스도의 제자를 양성하는 목표를 달성하기 위해 오늘날 전통적이거나 현대적인 교회들이 가진 능력에 대해 점점 더 회의적인 생각이 든다고 이야기했다. 여러 해 동안 나는 소그룹 사역을 새롭게 강조하는 데 소망을 두었다. 우리 교회는 소그룹 사역을 개척해 가는 교회 중 하나였다. 그래서 대부분의 소그룹이 결국에는 주로 '돌봄과 나눔'에 집중하는 친교 그룹과 성경공부 그룹이 될 것이라는 사실만 인식했었다. 소그룹 사역을 강조하여 많은 유익을 누렸지만, 여전히 궁극적으로는 교회의 목적지를 놓친 것 같은 느낌이 든다. 내 말은 소그룹이 성숙하고 무장된 그리스도의 제자를 양성하지 못한다는 뜻이 아니라, 우리 교회를 포함한 대부분의 교회가 구체적으로 이 목적을 염두에 두고 소그룹을 조직하지 못했다는 뜻이다. 수단이 목적과 혼동되었다. 우리는 소그룹이 **다소간** 자동으로 성숙을 가져다 줄 것이라고 추정했었다.

결국 소그룹이 단순히 프로그램에 기초한 교회의 또 다른 프로그램을 의미했다는 사실을 인정해야 했다. 우리는 소그룹이나 단순히 프로그램에 기초한 다른 어떤 접근법들은 그 자체로 교회의 비전이나 사명을 달성할 수 없다는 고통스러운 깨달음에 도달했다. 그 이유는 우리 교회에 열정적이고 성장하는 소그룹이 없어서가 아니라, 소그룹이 성숙하고 무장된 그리스도의 제자를 양성하는 데 실패했기 때문이다.

나는 여름 연구 휴가 기간에 이 결론을 얻고 나서 나의 관심사들을 당회와 토론했다. 당회는 신실함을 제쳐둔 채 빠른 성장을 선택할 수 있었다. 결국 프로그램에 기초한 질문들을 통해 평가해 보았을 때 우리 교회는 아주 잘하고 있었지만, 장로들은 나에게 시간이 얼마나 걸리든지 우리 교회의 생활양식과 구조가 (성숙하고 무장된 그리스도의 제자라는) 바람직한 결과를 가져오는 데 적합한 계획을 수립해 달라고 요구했다. 이제 그 계획을 수립하기까지의 여정을 소개하겠다.

프로그램을 넘어 어디로 가야 하는가?

나는 부교역자들과 연구를 시작했다. 나는 우리 교회의 특별한 남녀 부교역자들을 신뢰한다. 그들은 모두 우리 교회의 비전과 가치에 온전히 헌신된 사람들이다. 토론을 시작했을 때, 부교역자 중 한 명이 다음과 같은 흥미로운 질문을 던졌다. "그런데, 우리 교회에서 누가 성숙하고 무장된 성도입니까?" 성숙하고 무장된 성도의 명단을 작성하기 시작했을 때 우리는 흥미로운 패턴이 형성되는 것을 발견했다. 우리 교회에서 가장 성숙한 그리스도의 제자들 중에 몇몇이 내가 개인적으로 제자훈련을 시킨 남자들이라는 사실이었다. 나는 그들 중 많은 사람을 그리스도께로 인도하는 특권을 누렸다. 어떤 측면에서는 그들 대부분이 내가 인도하던 소그룹의 구성원이었다. 이런 첫 번째 발견은 다음과 같은 논리적인 질문으로 이어졌다. "당신은 이 남자들을 어떻게 훈련시키십니까?" 이 질문에 대한 답이 궁극적으로 우리 교회의 사역에 새로운 방향성을 수립해 주었다.

이때까지 나는 내가 유별난 어떤 일을 행한다는 사실을 전혀 인식하지 못했다. 제자훈련에 대한 나의 접근법은 성도로서 내 개인의 삶에 영향을 미쳤던 다음과 같은 아이디어와 방법론의 결합이었다.

- 나는 훈련시키는 사람들에게 **진리**를 분명하게 가르쳤다. 개인적인 가르침의 시간에 더해 테이프 듣기와 기독교 도서와 성경 읽기 과제물을 요구했다.

- 나는 시간을 투자해 그들이 배운 진리를 어떻게 사용해야 하는지 보여주면서 그들을 **무장시켜** 갔다. 나는 이 과정을 "진리가 이해되어 사용할 수 있을 만큼 진리를 마사지해 주는 과정"이라고 표현한다. 예를 들어, 나는 내가 그들에게 개인적으로 어떻게 예배해야 하는지 '가르치는' 데 그쳐서는 안 된다는 사실을 배웠다. '그들과 실제로' 예배를 드려야 했다. 나는 그들에게 어떻게 예배하는지 보여 줄 필요가 있었고, 그들을 예배로 인도했다.

- 나는 제자훈련에서 나와 그들이 맺는 관계는 어려운 요구를 하고 나쁜 행동에 대해 도전하는 것과 같은 **상호책임**이라는 중요한 요소를 포함한다고 주장했다.

- 나는 태신자들이나 태신자들로 구성된 그룹을 명확하게 목표로 정의하면서 **전도**를 강조했고 개인화시켰다.

- 나는 내가 이끄는 그룹에 속한 각 사람을 위해 정기적으로 **기도**했고, 그들은 서로를 위해 기도했다. 우리는 함께 기도하는 모임을 매주 가졌다.

이 구성 요소들을 살펴보았을 때, 각 구성 요소의 첫 글자를 모으면 한 단어가 되는 것을 발견했다. 각 요소의 첫 글자로 구성된 이 단어는 페리미터교회가 전교회적으로 수용한 사역에 대한 새로운 접근법을 묘사하는 이름이 되었다. **진리**(Truth), **무장**(Equipping), **상호책임**(Accountability), **전도**(Mission), **기도**(Supplication)라는 단어의 첫 글자를 모으면 TEAMS라는 단어가 된다. 우리는 교회의 새로운 사역 패러다임을 TEAMS에 기초한 사역이라고 부르기 시작했다. 나는 사역을 감당해 오면서, 이 다섯 가지 요소가 성숙하고 무장된 그리스도의 제자를 양성하는 데 필요불가결하다는 사실에 대해 매년 새롭게, 더 깊이 확신하게 되었다.

'상황적 리더십'의 가치

부교역자들과 이 연구를 시작한 지 얼마 되지 않아서, 나는 비즈니스 컨설턴트이자 유명한 저자인 켄 블랜차드(Ken Blanchard)가 강의하는 목회자 포럼에 참석했다. 그는 한 사람이 새로운 직원이 되어 신뢰할 만한 베테랑 파트너로 성장해 가는 과정에서 경험하게 되는 과도기에 대해 설명했다. 그가 '상황적 리더십'(Situational Leadership)이라는 개념을 소개했을 때, 나는 우리가 바른 방향으로 나아가고 있다는 예상치 않은 외부의 확증을 얻었다. 그는 상황적 리더십 구조에 대해 자신의 책 『1분 리더십』(*Leadership and One Minute Manager: Increasing Effectiveness Through Situational Leadership*)에서 소개한다.[1] 당신이 이 개념에 친숙하지 않을 수 있기 때문에 간략하게 상황적 리더십에 대한 개념을 설명하겠다.

블랜차드는 새로운 학습자(새로운 직원이든 새로운 성도든)가 처음에 필요로 하는 것에서부터 시작한다. 처음에는 학습자에게 분명한 지시와 명령을 내려야 한다. 그러나 이 학습자가 전형적인 사람이라면, 그 사람은 새로운 명령에 어떻게 반응해야 하는지 보여 주는 직접적인 코칭이 필요하다. 그 다음으로 이 학습자는 단순히 후원을 필요로 하는 단계로 자라간다. 더 이상 직접적인 코칭은 필요 없지만, 필요하다면 코치가 가까이에서 지켜봐 준다는 사실을 알기 때문에 안정감을 갖는다.

상황적 리더십 모델

2 코칭	3 후원
1 지시	4 위임

출처 : 켄 블랜차드 외 『1분 리더십』

머지않아 이 학습자는 자신이 배운 것에 대해 확신하게 되고, 유능한 인력이 되어 자기 전문 분야에서 어떤 임무라도 맡아 감당할 수 있게 된다. 사실, 한번 위임을 받을 준비가 되고 나면 지시하거나 코치하거나 후원하려는 어떤 시도도 탐탁지 않게 느끼거나 불필요하다고 생각하게 된다.

반면에, 학습자를 기초적인 지시를 수용하는 단계에서 위임의 단계로 곧바로 이끌어 갈 경우엔 자칫 환멸을 느끼는 학습자를 만들어 내게 된다. 나는 켄 블랜차드가 설명하는 발달단계들에 대해 들으면서 자연스럽게 교회에 적용할 수 있는 점을 깨달았다.

사실 상황적 리더십의 원리를 어기는 기관이 있다면, 그것은 분명 교회다. 예를 들어, 우리는 새신자에게 전도의 중요성과 방법에 대해 설명하고 전도사역을 그들에게 위임하는 것으로 설교를 마무리한다. 우리는 복음 전도에 대해 설명하고 "전도하십시오!"라고 말한다. 어린 그리스도인들은 자주 자신의 믿음을 나누려는 가장 위대한 목적으로 무장하고 세상을 향해 나아가지만 비참한 실패를 맛본다. 복음을 증거하는 일은, 동기를 부여하던 설교에서 들었던 것과 같은 열매를 맺는 경우가 거의 없다. 이런 새신자들은 자신에게 뭔가 특별한 잘못이 있는 것으로 확신하는, 환멸을 느끼는 학습자가 되어 버린다. 그리고 다시는 그런 경험을 하지 않을 것이라고 맹세해 버린다. 또 복음 전도에 대한 설교를 들으면, 그 설교는 죄책감을 일으키는 채찍질이 되고 만다.

내가 블랜차드의 상황적 리더십 모델을 더 깊이 숙고하는 동안 TEAMS에 기초한 사역의 이면에 존재하는 특성이 명백히 이해되었다. 우리가 새신자들에게 가르치는 진리는 블랜차드의 '지시' 단계에 해당한다. 효과적인 무장은 '코칭'에 해당하고, 상호책임은 '후원'의 영역에 속한다. 마지막으로 전도는 '위임'의 핵심이다. 새신자들은 진리를 배울 필요가 있고, 결과적으로 스스로 **행할** 필요가 있다. 그러나 출발점에서 성숙하고 무장된 성도로 발전해 가는 동안 반드시 중요한 단계들을 거쳐야 한다.

스쿠버 다이빙

　　몇 년 전에, 나는 첫 아들 매트를 놀라게 해주려고 그 아이에게 전혀 예상하지 못한 고등학교 졸업선물을 해주었다. 나는 그 아이에게 스쿠버 다이빙 강습을 받게 했고 함께 자격증을 따게 될 것이라고 말해 주었다. 나의 불규칙적인 스케줄 때문에, 우리는 더 융통성 있게 배울 수 있는 개인강습을 선택했다.

　강사를 선택한 후에, 나는 정상적인 스쿠버 다이빙 강습이 매주 절반은 강의실에서 진행되고, 절반은 야외 다이빙 풀에서 진행된다는 것을 알았다. 머지않아 장기간의 아시아 지역 여행이 계획되어 있기 때문에, 나는 교실 강의 시간을 앞부분에 집중적으로 배치하고 그것도 스스로 공부하는 자율학습 방식을 허용해 달라고 요청했다. 다른 말로 하면, 강의를 듣는 것이 아니라 교재를 받고 스스로 읽어가면서 공부한 후에 다이빙에 대한 지식을 평가받는 시험을 치르기로 했다. 강사는 마지못해 동의했지만, 시험결과는 탁월해야 한다고 주장했다.

　아시아 지역을 여행하는 몇 주 동안 나는 열심히 공부했다. 책을 몇 장 넘기지 않고도, 내가 스쿠버 다이빙에 대해 아무것도 모른다는 사실을 깨달을 수 있었다. 나는 스쿠버 다이빙이 단순한 운동이라고 생각했다. 호스를 입에 물고 물속으로 뛰어들어 열심히 호흡하면 된다고 생각했다. 스쿠버 다이빙을 하는 동안 발생할 수 있는 위험 요소에 대해서는 거의 아는 바가 없었다.

　교재를 읽어가기 시작하자 **위험한, 생명을 위협하는, 심각한 부상** 등과 같은 단어들을 계속 접하게 되었다. 예를 들어, 깊이에 따른 압력의 변화 때문에 스쿠버 다이버는 천천히 수면으로 부상해야 하며, 몸속에 적당한 수준의 질소를 회복하기 위해 약 9미터 깊이에서 3-5분을 '머물러야' 한다는 사실을 알게 되었다. 수면으로 곧장 부상하는 것은 생명을 위협하는 치명적인 실수가 될 수 있었다. 그러나 이런 경고에도 불구하고, 나는 별로 걱정이 되지 않았다. 여전히 교재에 나와 있는 지침들이 분명하고 명확하며 단순하다고 생각했다. 자율학습을 마무리하고 매트와 나는 시험을 치렀고, 쉽게 통과했다. 이제 물속에 뛰어들 시간이었다!

풀장에서 이루어지는 첫 번째 주간 강의는 다이빙 장비를 익히고 조난 구조작전을 연습하는 데 집중되었다. 마스크 벗는 법을 배우고, 잠수 중에 호흡하는 스노클과 조절기 사용법을 배운 후에, 우리는 역할극을 연습했다.

강사는 우리가 약 3.6미터 깊이의 풀장 바닥으로 내려가 어려움을 만나 서로를 돕는 '다이빙 동료들'처럼 움직일 것이라고 말했다. 그는 우리가 통과해야 할 첫 번째 테스트에 대해 설명했다. 풀장 밑바닥에서 휴식을 취한 후에 강사가 무작위로 우리 중 한 사람을 조난당한 파트너로 지적할 것이다. 그 순간 조난당한 다이버로 지적된 사람은 조절기를 입에서 빼내고 조난당했다는 신호(손을 머리 위로 올려 교차하는 동작)를 보내며 수신호로 '공기가 떨어졌다는'(목을 자르는 듯한 손동작) 사실을 알려야 했다.

강사는 다음과 같은 몇 가지 조건을 덧붙여 설명했다. (1) 이 임무는 포기할 수 없는 것이고, (2) 조난당한 사람은 파트너의 예비 조절기를 손으로 거머쥘 수 없으며, (3) 그 대신, 파트너가 예비 조절기를 자신의 입속에 적절히 넣어줄 때까지 기다려야 하며, 안정될 때까지 기다린 후에 천천히 수면으로 부상해야 한다. 모든 것이 아주 간단해 보였다!

잠시 후, 매트와 내가 풀장 밑바닥에서 휴식을 취한 후에, 강사는 나를 조난당한 사람으로 지적했다. 일순간, 완전한 평온함이 광란적인 흥분의 아수라장으로 변했다. 불행하게도, 강사가 나를 지적했을 때 나는 조절기를 통해 천천히 그리고 길게 숨을 내쉰 상태였다. 나는 허파가 완전히 비어 있는 상태에서 생각 없이 조절기를 내뱉었다. 공기가 절박하게 필요하다는 사실을 깨달은 나는 아들에게 빨리 과정을 진행할 필요가 있다는 의사를 전달하기 위해 신속히 조난 신호와 공기가 떨어졌다는 신호를 보냈다.

그런데, 당신이 내 아들을 알았다면, 그 녀석이 한 번도 서둘러 보지 않은 아이라는 것을 알 것이다. 이번에도 예외는 아니었다. 그 녀석은 위험에 처한 나와 예비 조절기를 평범하게 바라보고, '당신은 내 공기가 필요한 것 같군요'라고 생각하는 듯했다. 숨을 쉬지 못하는 내 입장에서 볼 때는, 너무 많은 시간이 흘렀다. 그래서 나는 금지된 행동을 했다. 손을 뻗어 매트의 예비 조절기를 집어 들었다. 강사는 즉각적으로 그리고 거칠게 매트의 구명조끼에서 내 손을 걷어냈다. 이 순간 충분히 고통을 겪었다고 생각했다. 나는 수면으로 부상해 충분한 공기를 얻기 위해 풀장 바닥을 박차고 올라갔다.

머리가 수면으로 올라오려던 찰나에, 강사가 내 발을 잡고 풀장 바닥으로 끌어내렸다. 역할극은 고통스러운 현실이 되었다! 내 허파는 터지기 일보 직전이었다. 마침내 매트가 친절하게도 예비 조절기를 건네주었고 수면 위로 올라왔다. 강사가 나를 가볍게 꾸짖은 이후에 수면 아래 약 30미터 지점에서 그런 행동을 하는 것이 얼마나 심각한 것인지를 설명해 주었다. 나는 부끄러워하며 동의하듯 고개를 끄덕였다. 그러나 그 강의가 무경험에 기반을 둔 나의 확신을 깨뜨리지는 못했다. 나는 여전히 이 간단한 스포츠를 재빨리 마스터할 수 있으리라고 확신했다.

몇 주간의 강의 후에, 마침내 바다 속으로 잠수해 자격증 취득 평가를 받을 시간이 다가왔다. 다이빙하는 곳은 플로리다 해안에서 몇 킬로미터 떨어진 곳이었다. 첫 번째 다이빙에서 우리는 잠시 9미터 아래로 내려갔다. 다음 번에는 18미터까지 내려갔다. 총 7회의 다이빙 중 세 번째 다이빙에서는, 아마추어 다이버에게 허용되는 가장 깊은 수심인 30미터까지 내려갔다. 우리는 예정된 시간만큼 수면 아래에서 머문 뒤, 강사의 신호에 따라 천천히 부상해 수면으로 올라오기 전에 9미터 지점에서 약 5분간 멈추었다가 수면 위로 부상하려는 계획에 따라 예행연습을 했다.

세 번째 다이빙에서, 수심 30미터에서 머물러야 할 시간을 다 보낸 후에 강사가 수면 쪽으로 부상하라는 신호를 보냈다. 약 9미터 지점에서는 '멈추라'는 신호를 보냈다. 나는 9미터 지점에서 멈추려고 무던히 애를 썼지만 수면 위로 부상하는 것을 막을 수 없었다. 나는 구명조끼 안에 공기주머니가 있다는 사실을 깨닫지 못했다. 그 공기주머니는 수면으로 솟구쳐 올라갔고 나를 수면 위로 끌고 올라왔다. 다시 한 번 강사는 너무나도 익숙한 자세로 내 발목을 잡고 있었다. 그러나 이번에는 나를 수면 아래로 끌어당길 수 없었다. 우리는 의지와 상관없이 수면 위로 부상했다. 수면 위로 솟구쳐 오르자 우리 두 사람은 머리를 감싸 쥐고, 건강에 좋지 않은, 머리가 어찔어찔한 고통으로 아파했다. 나는 훈련교본이 '생명을 위협할 수 있다'고 경고했던 바로 그 실수를 저질렀다.

보트로 돌아온 후에, 우리는 방금 일어난 사건에 대해 평가했다. 다음에 똑같은 실수를 하지 않으려면 어떻게 해야 하는지 예행연습을 했다. 각각의 다이빙 사이에 필수적으로 보내야 하는 '수면에서의 휴식시간' 동안 우리는 배의 갑판 위에서 기다렸다. 그 휴식 시간 동안, 나는 잠시 후 있을 네 번째 다이빙이 걱정되었다. 내가 가지고 있던 자기 확신은 콧대가 꺾였다.

네 번째 수면 아래로 내려갔을 때, 나는 강사가 어디에 있는지를 놀라울 정도로 의식했다. 나는 강사가 늘 내 옆에 있기를 원했다. 네 번째, 다섯 번째 다이빙은 아무런 문제없이 진행되었다. 마지막 두 번의 다이빙 기간 동안 우리는 아무런 두려움이나 염려 없이 작살총을 들고 물고기를 쫓아다녔다. 사실, 다이빙 강사가 가까이 있는 것이 점차 귀찮아졌다. 강사가 우리를 떠나 30미터 위 보트로 돌아간다 해도 별로 염려하지 않았을 것이다. 이제 나는 충분히 무장이 되었다.

이 이야기는 TEAMS 프로세스를 잘 나타낸다. 내 아들과 나는 점진적으로 (다이빙에 대한 '진리'를 배우는) 지시를 받는 단계에서, (수면 아래에서 필요한 '무장'을 제공받는) 코칭 단계로, (강사가 내 옆에 머물면서 내가 안전을 보장받기 위해 필요한 '상호책임'을 제공해 주는) 후원의 단계로, (경험에 기초한 확신으로 무장되어, 수면 아래 깊은 곳으로 다이빙하는 '사명'을 가지고 보내는) 위임의 단계로 성장해 갔다. 이 단계를 지나자, 강사는 나와 일정 거리를 유지하면서도 내가 필요할 때면 언제든 '신뢰감 있게' 추가적인 훈련이나 상담이나 위임을 해줄 수 있는 상태를 유지했다.

세 번 다이빙을 해본 후에 강사의 동행 없이 수면 아래 30미터까지 내려가라는 명령을 받았다고 상상할 수 있겠는가? 나는 마침내 다이빙을 하는 동안 겪었던 문제점들에 대해 관심을 집중했다. 훈련받은 내용에 대한 평가에서 좋은 성적을 얻는 것만으로는 충분하지 않다는 사실을 깨달았다. 내가 배운 지식들이 진리이지만, 지식을 쌓아가는 것만으로는 강사가 제공하는 코칭이나 상호책임에 대한 절박한 필요를 대신할 수 없었다.

그러나 교회는 바로 이 원리를 무시하기로 악명 높다. 우리는 성도들을 (진리로) 가르치고, 그러고는 필요한 무장을 시켜주지도 않고 상호책임을 제공하지도 않은 채 그리스도를 위해 살아가게 하고 그분을 섬겨야 할 과제를 위임한다 (전도).

제자를 양성한다는 정의에서 출발해, 실제로 그리스도 안에서 성숙하고, 그리스도의 사업을 위해 무장된 그리스도의 제자들을 세워가기 위해 무엇이 필요할까? 나는 **삶 대 삶의 관계에서 이루어지는 투자**(life-on-life investment)라는 표현을 좋아한다. 이 표현은 20장에서 좀더 자세히 살펴볼 것이다.

우리는 최신시설이라는 교육적 날개를 달 수 있다. 예컨대, DVD 플레이어나 파워포인트, 프레젠테이션 그리고 화려한 외부강사들을 계속 초청해 진리를 가르칠 수 있다. 그런 환경들은 똑똑한 그리스도인을 만드는 데는 기여할 수 있지만, 성숙하고 무장된 그리스도의 제자를 양성하는 데는 별로 기여할 수 없다. 이런 모임들은 그룹으로 진행되기 때문에 자연히 우리의 관심을 끈다. 그러나 나는 다시 한 번 반복해서 주

장한다. 효과적인 제자훈련은 인내와 시간을 하염없이 투자하는, 삶대
삶에 기초한 개인적인 헌신이 필요하다.

9_

사명의 내면: TEAMS에 기초한 교회

나는 많은 사람의 도움을 입어 성경적 접근법을 제시했고, 교회가 이 접근법을 통해 성숙하고 무장된 그리스도의 제자들을 양성함으로써 교회의 최우선 목적을 성취할 수 있다고 믿는다. 우리는 (프로그램에 기초한 교회에 반대되는 개념인) TEAMS에 기초한 교회라는 서술적인(descriptive) 용어를 소개했다. 이 용어는 우리 교회의 지도자들에게 우리 교회가 지금까지 교회로서 어디에 머물러 있었는지와 어떤 방향으로 나아가야 할 필요가 있는지 사이에 존재하는 차이점을 설명하도록 도와주었다.

우리 교회의 지도자들은 우리 교회가 다음 두 가지 조건을 충족시킬 때 TEAMS에 기초한 교회라고 인정하기로 했다.

- 교회가 성숙하고 무장된 그리스도의 제자들을 양성하는 방법은 **진리**(T), **무장**(E), **상호책임**(A), **전도**(M), **기도**(S)를 사용하는 데 집중되어 있다.
- 교회의 일차적인 전도, 양육, 돌봄, 훈련, 무장 사역은 소그룹에서 일어난다. 그 소그룹에서는 소그룹 지도자를 목회자로 여기고, 참석자들이 속한 (거주지, 친족, 직업, 혹은 사회) 공동체를 사역의 장(the mission field)으로 여긴다.

프로그램에 기초한 교회와 TEAMS에 기초한 교회 사이에 존재하는 차이점은 상당히 많다. 차이점들을 간략하게 요약하면 다음과 같다.

프로그램에 기초한 교회	TEAMS에 기초한 교회
1. 대부분의 사역이 **중앙집중화**되었다.	1. 교회의 사역이 대부분 **분권화**되었다.
2. 교회의 효과는 **사역**의 양과 질로 평가된다.	2. 교회의 효과는 **제자들**의 수와 질로 평가된다.
3. 교회의 성도들은 이렇게 질문한다: "**교회**는 무엇을 행하는가?"	3. 교회의 성도들은 이렇게 질문한다: "**성도로서 우리**는 무엇을 행하는가?"
4. **전문 사역자**를 목회자로 여긴다.	4. **소그룹 지도자**를 목회자로 여긴다.
5. 교회의 성도들을 **소비자**로 여긴다.	5. 교회의 성도들을 **사역자**로 여긴다.
6. 교회의 소그룹은 하나님의 백성들의 필요를 채우는 '가정'으로서 기능한다.	6. 교회의 소그룹은 하나님의 백성들의 필요를 채우는 '가정'으로서 뿐만 아니라, 아직 믿지 않는 지역사회를 향해 다가가는 '전도소그룹'으로서도 기능한다.
7. 성숙한 성도를 양성하는 전략은 진리를 전달하는 단 **한 가지 수단에 초점**이 맞춰졌다.	7. 성숙한 성도를 양성하는 전략은 진리, 무장, 상호책임, 전도, 기도라는 요구사항들에 **다중적으로 초점**이 맞춰졌다.
8. 교사의 중요성에 대해 **과도하게 강조**한다.	8. 교사, 목사, 제자훈련 지도자의 중요성에 대해 **동일하게 강조**한다.
9. 소그룹 사역보다 **강의실 사역**이 더 중요하다.	9. **소그룹 사역**이 강의실 사역보다 더 중요하다.
10. 교회의 부교역자와 장로들은 **의사결정과 지휘감독**에 최우선순위를 둔다.	10. 교회의 부교역자와 장로들은 **제자삼는 일, 목양, 가르치는 일**에 최우선순위를 둔다.

개인 전도

교회는 누구를 위해 존재하는가? 이 질문은 교회 지도자들이 긴장감 속에서 지속적으로 씨름하는 문제다. 교회는 울타리 안의 양들을 양육하는 일을 최우선 과제로 삼고 존재하는가 아니면 교회 울타리 밖에 있는 잃어버린 바 되고 상처 입은 자들에게 다가서기 위해 존재하는가? 많은 사람이 다음과 같은 질문을 던지며 시작한다. "우리가 두 가지 모두를 공히 효과적으로 감당하면서도 그리스도께서 우리를 부르신 목적에 여전히 신실할 수 있을까?" 우리 교회는 개척 초기부터 더 합당한 질문은 다음과 같은 것이어야 한다고 믿어 왔다. "어떻게 하면 우리가 두 가지를 공히 효과적으로 감당할 수 있을까?"

우리는 어떻게 하면 성숙하고 무장된 그리스도의 제자들을 양성해 낼 수 있을 것인가에 대한 대답을 찾는 과정에서 이 질문이 중요하다는 사실을 이해하게 되었다. 이 과정이 진행되는 동안 다음과 같은 중요한 통찰력을 너무나도 명확하게 얻었다.

교회가 하나님의 백성들을 위한 안전한 가정으로서의 존재 가치를 넘어서지 못하고, 잃어버린 세상을 향한 효과적인 전도 소그룹이 되지 못하면, 성숙하고 무장된 그리스도의 제자를 양성하는 데 전도력(傳導力)이 있는 (conductive) 환경이 생겨날 수 없을 것이다.

나는 제자도란 '삶으로 드러난 열매를 맺고, 계획적으로 그 열매를 전하며, 그 열매를 전하기 위해 올바른 일을 행하는 데 충분한 시간을 투자하는 것'으로 정의한다. 제자도는 전도의 최일선에서 구현되어야 한다. 사람들은 종종 자신이 제자로 훈련되기 위해 레스토랑에서 어떤 제자훈련 지도자를 매주 한 번씩 정기적으로 만난다고 말한다. 그러면 나는 즉각적으로 그것이 제자도가 시작되고 끝나는 지점이라고 생각하는지 묻는다.

제자도에는 레스토랑의 테이블에서 나눠지는 토론이 포함될 수도 있다. 그러나 제자도는 결코 거기서 끝나지 않는다. 예수님은 자신이 훈련시킨 제자들을 향해 "나를 따르라"고 말씀하셨다. 그런 다음 예수님은 그들을 하나님의 왕국을 위한 격렬한 전투 속으로, 그것도 전장의 최일선으로 이끌어 가셨다. 예수님은 제자들의 실패를 지켜보시고, 그들의 노력을 코치해 주셨다. 바로 그곳에서 제자들은 올바른 질문을 던지기 시작했다. 바로 그곳에서 제자들은 지속적으로 그들이 배운 진리를 적용하는 관점을 얻었다. 그렇다. 예수님과 예수님의 제자들은 식탁에서 떡을 나누었다. 그러나 식탁교제를 나눈 것은 그들을 성숙하고 무장된 제자로 양성하려는 예수님의 노력의 지극히 작은 일부분이었다.

흩어지는 교회

TEAMS 프로세스를 개발하는 동안 얻은 또 하나의 통찰은, 제자훈련이 그리스도의 제자를 전투의 최일선으로 이끌어내는 방법으로 실행되어야 한다는 것이다. 우리는 성숙하고 무장된 그리스도의 제자들을 효과적으로 양성하기 위해서는 교회가 의도적으로 지역사회 전역에 '흩어져야' 한다는 사실을 배웠다. 우리는 너무 쉽게 교회란 매주 드리는 예배를 위해 '모이는' 공동체라고 생각하지만, '흩어지는' 교회가 된다는 것이 무엇을 의미하는지에 대한 명확한 그림은 없다. 흩어지는 교회의 명확한 그림이 부재하다는 사실은 왜 '안전한 가정'에 대한 교회의 헌신을 보완하는 '선교'(혹은 전도)에 대한 헌신이 부재한지에 대한 실마리를 제공한다. 흩어지는 교회를 볼 수 없다면 효과적으로 흩어지는 사역은 일어나지 않을 것이다.

예배를 드리고 교회 문을 열고 나갈 때, 자신의 사명을 명확하게 이해하고 받아들이는 성도들은 다시 예배를 드리기 위해 모이는 것을 가장 기뻐하고 기대하는 바로 그 사람들이다. 왜냐하면 그 성도들이 가진 사명중심적 사고구조가 하나님이 일하시는 것을 보게 될 수많은 기회를 제공하기 때문이다. 그리고 그들은 함께 헌신한 다른 성도들과 같이 다시 모이기를 열망한다. 교회생활에서 흩어지고 모이는 것은 상호보완적이다. 전도를 지향하는 의도적인 흩어짐이 없다면, 모이는 교회는 단순히 매주 드리는 예배와 가르침에 그치게 된다.

타 문화권을 통한 배움

'세계에서 제일 큰 교회'인 한국의 여의도순복음교회는 교회의 크기 때문에 호기심과 놀라움의 원천이 되어 왔다. 여의도순복음교회의 성장은 여러 해 동안 기하급수적이었다. 이유가 무엇일까? 이유는 '모이는 교회'로서의 사명뿐만 아니라 '흩어지는 교회'로서의 사명을 진지하게 받아들였기 때문이다. 그러나 더 중요한 이유는, 그들이

(흩어지는 교회에서조차도) 전도소그룹으로서의 사명을 가정으로서의 사명만큼이나 중요하게 여겼기 때문이다. 우리는 이런 접근법을 특별히 아시아, 라틴아메리카, 남아메리카의 문화 속에서 시대를 거듭해 발견한다.

미국의 많은 목회자가 이런 타 문화권에 속한 국가들에서 일어난 일들을 관찰하고, 동일한 접근법을 도입하려고 시도했었지만 높은 실패율을 기록했다. 우리 교회의 사역자들이 제3세계의 효과적인 교회들을 연구했을 때, 우리는 왜 그런 접근이 미국 문화에 적용되지 않는지 궁금했다.

우리는 그 질문에 대한 답이 문화 간에 존재히는 실제적인 차이에 기인하는 것이라고 믿는다. 문화 간에 존재하는 그런 수많은 차이점 중 몇 가지를 소개한다. (연구 대상이 된 여의도순복음교회의 기하급수적인 성장은 1970년대를 전후로 이루어졌다–편주)

1. 미국 교회 성도들의 높은 기대치

미국인들은 고도의 탁월한 기준에 길들여져 있다. 미국에 사는 성도들은 언제든 라디오와 TV를 켜 탁월한 성경교사들과 그들의 가르침을 접할 수 있다. 가정에 모여 평신도 지도자에게 적당하게 가르침을 받는 것은 라디오나 TV를 통해 탁월한 성경교사들의 가르침을 받는 것에 비해 훨씬 못해 보인다. 음악도 마찬가지다. 그러나 앞에서 소개한 많은 외국 문화 속에서는 어떤 가르침이나 어떤 음악도 수준 높게 평가를 받고 환영받는다.

2. 타 문화권의 단순하고 느린 생활양식

타 문화권의 생활양식은 복잡하고 이동성이 높은 미국에 비해 단순하고 느리기 때문에 집을 떠나서 여행할 일이 많지 않다. 타 문화권의 소그룹 지도자와 소그룹 구성원들 모두는 가정에서 모이는 소그룹에 적극적으로 참여하며 이 문제에 대해 별로 갈등이 없다. 그러나 미국에서는 다양한 일에 매여 있기 때문에, 대체적으로 4주 가운데 2주는 소그룹에 참여할 수 없는 형편이다. 미국 사람들은 과포화상태의 스케줄에 쫓기며 살아간다.

3. 소그룹을 대체할 만한 활동이나 방해거리가 훨씬 적은 환경

타 문화권에서는 일반적으로 소그룹과 경쟁이 될 만하거나 소그룹 활동을 대체할 만한 활동이나 방해거리들이 극소수에 불과한 반면, 미국에서는 가정에서 모이는 소그룹이 다른 많은 가능성 중 하나에 지나지 않는다. 우리가 지닌 관계의 컵들(relational cups)은 다른 수많은 현장으로 채워질 수 있다. 외국의 많은 문화에서는, 20세기 초반 미국에서 그랬듯, 교회를 통한 사회활동이 거의 유일한 사회활동이다.

4. 하나님이 허락하신 권위에 대한 복종

이런 문화권에 속한 사람들은 하나님이 허락하신 권위에 더 잘 순종한다. 그들이 순종하는 권위에는 교회의 권위도 포함된다. 과테말라의 평신도 목회자와 대화하는 중에 나는 가정에서 모이는 소그룹에서 봉사하는 목회자가 봉사하는 첫 해에는 사는 동네를 벗어나지 않는다는 사실을 발견했다. 심지어 휴가기간에도 이 원칙은 지켜졌다. 1년 후, 예비 지도자(apprentice)가 소그룹 지도자를 도와줄 만큼 자라면 평신도 목회자는 잠깐 자리를 비우겠다고 요청할 수 있다. 허락을 얻은 후에만 평신도 목회자가 자신이 섬기는 소그룹의 책임을 잠깐 다른 사람에게 맡길 수 있다.

이 아이디어가 너무 비정할 수도 있지 않느냐고 질문했을 때, 나의 과테말라 친구는 의아하다는 듯이 나를 쳐다보았다. 그 친구는 이렇게 말했다. "당신들은 우리의 영혼을 돌봐주는 지도자들, 다시 말해 하나님이 우리에게 허락하신 지도자들을 향한 우리의 존경과 순종에 충격을 받았지만, 우리는 당신들이 직장 상사에게 무조건 복종하는 것을 보고 충격을 받습니다. 직장 상사가 월요일 아침에 화요일까지 시카고로 가라고 말하면, 당신들은 자녀가 참가하는 화요일 오후의 축구경기 결승에도 참석하지 않고 곧바로 시카고로 갑니다." 그 친구의 지적은 타당한 것이었다.

한국에서 배운 교훈

교회 컨설턴트인 칼 조지(Carl George)는 여의도순복음교회를 담임하는 조용기 목사와 나눈 이야기를 이렇게 들려준다. 칼 조지는 조 목사에게 수만 명의 교회로 성장한 이후에도 매년 20퍼센트씩 교회가 성장한 비밀에 대해 물었다. 조 목사의 대답은 간단했다. "그건 간단해요. 성도들을 10명씩 소그룹으로 나누고, 각 그룹에게 매년 적어도 2명씩을 그리스도께로 인도하라고 요구하면 됩니다."

칼 조지는 이렇게 응대했다. "좋습니다. 이해가 돼요. 하지만 소그룹이 한 해에 2명씩 전도하지 못하면 어떻게 되죠?" 조 목사는 이렇게 대답했다. "하지만 그들은 2명씩 전도를 해요!"

칼 조지가 당황하며 말했다. "어쨌든 한 그룹이 두 명을 전도하지 못하면 어떻게 되는 겁니까?"

조 목사는 즉각적으로 대답했다. "우리는 그들을 훈련시킵니다. 예수님이 이렇게 말씀하셨어요. '나를 따라오너라. 내가 너희로 사람을 낚는 어부가 되게 하리라.' 10명이 1년 동안 2명을 전도하지 못하면 그 10명이 그리스도를 따르지 않는다는 것을 의미하고, 그 10명은 훈련받을 필요가 있는 것입니다."

조 목사의 말은 미국의 문화와 다른 문화 사이에 존재하는 간격을 보여 준다. 미국의 목회자들은 미국이라는 문화 안에서 간음과 같은 죄악을 멀리하도록 훈련시키려고 노력한다. 분명히 미국적인 상황은 성도들이 신실하게 복음을 전하도록 훈련시키는 데 열심을 내지 않는 분위기다.

위에서 제시한 예들의 핵심은, 자신의 믿음을 나누는 일에 실패하는 그리스도인들을 훈련시켜야 한다거나, 휴가도 반납할 소그룹 지도자들이 필요하다거나, 여행을 떠나야 할 때 감독자들로부터 허락을 받고 떠나는 소그룹 지도자들이 필요하다는 말이 아니다. 내 말의 요지는, 문화들 사이에 존재하는 차이점을 인식해야 하고 문화를 뛰어넘어 공통적으로 적용될 수 있는 원칙을 찾아내고자 겸손히 노력해야 한다는 것이다. 타 문화권에서 사용된 사역 접근법이 우리 문화에서 제 기능을 발휘하길 기대하기 전에 문화에 맞게 상황화해야 한다. 그것과 더불어 한마디 추가할 것은, 우리가 타 문화권에 있는 형제자매들로부터 많은 것을 배울 수 있다는 점이다.

'흩어지는' 교회가 제 기능을 발휘하도록 만들라

개인적으로 연구한 결과, 흩어지는 교회로서의 역할을 성공적으로 잘 감당하려면 여섯 가지 원칙이 두드러지게 필요하다는 사실을 발견했다.

- 지도자들은 교회 내에서 또 다른 중요한 책무를 맡아서는 안 된다. 평신도 지도자의 입장에서, 소그룹 지도자(pastor)나 제자훈련 지도자(discipler)가 되는 것은 시간을 무한정 투자해야 하는 사역이다.
- 그룹들은 (이미 살펴본 바와 같이) '가정'으로서의 소그룹과 '전도소그룹'으로서의 소그룹이라는 두 가지 기능을 모두 명확하게 유지하기 위해 각각의 기능에 대해 다른 시간에 만나야 한다.
- 기도와 금식이 분권화된 사역을 뒷받침해 주어야 한다.
- [때때로 **가장 좋은**(best) 사역들과 충돌하는] **좋은**(good) 사역들은 축소되어야 한다.
- 지도자들은 장기간에 걸쳐 주간 단위로 재무장되어야 한다.
- 다방면에 걸친 예비 지도자 훈련 프로그램을 갖추어야 한다.

이런 원칙들을 교회의 문화와 목회 스케줄과 요구에 맞춰 상황화하려는 노력은 상당히 도전적인 과제였다. 그러나 우리는 잘 정의된 사명을 수행하는 데 헌신되어 있었다. 나중에 더 자세히 토론하겠지만, 우리가 시작할 때 몇 가지 변화가 일어나야 한다는 사실을 알았다는 점을 먼저 말해 두고자 한다. 우리 교회의 사역에서는 기도와 금식이 더 많이 강조되어야 했다. 지도자의 역할이 달라져야 했다. 장로들이 지도자나 의사결정자로서 일차적으로 기능하던 데서 목양과 제자훈련에 초점을 맞추는 쪽으로 변화되어야 했다. 부교역자들의 기능을 새롭게 설계해야 했고, 많은 부교역자의 임무가 프로그램 관리에서 성도 관리로 바뀌었다. 이는 새로운 역할을 감당해야 할 부교역자들을 찾아 고용하는 것을 의미했다. 우리는 제한된 자원을 두고 일시적이나마 그런 분권화된 사역들과 경쟁하는 새로운 사역을 시작할 수 없다고 선언해야 했다. 그리고 아주 중요한 것은 교회의 리더십 훈련을 심각할 정도로 향상시켜야 했다는 점이다. (이 문제에 대해서는 전략을 다루면서 더 자세히 이야기하겠다).

다섯 가지 패러다임

지금까지 교회의 역사가 흘러오는 동안 채택해 온 패러다임을 다섯 가지로 분류할 수 있다. '모이는 교회(Gathering)와 흩어지는 교회(Scattering)'의 개념(G와 S)은 **장소**와 관계된 것이다. 다시 말해 어디에서 사역이 이루어지느냐의 문제다. '가정(Home)과 전도소그룹(Mission)'으로서의 기능(H와 M)은 **목적**과 관계된 것이다. 다시 말해 그 사역이 무엇을 위한 것이냐의 문제다. 다섯 개의 도표가 각각의 패러다임을 설명해 준다. 먼저 '신약시대의 교회'부터 살펴보자.

모이는 교회		흩어지는 교회	
H	M	H	M

신약시대의 교회는 (대그룹 공동체 교제로) 모이는 교회뿐만 아니라 (각 가정에서 모이는) 흩어지는 교회로도 기능했다. 신약 전반에 걸쳐, 교회는 (성도들의 필요를 채우는) 가정으로 기능했을 뿐만 아니라 (잃어버린 자들을 구원하기 위해 나가는) 전도소그룹으로도 기능했다. 누가가 사도행전에 기록한 것처럼 초대교회의 역동성은 논의할 여지가 없을 정도로 확실하다. 비록 많은 초대교회가 그 성숙도의 측면에서는 의심을 받았을지 모르지만, 교회의 열심과 효과는 상당한 수준이었다.

다음은 '중세 암흑기의 교회'다.

모이는 교회	

표가 비어 있는 점을 주목하라. 신약시대의 교회와 비교할 때 많은 변화가 일어났다. 여전히 모이긴 했지만 흩어지는 교회로서의 기능은 더 이상 감당하지 못했다. 교회가 많은 부분 진리를 포기해 버렸기 때문에 H도 표시하지 않았다. 결과적으로 하나님의 백성들은 돌봄이나 양육을 받지 못했다. 명백히 교회는 복음 전도의 열정을 갖고 있지 않았다. 그래서 M도 표시하지 않았다.

다음으로 '종교개혁시대의 교회'다. 종교개혁 기간 동안에 위대한 진보가 있었다. 가장 중요한 것은 하나님의 말씀이 하나님의 백성들에게 되돌려졌다는 것이다. 여전히 모이는 교회로만 존재했지만 가정으로서의 기능을 회복했다. 하나님의 백성들이 진리를 배우고 진리를 양식으로 공급받을 수 있었다. 그럼에도 종교개혁운동이 기존의 교회를 향한 사역만큼 잃어버린 세상을 향한 사명을 다했던 교회로 알려지지는 못했다(어떤 사람들은 이 부분에 대해 동의하지 않을 것이다. 그러나 더 큰 핵심을 지적하기 위해 이런 논지를 펼쳐나가는 것을 용인해 주길 바란다). 그래서 종교개혁시대의 교회는 이런 도표로 표현할 수 있다.

모이는 교회		
H		

심지어 오늘날의 교회들까지 포함해서, 종교개혁의 신앙을 수용하는 교회들 가운데 얼마나 많은 교회가 이 방식을 모델로 삼는지 주목하라. 그런 교회들은 대부분 전통적으로 자주 모이기만 한다. 그리고 (풍성한 영혼추수의 한가운데에 있을 때조차도) 복음 전도의 열매가 하나도 없음에도 불구하고 진리를 선포하는 사명만으로 만족한다. 전적으로 그리고 자랑스럽게 종교개혁의 신앙을 수용함에도 불구하고 오늘날의 교회가 너무나 자주 전도소그룹으로서의 기능을 감당하지 못하는 게 슬프기도 하다.

이제 현대 교회에 이르기까지 몇 세기를 건너뛴다. 1970년대에, 교회가 행하는 길을 다시 정의하는 새로운 패러다임이 교회에 등장하기 시작했다. 이 새로운 패러다임은 시카고 교외에 세워진 윌로우크릭커뮤니티교회(Willow Creek Community Church)와 함께 시작되었고 전형적으로 '구도자에게 민감한 교회'(the seeker-sensitive church)라고 불린다. 이런 유형의 교회는 다음의 도표로 표현된다.

모이는 교회			
H	M		

　마침내, 전도소그룹이 교회로 돌아왔다. 윌로우크릭교회는 전도소그룹이 선교단체(parachurch organizations)의 전유물이 아님을 입증했다. 그리스도의 신부인 교회가 전도소그룹을 가장 잘 실행할 수 있다. 구도자들은 모이는 교회로 초대되어 선포되는 복음을 효과적으로 들을 수 있다.

　윌로우크릭교회가 최근 몇 년 사이에 (흩어지는 교회로서의) 소그룹사역을 개척했지만, 윌로우크릭교회는 교회의 사명을 수행하기 위해 모이는 교회로 더 잘 알려져 있다. 우리는 그런 유형을 '앞문 교회'(front door church)라고 부른다. 내가 생각하기에, 윌로우크릭교회에서조차도 대부분의 소그룹은 전도소그룹으로서의 사명을 감당하기 위해 흩어지는 것이 아니라 일차적으로 가정으로서의 기능을 수행하기 위해 흩어진다고 표현하는 것이 공정하다. 비록 최근 몇 년 사이에 많이 변화되었지만 말이다.

　그 이후에 교회 성장 컨설턴트인 칼 조지가 옹호하는 새로운 모델이 등장했다. 그 모델은 일반적으로 변화하는 교회(the changing church)의 모델인 메타교회(Meta Church)로 알려졌다. 이 모델은 칼 조지가 교회를 흩어지는 교회로 바라보려는 시도를 한 것이었으며, 그가 미국이 아닌 다른 지역에서 배운 기하급수적인 성장에 대한 교훈을 적용한 것이다. 메타교회의 모델은 다음과 같다.

모이는 교회		흩어지는 교회	
H	M	H	

칼 조지가 메타교회의 모델을 제시한 가장 큰 목적은 '흩어지는 교회'로서의 기능을 가정으로서의 기능과 전도소그룹으로서의 기능 모두로 바라보려는 것이었다. 나는 이 부분에 대해 그와 오랜 시간 토론했고, 그가 내 의견에 동의하지 않았을지도 모른다. 그러나 교회의 분권화에 있어서 전도소그룹이라는 부분에 교회의 모델로 사용되어 온 많은 교회를 연구해 본 결과, (나의 관점에서 볼 때) 그의 주장이 사실이라고 인정할 수 없었다. 윌로우크릭교회를 통해 빌 하이벨스 목사를 사용하셨던 것처럼, 하나님은 교회가 자신이 의도하신 모습을 닮아가도록 하는 데 칼 조지도 강력하게 사용하셨다.

내가 볼 때, 한 단계 더 발전해야 할 부분이 있다. 흩어지는 교회에 전도소그룹의 기능인 'M'을 추가하는 것이 오늘날 교회가 직면한 가장 큰 도전 중 하나다. 이 모델을 TEAMS에 기초한 교회라고 부를지 다른 이름으로 부를지는 현대적인 의의가 없는 논의다. 중요한 것은 이 변화가 실행된다는 점이다. 이 단계로 접어들 때 실제로 교회는 신약시대의 교회 패러다임과 더 닮은 형태로 기능할 것이다.

모이는 교회		흩어지는 교회	
H	M	H	M

"어떻게 하면 그리스도를 따르는 성숙한 제자를 양성할 수 있는가"라는 질문에 대한 답을 찾으려고 이 여정을 시작했을 때, 본질적으로 교회가 그동안 고수해 왔던 방식에 근본적인 변화를 제안한다는 사실을 잘 깨닫지 못했었다. 우리는 다른 교회를 통해 귀중한 교훈들을 배운 것에 감사하며 하나님이 우리에게 허락하신 비전을 신실하게 붙잡기를 열망한다. 우리가 그 일을 할 수 있는 최선의 길은 교회의 사명 선언문에 교회의 비전을 성취하는 데 필요한 수단에 대해 명확한 초안을 담아두는 것이다.

후기

이 장의 앞부분에서 지적한 것처럼, 내가 역사적인 개관을 제시하면서 초점을 좁게 가져갔음을 인정한다. 나는 각 시대마다 교회가 따라갔던 일반적인 흐름을 설명하려고 했다. 하나님은 분명히 자신의 교회를 전 역사에 걸쳐 보존하시고 확장해 오셨다. 궁극적으로 오늘날 교회의 존재 자체는 무엇보다 "내가 이 반석 위에 내 교회를 세우리니 음부의 권세가 이기지 못하리라"(마 16:18)라고 말씀하신 분 덕분이다.

또한 나는 각 시대마다 이 모양 저 모양으로 신약교회의 모델을 보존해 온 핵심적인 교회들이 있었다고 확신한다. 예를 들어, 18세기 영국 성공회의 사제였던 휫필드(Whitefield)와 웨슬리 형제(Wesleys)같은 사람들이 교회에 전도소그룹, 제자도, 흩어지는 교회의 측면을 회복했던 감리교 대각성운동이 있다. 특별히 존 웨슬리는 제자도를 추구하는 면에서 철저하게 방법론적이었다. 우리가 TEAMS라고 부르는 원칙들은 웨슬리가 '속회'(class meetings)라고 불렀던 모임에 명확하게 존재했었다. 이와 같이 고도로 조직화된 소그룹에서 성경적 진리, 사역을 위한 무장, 상호책임, 전도, 기도가 모임의 순서가 되었다.

우리에게 필요한 긴급한 질문은 다음과 같다. 우리가 사는 시대, 사는 장소에서 신약시대의 교회처럼 살아가기 위해 교회는 무엇을 행해야 하는가? 그 도전이 우리가 행하는 길의 모든 걸음을 인도해야 한다.

● ● ● 누 가 무 엇 을 하 는 가 ?

미국에 최초로 등장한 초대형교회들(Megachurch) 중 한 교회를 담임하던 지도자가 리더십과 리더십의 중요성에 대해서 다음과 같이 정확하게 정의를 내렸다. "리더십은 교회 성장의 열쇠다. 교회가 21세기의 불신 세계를 향해 증인의 사명을 감당하는 데 진정으로 성공하려면 진취적이고, 역동적이고 영감 넘치는 지도자들을 개발해야 한다." 그리고 그는 다음과 같이 덧붙였다.

리더십이란 앞서 생각하고, 미래를 계획하고, 모든 가능성을 샅샅이 점검하고, 문제를 예측하고, 그 문제들에 대한 해결책을 찾아내며, 가능성과 문제해결 방법을 의사결정권자에게 전달하는 것이다. 그것이 리더십이다. 어떤 단체든지 리더는 그 어떤 구성원보다도 앞서 생각하는 [사람]이다. 리더는 과거에 살지 않고 미래를 사는 사람이다. 왜냐하면 리더십은 과거의 성취로부터 리더십의 영감을 이끌어내는 것이 아니라 미래에 대한 투영으로부터 리더십의 영감을 이끌어내기 때문이다. 리더는 운동(movements), 경향, 점진적으로 변화하는 발전에 주의를 기울인다. 리더는 그 누구보다도 말 그대로 오래 생각하고 그 생각의 결과를 효과적으로 표현한다.[1]

섬기는 교회를 향한 전략적인 계획을 수립하는 과정이 지금 단계까지 이르렀다면, 목적 선언문과 비전 선언문은 이미 확정되었다. 당신은 이미 비전을 어떻게 성취할 것인지에 대해 큰 그림을 보여 주는 사명 선언문 작성도 마무리했다. 교회의 핵심가치들에 대해서도 토론했고, 제자라는 말의 정의도 분명하게 내렸을 것이다. 이제 한 걸음 더 나아가, 우리가 취해야 할 다음 단계는 퍼즐의 핵심적인 조각을 짜 맞추는 것이다. 다름 아닌 누가 이 모든 것을 이끌어야 하는가 하는 질문에 답하는 것이다.

어떤 성공적인 회사의 몇몇 직원에게 누가 그들의 고객인지, 누가 그들의 고용주인지 질문해 보라. 그러면 일관되고 정확한 대답을 얻을 것이다. 교회에 출석하는 대부분의 신실한 성도들에게 누가 자신이 출석하는 교회의 '고객'인지, 누가 그 교회의 직원이고 누가 그 교회의 고용주인지 질문해 보라. 아마도 모든 사람으로부터 다른 대답을 얻기 십상일 것이다. 이런 혼란을 떠안은 채로 부드럽게 운영되는 회사를 상상할 수 있는가? 오늘날의 수많은 교회가 비효과적으로 운영된다는 사실은 전혀 놀라운 일이 아니다! 분명하게 규정되고, 제대로 잘 전달된 직무기술서(job descriptions)는 사업에서만큼 교회에서도 중요하다.

아마도 교회가 결정해야 할 가장 중요하고 최우선되는 이슈는 리더십을 명확하게 규정하고 그 리더십이 어떻게 기능할 것인지 결정하는 일일 것이다. 이 이슈들이 기본적인 것처럼 들리겠지만, 많은 교회에서 아직도 결론이 나지 않은 논쟁중인 이슈들이다.

누가 책임지는가?

교회에서 누가 리더십의 기능을 수행해야 하는가? 목사인가, 부교역자팀인가, 당회인가, 아니면 사역자들의 임원회인가? 다음에 소개하는 몇 가지 핵심 질문은 피할 수 없는 것들이다.

- 리더십 책임은 권위와 같은 의미인가?
- 임명된 지도자들이 권위를 갖지 않는다면 누가 권위를 가지는가?
- 권위의 영역에서 각각의 리더십 역할들은 서로에게 어떻게 연결되는가?

이 질문들은 복잡한 것이다. 잘못된 대답이나 혼동을 일으키는 대답들은 교회 안에 혼란을 조장한다. 사실, 목회자, 부교역자, 평신도 지도자들이 실질적으로 모든 교회공동체에서 이런 이슈들로 갈등한다.

그러므로 혼돈 가운데 질서를 부여하도록 하자. 우리 논의의 최우선적인 지침은 성경일 것이다. 나는 교회가 회중들 안에 존재할 필요가 있는 다양한 리더십 역할에 대한 직무기술서들을 더 잘 정의하도록 돕기를 희망한다. 이번 장과 다음 장에서는 장로, 집사, 목회자, 부교역자, 평신도의 직무기술서들을 소개할 것이다.

나는 교회마다 정책이 다를 뿐 아니라 리더십에 대해 사용하는 용어도 다르다는 사실을 잘 안다. 내가 **장로**라는 용어를 사용할 때는 성경에 등장하는 헬라어 '에피스코포스'(*episkopos*)를 지칭한다. 이 직분을 맡은 자들에게는 바울 사도가 디모데전서 3장 1-7절과 디도서 1장 5-9절에서 제시하는 자격이 요구된다. 다른 영역본에서는 종종 이 직분을 **감독**(overseer)이나 **주교**(bishop)라는 단어를 추가해 번역하기도 한다.

나는 헬라어 '디아코노스'(*diakonos*)를 영어로 번역한 **집사**(deacon)라는 단어를 바울이 디모데전서 3장 8-13절에서 자격 조건을 소개하는 특별한 섬김의 리더십 직책을 의미하는 단어로 사용한다.

이 장에서 강조하는 부분이 성경에 기초한 직무기술서이기 때문에, 나는 지역교회 안에서 직무기술서를 작성할 때 성경적인 직분 용어를 사용하지 않는 교회의 지도자들이 있다면 그들의 논거를 다시 한 번 점검해 보길 원한다. (목회자와 평신도라는) 두 가지 구분만이 존재하는 교회 구조라면, 명확한 성경적 가르침을 너무 많이 무시하는 것이다. 전임 부교역자에게만 모든 성경적인 직분 용어(장로, 집사, 주교, 목사, 복음 전하는 자)를 엄격하게 제한해 사용하는 교회 구조라면, 그것은 많은 그리스도의 지체로부터 특권을 박탈할 위험에 직면한 것이다. 성경이 제시하는 직무기술서는 약간의 유연성을 포함한다. 그러나 성경이 직무기술서를 제시할 때 적용하는 암묵적인 원칙들 중 하나는 다음과 같은 것이어야 한다. **건강한 지역교회의 구조는 성경이 제시하는 각각의 리**

더십 위치를 나타내는 직분들을 포함할 것이다. 그 두 가지 직분은 장로와 집사다.

집사: 봉사

먼저 집사에 대해 간략히 다루려 한다. 성경은 집사들이 감당해야 할 특별한 책무에 대해 규범적인 방식으로 제시하지는 않는다. 다른 말로 하면, 집사들이 감당해야 할 섬김의 역할은 꽤 광범위하게 나타난다. 그럼에도 불구하고 집사의 역할은 그 직분을 처음으로 만들 당시의 역사적인 기록(행 6:1-6)에 비교적 자세히 기록되어 있다. 당시 집사들은 과부들을 위한 매일의 구제를 감당하기 위해 임명되었다. 그러나 집사들이 처음 맡았던 그 역할이 오늘날 집사들의 구체적인 직무를 결정하지는 않는다. 집사라는 역할에 주어진 핵심적인 통찰은 본문 2-4절에서 발견된다. 집사들은 장로들이 제 역할을 잘 감당하도록 자유를 제공했다.

따라서 집사들의 직무기술서는 장로들의 필요에 의해 결정된 것 같다. 초대교회의 예에서 보는 바와 같이, 집사들의 초점은 교회 안에 있는 특별한 필요가 있는 자들에게로 향했을 것이다. 필요라는 것은 공동체에 따라, 시대에 따라, 교회에 따라 다양하기 때문에, 집사들의 구체적인 직무기술서는 융통성 있게 정하도록 남겨 둘 수 있었을 것이다.

나는 당회와 제직회(a deacon board) 사이의 감정적인 갈등으로 인해 지도자들이 어려움을 겪는 교회를 수도 없이 보았다. 분명히 두 그룹 모두 성경적으로 정당한 그룹이다. 그러나 성경에서 제시하는 그 두 그룹 사이의 업무적인 관계에는 더 주의를 기울일 필요가 있다. 집사들은 장로들과의 관계에서 다소간 덜 중요하다고 느낄 수 있다. 예를 들어, 교회의 예산과 재정에 대해 누가 책임을 져야 하느냐에 대해 자주 혼란이 생긴다. 재정 관리는 '거룩한' 조직인 당회에 어울리는가 아니면 '실제적인' 조직인 제직회에 어울리는가? 많은 사람이 집사의 역할을 장로들이 소속된 메이저 리그로 부름받기 전에 마이너 리그에서 감당하는 의무 정도로 묘사한다.

진리는, 집사의 직책이 영적인 권위를 행사하는 직책이 아니라 봉사하는 직책이라는 것이다. 집사들은 구체적이고 일시적인 의무를 수행하기 위해 선발되고 임명된 자들이다. 집사들은 장로들을 섬기며, 장로를 대신해 섬긴다. 천국의 '열쇠'를 가진 장로들은(장로에 대한 설명을 보라) 권위를 수행하되 종의 마음을 가지고 수행할 의무가 있다. 집사들은 높은 존경을 받는 위치에서 섬긴다. 기독교회의 첫 번째 순교자는 집사였다. 사도행전 6, 7장에 소개된 스데반 집사의 용기, 믿음, 증거에 대한 내용은 집사의 역할이 마이너 리그에 속하는 것이라는 말도 안 되는 생각들을 반박한다.

누가 예산과 재정에 대해 최종 책임을 져야 하는지에 대해서는 가치에 대해 이야기했던 이전의 토론으로 돌아가 보자. 누가 교회의 가치를 설정하는가? 나는 교회의 가치를 설정하는 것은 교회의 영적인 권위를 형성하는 장로들의 책임이라고 말했었다. 지역교회에서 최고의 영적 권위를 가진 분들이 재정에 대한 최종 권위까지 갖지 못한다면 힘겨루기는 불가피하다. 한 교회에서 장로들이 전도라는 가치를 확립했으나 집사들이 예산을 결정하면서 전도에 대한 예산을 하나도 배정하지 않았다고 상상해 보라. 이럴 경우 어떤 그룹이 실제적으로 가치를 결정하는가? 분명히 집사들이다.

집사들은 가치나 예산을 수립하는 데 한 마디도 하지 않아야 한다는 말이 아니다. 지혜로운 당회는 많은 그룹으로부터 의견을 수렴하려고 노력한다. 논점은 이것이다. 성경은 교회 권위의 최종적인 행사를 (담임 목사와 같은) 한 개인이나 권력을 쥔 어떤 그룹에 맡긴 것이 아니라, 지혜롭게, 기도하는 가운데 교회를 이끌어 가도록 부름 받은 회중들을 대표하는 특별한 그룹에게 맡기셨다는 것이다.

나는 늘 개척교회 지도자들에게 집사들이 그런 책임을 떠맡도록 내버려 두지 말라고 조언한다. 재정과 관련해 집사들이 감당해야 할 책무는 교회의 장로들이 도움이 필요하다고 결정한 사람들에게 구제금을 전달하는 것으로 제한하라. 정말로 하나님이 집사의 직분으로 부르신 사람들은 도움이 필요한 자들에게 손을 펼치는 사역에 헌신하기 위해 행정적인 책임을 회피하는 게 사실이다. 나는 교회가 성장해 가고 부교역자들이 감당할 분량이 커져감에 따라 집사들은 예산 준비를 위한 기초 작업에만 관여하게 하고 최종 결정권은 장로들에게 위임하라고 조언하고 싶다.

장로: 천국열쇠를 위임 받은 자

이제 장로의 직무기술서와 역할에 대해 살펴보자. 장로직에 귀속된 권위에 대한 성경적 이해가 없이는 장로에 대한 직무기술서를 명확하게 정리할 수 없다. 성경적 이해를 얻기 위해 다시 한 번 1장에서 토론했던 마태복음 16장 13-19절의 말씀을 살펴볼 것이다. 그러나 이번에는 장로의 역할에 초점을 맞출 것이다.

예수님은 열두 제자에게 사람들이 자신에 대해 무엇이라고 말하는지 질문하신 후에, 제자들에게 자신을 누구라고 생각하는지 질문하셨다. 베드로는 사도들을 대표해서 이렇게 대답했다. "주는 그리스도시요 살아 계신 하나님의 아들이시니이다"(마 16:16). 이 고백에 대해 예수님은 이렇게 말씀하셨다. "너는 베드로라 내가 이 반석 위에 내 교회를 세우리니"(18절). 그런 다음 우리 주님은 훨씬 더 원대한 암시를 선언하셨다. "내가 천국열쇠를 네게 주리니 네가 땅에서 무엇이든지 매면 하늘에서도 매일 것이요 네가 땅에서 무엇이든지 풀면 하늘에서도 풀리리라"(19절).

이것은 어떤 열쇠인가?

이 '천국열쇠'는 어떤 열쇠인가? 이 열쇠의 '매고' '푸는' 기능은 무엇인가? 열쇠의 기능은 두 가지뿐인데, 그것은 잠그고 여는 것이다. 열쇠를 가지고 있다는 것은 열고 닫을 권세를 나타낸다. 하나님의 새 이스라엘인 교회는 더 이상 하나님이 직접적으로 다스리시지 않기 때문에 하나님은 자신이 임명한 권위, 즉 인간 리더십 아래에서 교회가 기능하도록 결정하셨다. 따라서 천국열쇠는 그리스도께서 자신의 교회를 다스리도록 사람들에게 허락하신 권위를 나타낸다.

교회의 리더십은 (하나님의 말씀에 근거한 의무를 강요할 수 있는) '맬 수' 있는 특별한 권위와 (하나님의 말씀이 허용하는 것들을 결정하고 허락하는) '풀 수' 있는 특별한 권위를 부여받았다. 따라서 영적인 권위는 어떤 것이 요구되는지 그리고 어떤 것이 허용되는지를 분별한다. 왜 이것이 그토록 중요한가? 왜냐하면 성경의 가르침은 구체적인 사례이기(case-specific)보다 원칙 중심적(principle-focused)이기 때문이다. 따라서 성경의 원칙들을 특별한 상황에 적용할 때는 지혜로운 판단을 내려야 한다. '천국열쇠'는 교회가 성경적인 믿음과 행위의 적절한 기준을 결정하고, 필요할 때는 성경적 훈육을 실행하도록 교회에 주신 권위의 상징이다.

누가 열쇠를 쥐었는가?

그러므로 우리는 다음과 같은 논리적 질문에 답해야 한다. 이 '매고 푸는' 권세가 특별히 교회 안에 있는 누구에게 주어졌는가? 교회의 역사는 이 질문에 대해 세 가지 유력한 답을 제시한다.

이미 언급한 바와 같이, 교회의 기초가 다져지는 시기에 로마 가톨릭 교회는 이 열쇠가 베드로에게만 주어졌다는 시각을 받아들였다. 로마 가톨릭 교회의 이해를 따르면, 베드로만 유일하게 이 열쇠를 받았고 따라서 그가 첫 번째 교황이 되어 그 열쇠를 다음 교황에게 넘겨 주었다는 것이다.

그러나 이 해석은 잘못된 주해에 기초한 것이다. 신약 헬라어에서 베드로라는 이름은 '작은 돌 혹은 자갈'을 의미하는 '페트로스'(Petros)이다. 그러나 그리스도께서 자신의 교회를 세우시겠다고 말씀하신 "반석"을 의미하는 단어는 '크고 둥근 돌 혹은 기초가 되는 암반'을 의미하는 '페트라'(Petra)가 사용되었다. 따라서 예수님은 베드로에게 대답하시면서 효과적으로 말씀하시기 위해 언어유희를 사용하신 것이다.

"시몬, 너는 베드로, 다시 말해 딱딱하긴 하지만 덧없는 작은 자갈이다. 그러나 내가 그리스도요 살아 계신 하나님의 아들이라는 너의 신앙고백을 움직일 수 없는 암반으로 삼아 그 위에 내 교회를 세울 것이다." 교회의 기초를 형성하고 유지하는 것은 베드로 자신이 아니라 예수님에 대한 그의 신앙고백이었다.

더욱이 마태복음 16장 13−19절에 나오는 "내가 천국열쇠를 네게 주리니", "네가 땅에서 무엇이든지 매면", "네가 땅에서 무엇이든지 풀면"에서, **너**라는 2인칭 대명사가 헬라어 원문에서는 단수로 사용되었지만, 동일한 예수님의 가르침을 기록한 마태복음 18장 18절에서는 복수를 사용한다. 동일한 진리를 가르쳐 주는 요한복음 20장 23절도 복수를 사용한다. 이런 성경 말씀들을 근거로 볼 때, 예수님이 마태복음 16장에서 베드로를 그와 함께 서 있는 사도들의 대표로 이야기하신 것이 분명하다. 예수님은 자신의 가르침 속에서 열쇠의 합당한 수령자는 특별한 한 사람이라기보다 여러 사람임을 암시해 주셨다.

이런 관찰은 이 본문에 대한 다른 두 가지 역사적인 이해로 우리를 안내한다. 이 견해들도 열쇠를 쥔 사람이 복수라는 사실에 동의한다. 이 두 견해 사이에 존재하는 차이점은 열쇠를 쥔 사람들의 신원이 다르다는 데 있다.

이 두 가지 견해 중 첫째는 몇몇 현대 교회가 실행하는 견해다. 다시 말해 예수님이 믿는 자 한 사람 한 사람에게 천국열쇠를 주셨다는 것이다. 이 견해에 따르면, 신자가 그리스도 안에 있는 구원의 믿음을 실행할 때 자신이 천국에 들어가도록 그 열쇠를 사용하는 것이다. 이런 확신을 고수하는 교회들은 일반적으로 교회 등록의 중요성을 평가절하하며, 아예 통째로 거부하기도 한다. 자신이 그리스도인이라고 믿는다면, 그들은 자동적으로 자신을 그리스도의 지상교회의 구성원으로 여긴다. 이 견해를 따르는 사람들은 종종 어떤 지역교회에 등록하는 것은 불필요하다고 가르친다.

이 견해가 지닌 한 가지 난제는 신자 한 사람 한 사람을 자신을 통제하는 권위의 자리에 세우고, 교회의 리더십이나 치리의 필요성을 부정한다는 것이다. 더 성숙한 성도들이 해주는 조언이나 훈계, 꾸짖음은 다른 어떤 의견보다 더 큰 권위를 갖지 못한다. 이 견해는 그 실행불가능성 때문에 문제의식을 불러일으키기도 한다. 습관적인 죄악에 빠진 그리스도인이 교회의 교제권에서 자신을 제거하기 위해 열쇠 꾸러미를 사용하겠는가?

누가 열쇠를 쥐었느냐에 대한 견해 중 마지막이자 가장 그럴듯한 견해는, 유사 이래로 대다수 개신교 교회가 채택해 온 견해다. 천국열쇠를 주셨을 때, 예수님은 베드로뿐만 아니라 모여 있던 사도들 모두에게 말씀하신 것이다. 예수님은 사도들의 공동체를 향해 전체적으로 "매고 푸는" 권세, 다시 말해 하나님을 위해 말하고 하나님을 위해 행동할 수 있는 권세를 주셨다. 예수님은 그들을 무흠한 자로 만들지 않으셨다(베드로의 반복되는 실패와 그리스도에 대한 부인을 주목하라). 그들을 죄가 없거나 완벽한 자로 만들지 않으셨다(유다가 이 자리에 함께 있었음을 주목하라). 이런 전체 사도의 권위는 계속해서 성경적인 자격을 갖춘 선택된 장로들을 안수해 세우는 것으로 지역교회 안에서 이어져 왔다(딤전 3:1-7; 4:14; 딛 1:5-9). 교회는 언제나 성경의 가르침을 받는 일단의 지혜로운 장로들의 지도력 아래 있을 때 가장 건강했다.

오늘날에도 하나님이 안수해 세우신 장로들이 계속하여 교회 안에서 천국열쇠를 쥐고 있다. 그리스도의 양떼를 성경적으로 훈육하는 일을 통해 교회의 순결성과 하나님 말씀의 영광을 보호하는 것이 장로들의 책임이다. 장로들은 신앙을 고백하는 자들을 교회에 등록하게 하며, 불신자들에게는 등록을 허락하지 않으며, 회개한 죄인들을 세우고 격려하고, 회개하지 않은 자들이 교제권에 참여하지 못하도록 쫓아낸다.

다시 한 번 강조하거니와, 예수님의 열두 제자가 그랬던 것처럼, 권세 있는 열쇠를 소유한다는 것이 장로들의 무흠함을 보장하지는 않는다. 장로들도 한계를 지녔기에, 그들의 결정은 성경에 기반을 두어야 한다. 예를 들어, 장로들은 특정한 사람이 그리스도인인지 아닌지에 대해 궁극적인 결정을 내릴 수 없다. 하나님만이 이런 문제에 대해 확실히 아실 수 있다. 그럼에도 불구하고 장로들의 결정과 선포는 한 사람이 그리스도인으로 대우를 받을 것인지 아닌지를 결정하는 방식으로 하나님의 권위를 수행한다. 이런 맥락에서 마태복음 18장 15-18절과 히브리서 13장 17절의 온전한 의미가 드러난다.

"네 형제가 죄를 범하거든 가서 너와 그 사람과만 상대하여 권고하라 만일 들으면 네가 네 형제를 얻은 것이요 만일 듣지 않거든 한두 사람을 데리고 가서 두세 증인의 입으로 말마다 확증하게 하라 만일 그들의 말도 듣지 않거든 교회에 말하고 교회의 말도 듣지 않거든 이방인과 세리와 같이 여기라 진실로 너희에게 이르노니 무엇이든지 너희가 땅에서 매면 하늘에서도 매일 것이요 무엇이든지 땅에서 풀면 하늘에서도 풀리라"_마 18:15-18

"너희를 인도하는 자들에게 순종하고 복종하라 그들은 너희 영혼을 위하여 경성하기를 자신들이 청산할 자인 것같이 하느니라 그들로 하여금 즐거움으로 이것을 하게 하고 근심으로 하게 하지 말라 그렇지 않으면 너희에게 유익이 없느니라"_히 13:17

마태복음의 "이방인과 세리와 같이 여기라"는 말씀은 '불신자처럼 대우하라'는 의미로, 실제적으로 교회의 등록교인 명단에서 제해 버리라는 의미다. 히브리서 13장에 나오는 "인도하는 자들"은 교회 안에서 장로로 안수 받은 자들을 말한다. 명백히 이들은 하나님의 교회를 신실하게 이끌어 갈 권세와 책임을 가진 자들이다.

하나님의 뜻과 지혜

주님은 이 두 본문과 다른 본문들을 통해 자신의 교회가 행사하기 원하신 권위의 성격에 대해 명시하셨다. 다른 본문들은 하나님이 사회를 위해 제정하신 두 가지 제도에서 행해지게 하신 권위에 대해 말한다. 이 두 가지 제도는 국가와 가정이다(롬 13:1-7; 엡 5:22-6:4을 보라). 다음의 세 가지 영역에 대해 사악한 자들을 훈련시키고 선한 자들을 축복할 권리와 의무가 특별한 리더십 권위에 부여되었다.

- 가정에서의 부모
- 국가의 행정 관료와 통치자
- 교회의 장로

다른 이유가 아니라 위법에 대한 민·형사상의 처벌을 피하기 위해서라도 대부분의 사회 구성원은 국가의 법률에 순종한다. 부모의 권위는 부모들이 자녀들에 대한 사랑은 실천했지만 단호하게 교정하는 훈육을 거의 포기해 버렸기 때문에 여러 해 동안 추락해 왔다. 교회의 권위는 오래 전부터 무시되어 왔다. 그 이유는 어느 정도 위에서 인용한 성경 본문들을 잘못 해석했기 때문이며, 또 어느 정도는 교회가 성경적인 훈육의 의무를 인식하고 그 필요성을 절박하게 느끼는 때에도 성경적인 훈육을 강화하지 않으려는 태도를 견지하기 때문이다.

불행하게도, 오늘날 이 주제에 대한 분명한 성경적 가르침은 거의 사라져 버렸다. 사실, 이 주제에 대한 가르침은 너무나 낯설어서, 당신은 여전히 머리를 긁적일지도 모른다. '교회의 치리'라는 어구는 충격적인 모순어법으로 변해 왔다. 이러한 이유로, 나는 장로들에게 주어진 권위에 대해 당신이 더 잘 이해하도록 중요한 논점을 추가로 제시해야 할 것 같다. 내가 믿기에, 하나님의 뜻을 결정하는 권위라고 부르는 것과 하나님의 지혜를 결정하는 권위라고 부르는 것 사이에 차이점이 있다. 핵심은, 무오한 하나님의 말씀에 상반되지 않는다면 장로들이 도덕적인 문제와 교회적인 문제들에 대해 내린 결정은 때로는 하나님의 지혜를 드러내는 데 실패할지라도 언제나 하나님의 뜻을 선포한다는 것이다. 예를 들어 보자.

이미 하나님이 부모에게 자녀를 다스릴 권세를 주셨다는 사실은 지적했다(엡 6:1). 마찬가지로, 정부의 행정 관료들에게는 시민들과 거주자들을 다스릴 권세가 주어졌다(롬 13:1-2). 이 사실을 염두에 둘 때, 다음 질문에 어떻게 답하겠는가? 어린아이 하나가 부모님의 명령이 하나님의 말씀에 상반되지 않음에도 불구하고 부모님에게 순종하지 않기로 결정한다면 하나님의 뜻을 어긴 것인가? 물론 그렇다. 그 아이는 이렇게 논쟁할 수도 있을 것이다. "성경에 저녁 10시까지는 집에 들어와야 한다는 말씀이 어디 있어요? 보여 주세요. 그러면 그렇게 할게요. 왜냐하면 전 하나님께 온전히 순종하기를 원하거든요. 전 부모님이 독단적으로 저의 통행금지 시간을 정하신 것은 하나님의 뜻이 아니라고 생각해요."

자녀가 이렇게 말한다면, 당신은 아마도 이렇게 반응할 것이다. "내가 말한 것이 너를 향한 하나님의 뜻이야. 왜냐하면 나는 너의 부모거든." 그러나 당신이 당신의 자녀의 요구에 응하여 새벽 2시까지 집에 들어오라고 말했다면 어떻게 되겠는가? 만약 10시에서 2시 사이에 들어왔다면, 그 아이는 '하나님의 뜻 안에' 있는 것인가? 나는 그렇다고 생각한다. 이 경우에 당신은 부모로서 딸에게 하나님의 뜻이 무엇인지를 선포한 것이다. 그러나 내가 생각하기에 당신이 하나님의 지혜를 선포하는 데는 실패했다. 통행금지 시간을 정하는 것은 당신이 가진 권위의 의무지만, 올바르고 건전한 통행금지 시간을 정하는 것은 당신이 가진 거룩한 지혜의 의무다.

가정에서 시행되는 하나님의 뜻과 하나님의 지혜 사이에 존재하는 현저한 차이에 대한 흥미로운 연구에 대해서는 사무엘상 15장 2-38절에 나오는 나발과 아비가일과 다윗에 대한 설명을 읽어보라. 비록 그 권위를 어리석게 사용했지만(하나님의 지혜는 아니었다), 가정에서의 나발의 권위(하나님의 뜻)는 존중받았다.

하나님이 제정하신 다른 기관인 행정 관료와 교회에도 동일한 진리가 적용된다. 우리 교회가 몇 해 전에 예배당을 옮기기로 결정했을 때 다음과 같은 질문을 종종 받았다. "이게 정말 하나님의 뜻입니까?" 나는 그런 질문이 성도들의 마음이요 염려라는 사실을 알고 기뻤다. 예배당을 옮기는 노력이 진행되는 사항과 관련하여 성도들에게 새로운 정보를 나누는 모임에서 나는 이 문제에 대해 설명했다. 내가 설명한 내용의 요지는 다음과 같다.

"예배당을 옮기는 것이 하나님의 뜻입니까?"라고 자주 묻는 질문에 대해 아주 중요한 뉴스를 전하고자 합니다. 재론의 여지가 전혀 없이 하나님은 우리가 예배당을 옮기는 것이 하나님의 뜻이라는 사실을 더할 나위 없이 명확하게 알려주셨습니다.

내가 이렇게 대답했을 때 우리 교회 성도들이 이렇게 생각한다는 것을 알 수 있었다. **"오, 이건 랜디 목사님답지 않은 대답이야. 어떤 상아탑에서 하나님과 만나신 거지?"** 그래서 나는 이렇게 결론을 내렸다.

내가 분명한 확신을 가지고 그렇게 말할 수 있는 이유는 우리 교회의 장로들이 투표를 통해 그렇게 결정했기 때문입니다. 장로들은 자신들이 지닌 권위의 의무를 기도하는 마음으로 행사했습니다. 이제 나는 비록 예배당을 옮기는 것이 하나님의 뜻인 것은 알지만, 그 결정이 하나님의 지혜를 반영하는 것인지에 대해서는 확신이 없습니다. 오직 시간만이 말해 줄 것입니다.

우리는 이 원칙을 다른 상황에도 적용한다. 교회의 등록 성도 두 명이 사업상에 재정적 논쟁이 있어 고린도교회에 보낸 바울의 가르침을 따라 그 논쟁점을 세상의 법정이 아닌 교회에 문의하기로 하였을 때, 우리는 이 가르침의 가치를 발견하게 된다. 양측으로부터 각자의 주장을 들은 후에 장로들이 결정을 내려야 한다. 그 결정이 무엇이든지, 불리한 판결을 받은 쪽은 "네가[장로들이] 땅에서 무엇이든지 매면 하늘에서도 매일 것이요"(마 16:19)라는 말씀을 기억해야 한다. 따라서 땅에서 내린 결정은 (그 결정이 하나님의 말씀과 상반되는 것이 아니라는 전제 하에) 주님이 승인하시는 결정이 된다. 이 결정은 하나님의 뜻이 가진 권위를 수행하게 된다. 나는 동일한 많은 결정 가운데 '영원'이라는 시간이 지혜의 부족함을, 심지어는 어떤 실수들을 더 많이 드러내리라고 확신한다. 그럼에도 불구하고 세상의 법정에서조차도 권위는 결정을 내릴 의무를 쥔 사람들에게 주어져 있다.

이와 마찬가지로, 어린아이의 부모에 대한 순종과 존경에 대한 실제적인 테스트는 지혜롭고 사려 깊은 다스림에 대한 순종만을 포함하는 것이 아니라 변덕스럽고 지혜롭지 못한 다스림에 대한 순종까지 포함한다. 누가복음 2장에서 예수님은 "내가 내 아버지 집에 있어야 될 줄을 알지 못하셨나이까"(49절)라고 주장하신 반면, 마리아와 요셉은 미친 듯이 예수님을 찾아 헤매었다. 그러나 예수님은 마리아와 요셉이 자신들과 함께 나사렛으로 돌아가야 한다고 주장했을 때 기꺼이 순종하셨다. 바로 이 부분에서 누가는 이렇게 선포한다. "예수는 그 지혜와 그 키가 자라가며 하나님과 사람에게 더 사랑스러워 가시더라"(52절). 권위에 대한 순종의 테스트는 그 권위가 우리가 원하는 것을 할 수 있다고 말해 줄 때 찾아오는 것이 아니라 우리의 뜻을 가로막거나 우리가 잘못되었다고 결론 내릴 때 찾아온다.

나는 장로들에게 귀속된 권위에 대한 이 요점을 다음 두 가지 이유로 강조했다. (1) 권위 아래 있는 자들의 지혜로운 순종의 중요성을 강조하기 위해. (2) 장로의 직분을 가진 자들에게 하나님이 주신 건전한 의무를 강조하기 위해. 그들의 선포는 하나님의 뜻을 표현한다. 장로의 역할을 절대로 가볍게 여기거나 뽐내어서는 안 된다. 장로들은 자신의 일차적인 의무가 프로그램을 관리 감독하고 월례회 모임에 출석하는 것과 같은 더 작은 의무들 뒤에 가려서 길을 잃지 않도록 겸손히 책임져야 한다.

리더십의 핵심 과제

장로들은 "하나님의 양무리를 치는 목자"(벧전 5:2)로 부름 받았다. 장로들은 "너희 영혼을 위하여 경성하기를 자신들이 청산할 자인 것같이"(히 13:17) 하는 자로 묘사된다. 그런 의무에 대해 성경이 아주 명확하게 제시하기 때문에 천국열쇠를 가진 자들은 일차적으로 목양, 인도, 가르침, 훈련에 헌신해야 한다고 제안하고 싶다. 그런 역할들은 다양한 다른 방식으로 실행될 수 있지만 절대로 단순한 행정적 기능으로 퇴보하도록 내버려 두어서는 안 된다.

부교역자대 장로

페리미터교회를 향해 도전해 왔던 모든 조직상의 딜레마들 가운데 아마도 가장 중대했던 것은 부교역자의 의무와 권위 그리고 장로들의 의무와 권위 사이의 구분선을 어떻게 유지할지 결정하기에 힘쓰는 일이었다.

교회를 개척한 지 몇 년 되지 않았을 때, 장로들 중 한 명이 당회 모임에서 자신이 가졌던 염려와 관련해 굉장히 흥분하며 말했다. 우리 교회의 어떤 성도가 그 장로에게 그가 알지 못하는 교회의 프로그램에 대해 질문을 했던 것이다. 그는 장로에게 정보가 제공되지 않는 것은 뭔가 잘못된 것이라며 격렬하게 자신의 의견을 쏟아냈다. 그때 이 문제를 올바로 보기에 충분히 훈련되고 백발이 성성하신 다른 장로 한 분이 우리 당회원 모두가 의사결정 과정에서의 당회원의 역할에 대해 재고해 보자고 했다.

그 장로는 의사결정과 관련해 장로들은 정책을 다루는 데만 머물러야 하며 프로그램 결정은 담임목사의 고유한 의무로 담임목사와 부교역자들에게 그리고 많은 사역팀의 평신도 지도자들에게 위임해야 한다고 제안했다. 그 장로는 당회원들 대부분이 실업가라는 사실을 파악하고는 장로들이 몸담은 회사들 중에 얼마나 많은 회사가 매일의 운영 결정을 내리기 위해 이사회를 활용하는지 물었다. 그런 다음 우리는 부교역자들은 프로그램에 대해 책임을 지고 장로들은 정책 결정, 훈련과 신학적 논쟁점들, 부교역자들의 인사문제, 그리고 전반적인 교회의 사역 계획을 승인하는 일을 담당하기로 결정했다.

그러나 얼마나 쉽게 이 모든 결정이 잊혔는지 모른다. 몇 년이 지나지 않아 당회의 구성원들은 완전히 다른 사람들로 교체되었다. 운영규칙들은 아직도 성문화되지 않은 상태였다. 우리는 당회운영에 대해 전혀 일관되지 못했으며, 다른 교회 배경을 가지고 우리 교회 당회에 합류하게 된 장로들은 다른 전제들을 갖고 있었다. 나는 주요 프로그램 결정과 같은 안건을 당회에 상정하는 잘못된 습관에 빠져 있었다. 내가 당회에 상정했던 대부분의 안건은 이미 부교역자들이 여러 시간 논의했던 것들이었다. 장로들이 30분이라는 정해진 토론 시간 동안 동일한 논쟁거리들로 논쟁하자 잘못된 결정들이 내려졌다.

어떤 경우에는, 토론이 흘러가는 방향을 보며, 이미 부교역자들이 지금 당회원들이 걷고 있는 길로 내려가 꽉 막힌 결말을 맞이했다는 사실을 발견했다. 그와 더불어 장로들 중에 한 분이 불만족스러워하며 이렇게 말했다. "목사님이 당회원들에게 요구하시는 것이 부교역자들이 내린 결정에 대해 무비판적으로 승인하는 것이라면, 우리는 당회로 모일 필요가 없습니다. 부교역자들이 이 문제들에 대해 결정을 내리게 하거나 당회원들에게 이 안건들에 대해 자신들의 결론을 내리도록 충분한 시간을 허락해 주십시오."

나는 외부의 조언을 듣기 위해 교회 전문가인 라일 쉘러에게 전화를 걸었다. 내가 겪는 실패에 대해 설명하고 어느 정도 수준까지 장로들이 프로그램과 관련된 의사결정에 관여하도록 해야 하는지 질문했다. 그는 프로그램을 승인하거나 거부하는 일에 참여해야 하는 평신도 장로들은 한 주에 평균 50시간씩 자원하여 교회사역에 헌신하는 사람들이어야 한다고 대답해 주었다.

나는 그가 자신의 관점을 부각하기 위해 의도적으로 과장한 것이라고 생각했다. 그러나 그의 논점은 하나의 프로그램이 교회 사역의 전반적인 흐름 안에서 어떻게 연결되는지 이해하기 위해서는 전반적인 교회생활에 풀타임으로 관여해야 한다는 것이었다. 폭넓은 경험을 갖춘 지도자만이 어떤 사역을 새롭게 승인하면 그 사역이 다른 사역에 투자되어야 할 자원을 쉽게 빼앗아갈 수 있다는 사실을 인식한다.

더 이상 장로들이 프로그램에 대해 결정하기 위해 시간을 들이지 않지만, 나는 때때로 당회를 찾아가 교회의 비전이나 사명 선언문에 영향을 줄 수도 있는 프로그램에 관한 문제점들에 대해 조언을 구한다. 나는 중요한 결정과 관련해 장로들의 지혜로운 관점을 높이 산다.

우리 교회의 장로들은 자신의 시간을 일차적으로 담임목사인 나를 목양하고, 나의 영적인 순례에 대해 내게 책임을 지우고, 매달 나에게 손을 얹고 오랜 시간 기도하며, 교회의 정책과 인사상의 문제들을 다루는 것과 같은 그런 문제들에 투자할 수 있다는 사실로 인해 기뻐한다.

우리는 지금 신임 장로들을 오리엔테이션하고 훈련하는 일에 더 많은 관심과 시간을 투자한다. 우리가 제자훈련을 위해 개발한 여러 원칙은 장로들을 그들의 독특한 리더십 사역을 위해 준비시키는 일과 관련하여 구체적인 적용점들을 갖는다.

당회의 규모

당회의 규모에 대해 언급해야 한다. 당회의 규모와 관련하여 염두에 두어야 할 수적인 제한은 성경에 존재하지 않는다. 나는 장로의 역할이 특정 이유 때문에 스스로 안수직을 포기하거나 파면될 상황이 아닌 이상 영원히 지속된다고 생각하기 때문에 그리고 목회자, 교사, 제자훈련 지도자가 과다한 경우는 없기 때문에, 자격조건을 충족하고 섬기려는 의지가 있는 사람들을 가능한 한 많이 택하고 안수하여 장로로 세우고 싶다. 이렇게 안수를 받아 세움을 입은 일단의 장로들 중에서 매년 장로 셋을 추가로 임명하여 3년 임기로 다른 여섯 장로와 함께 우리가 '장로사역팀'(Elder Ministry Team, 이하 EMT)이라고 부르는 팀에서 섬기게 한다. 우리 교회는 EMT에 시무장로(ruling elders) 아홉 명이 교회의 리더십으로 존재한다.

그 아홉 명의 시무장로와 내가 어떤 이슈에 대해서든 동일하게 한 표를 행사하지만, 이 고도로 전문화된 역할에 실제로는 아마 열 명도 너무 많은 수일 것이다. 쉘러는 다섯 명이나 일곱 명의 당회 규모가 적당하다고 주장한다. 우리는 시무장로들이 교회를 비우는 여행 스케줄과 1년에 세 명씩 교체되는 것을 감안하여 좀더 큰 규모의 당회를 유지하기로 결정했다. 더불어 우리 교회의 장로들은 두 개의 사역팀으로 나뉘어 매월 모이는 정기적인 장로 모임을 번갈아 준비한다. 이런 체제가 각 위원회들을 적당한 규모로 유지해 준다. 그래서 열 명 규모의 시무장로 당회가 우리 교회에서는 잘 기능하는 것 같다.

그리고 우리는 교회에 등록한 지 비교적 오래되지 않은 장로 두 명을 매년 새로 임명되는 EMT 멤버로 임명하여 교회가 과거에 매이지 않게 하는 것이 도움이 된다는 사실을 발견했다. 동시에 매년 EMT에 신규로 임명되는 세 명의 장로 중 한 명은, 교회의 전통을 유지하기 위해 과거에 섬겼던 사람으로 세우려 한다.

매년 이 세 명을 선택하는 것은 매년 신임 장로들을 선발하는 것만큼이나 중요하다. 나는 이렇게 제안하고 싶다. 당신에게는 디모데전후서와 디도서에 기록된 성품적인 기준들을 만족시킬 뿐 아니라 당신의 목회 계획을 충분히 이해하고 그 계획을 후원하는 일에 온전히 헌신하는 지도자들이 필요하다. 이런 지도자들은 회중들의 중추 역할을 감당하며, 다음 장에서 점검할 전문화된 역할들을 후원하는 감독의 역할을 감당한다.

10장에서 다룬 장로의 권위와 집사의 섬김의 역할은 교회 안에 존재하는 일반적인 리더십 역할을 구성한다. 이번 장과 다음 장에서 다룰 내용은 **목회자**와 **평신도**의 독특한 역할이다. 목회자와 평신도는 명확하게 이해되지 않은 채 자주 사용되는 용어들이다. 두 용어에 대한 정의는 교회에 따라 다를 수 있지만, 이 책에서 강조하는 것은 각각의 역할에 대한 명확성과 각각의 역할의 목적을 유지하는 것과 관련되어야 한다.

성경은 '목사와 교사'라는 명칭을 일차적으로 가르치는 사역에 강조점을 두고 하나님의 백성들을 목양하는 은사를 받은 사람들을 언급하기 위해 사용한다. 성경은 이 은사를 받은 사람들에게 "성도를 온전케 하여 봉사의 일을 하게"(엡 4:12) 하라고 권면한다. 이 책임을 염두에 두고 나는 목회자를 **지도자를 무장시키는 자**(leader-equipper)라고 부르기를 좋아한다. (이미 살펴본 바와 같이) 한 지역교회의 건강이 성도들이 어느 정도로 성숙하고 무장된 그리스도의 제자인가로 평가된다면, 누군가는 그 목적이 달성되도록 분명히 성도를 무장시키고 이끌어 가는 책임을 져야만 한다.

온전하게 무장시킴: 세 가지 견해

전통적인 견해

성도들을 온전하게 무장시키는 목회자의 역할에 대한 세 가지 견해가 있다. **전통적인 견해**는 사례를 받는 전문가로서 목회자와 부교역자가 필요하다고 여긴다. 교회는 가르침이 필요하면 교사를 고용하고, 성취해야 할 복음 전도가 필요하면 복음 전하는 자를 고용하며, 목양이 필요하면 목회자를 고용한다. 불행하게도 우리는 목회자를 피고용인(hired-gun)으로 보는 이 성경적이지 않은 관점에 너무 익숙하다.

복음주의적인 견해

복음주의적인 견해는 목회자와 부교역자의 역할을 다음 세 가지로 이해한다. 첫째로, 목회자와 부교역자들은 교회의 성도들이 (하나님 나라의 일을 향상하기 위해 하나님의 은혜로 주어진 특별한 능력인) 영적인 은사를 발견하도록 돕는다. 둘째로, 목회자와 부교역자들은 교회와 지역사회 내에서 필요한 사역을 시작한다. 마지막으로 목회자는 합당한 은사를 가진 사람을 합당한 사역을 위해 모집한다.

복음주의적인 견해는 꽤 좋아 보인다. 그렇지 않은가? 내 관점은 아니지만 말이다. 이 견해를 실행하려고 실제적으로 노력해 보았던 대부분의 사람은 나의 의견에 동의할 것이다. 이 견해는 서커스의 한 종류를 생각나게 한다. 묘기를 부리는 사람이 접시더미를 가지고 나와서 그 접시를 바닥에 세워진 막대기 위에 올려놓고 돌리기 시작한다. 열 개째 접시를 올려놓고 돌리기 시작할 때쯤이면 첫 번째 접시가 비틀거리기 시작한다. 묘기를 부리던 사람은 첫 번째 접시로 달려가 모든 접시가 정상적으로 돌아가도록 차례로 막대기를 돌린다. 그러고 나면 열한 번째부터 스무 번째 접시를 돌릴 시간을 얻게 된다. 그때부터 묘기를 부리는 사람은 모든 불안정한 접시가 제대로 돌아가도록 충분한 관심을 쏟아 부으면서 필사적으로 접시와 접시 사이를 뛰어다닌다. 이 두 번째 접근법을 따라 살아가는 목회자의 삶도 마찬가지다. 휴가를 떠나 버리면 모든 접시가 깨져 버리고 마는 재앙이 닥쳐오는 것이다.

몇 해 전에 한 부부가 애틀랜타로 이사를 와 우리 교회에 출석하기 시작했다. 남편은 성공적인 목회자였고, 아내는 교회에서 사모로서 풍성한 삶을 경험했던 사람이었다. 그 목사는 지금 애틀랜타에 있는 선교단체에서 직책을 맡고 있다. 그 사모는 매력적이고 아주 은사가 많은 여인이었다. 그 당시 우리 교회에 있는 성도들 중에 어떤 여성도들보다도 사역을 위해 잘 무장되어 있었다. 나는 그 부부가 우리 교회에서 행복한 성도로 생활한다고 생각했다. 적어도 그녀에게서 상처와 실망과 분노로 가득 찬 신랄한 편지를 받기 전까지는 말이다. 그녀는 지난 2년간의 애틀랜타에서의 삶은 성인이 된 이후 아무런 사역을 맡지 않고 지낸 첫 경험이었다고 설명했다. 그녀는 자신이 처한 곤경의 이유로 나를 지목했다. 그녀의 말에 따르면, 내가 담임목사로서 그녀에게 개인적으로 사역을 맡기지 않는 중대한 과실을 저지른 것이다. 그녀는 분명히 온전하게 무장시키는 측면에 대한 '복음주의적인 견해'를 수용했다. 그래서 내가 그녀의 감정을 상하게 하고 실망시켰던 것이다. 그녀는 2년간 절대로 찾아오지 않을 '접시를 돌려주는 손길'을 기다렸다. 결과적으로 그녀는 남편과 우리 교회를 떠나기로 결정했다고 설명했다.

나는 (나에게나 우리 교회를 향한 실망을 직접적으로 내게 표현한 사람들에게 언제나 그렇게 하는 것처럼) 그녀에게 정중한 편지를 보냈다. 그녀가 남편과 함께 출석하기 시작한 교회를 편지 속에서 언급했기 때문에 나는 그녀와 그녀의 새로운 목회자(사실은 나의 친구다)에게 그녀가 사역을 하기 위해 목회자의 허락을 받을 필요가 없다는 사실을 깨달으라고 부탁했다. 하나님이 벌써 그것을 허락하셨다. 나는 그녀가 온전하게 무장되거나 사역을 하는 데 도움이 필요하다면 그녀의 목회자를 찾아가도록 격려했다. 그러나 절대로 하나님이 그녀의 사역의 정당성을 인정하기 위해 목회자를 통해 말씀해 주셔야 한다는 생각은 하지 말라고 권면했다.

성경적인 견해

이 사건은 우리를 세 번째 견해로 이끈다. 나는 목회 사역에 대한 마지막 접근법을 '(성도를) 온전하게 무장시키는 것'과 관련된 **성경적인 견해**라고 부른다. 이 견해를 가진 사람들은 목회자와 부교역자들의 의무가 성도들이 자신의 영적 은사를 발견하도록 돕는 것이라고 믿는다.

그러나 그런 은사를 발견하고 난 다음에는 단순히 하나님의 음성을 들을 수 있는 환경을 만들어 주는 것이라고 믿는다. 이 견해를 채택하기 때문에, 우리는 페리미터교회의 성도들이 사역적인 차원에서 하나님의 인도하심을 구하도록 격려하고, 그런 다음에 그 인도하심을 분별하는 데 도움이 필요하거나 그 사역을 실행하도록 온전히 무장될 필요가 있다면 교회에 요청하게 한다.

"온전하게 하여"로 번역된 헬라어 단어는 '카타르티조'(*Katartizo*)이고, 벤치에 '앉아 있는 사람'을 끌어내는 것이 아니라 어떤 사람이 자신이 행해야 할 하나님의 뜻에 도달하려고 애쓸 때 그 사람과 동행한다는 의미다. 성도들이 견지하는 '온전하게 함'에 대한 견해가 그들이 교회로부터 기대하는 측면과 교회 안에서 참여하는 형태를 결정한다. 하나님만이 자녀들에게 어떤 사역이 가장 적합한지를 정확히 아신다.

누가 무엇을 하는가?

이 책을 읽는 분들 중 많은 분이 교회 조직보다는 사업에 대해 더 많이 알 것이다. 그래서 사업세계의 예화를 하나 들겠다. 사업세계에서는 언제나 누가 자신들의 고객인지, 누가 자신들의 직원인지, 누가 자신들의 고용자인지를 안다. 그러나 대부분의 성도는 교회 안에서 누가 이런 역할을 감당하는지 모른다. 그렇지 않은가? 나는 매달 열리는, 우리 교회생활을 살펴보기 위해 주말을 온전히 함께하는 구도자반(Inquirer's Class)에서 이 질문들을 던진다. 누가 교회의 고객인지를 질문할 때마다 나는 매번 '교회에 출석하지 않는 사람', '구도자', '다른 종교를 믿는 사람들'과 같은 다양한 대답을 듣는다. 정확하게 대답하는 사람들 속에도 수많은 불확실성이 존재한다. 우리가 '고객이 누구인가'에 대한 합의에 이르지 못하기 때문에, 직원(employee)의 역할을 다루는 질문 쪽으로 넘어갔으면 한다.

　교회에서 사업세계 속의 직원에 비견될 만한 역할을 감당하며 섬기는 사람들이 누구인지를 묻는다면, 당신은 대답을 추측할 수 있다. 어떤 사람은 부교역자들이라고 대답할 것이고, 어떤 사람은 교회 성도들이라고 대답할 것이며, 또 어떤 사람들은 안수 받은 목회자들이라고 대답할 것이다. 누가 고용주의 역할을 감당한다고 생각하느냐는 질문을 던졌을 때만 만장일치의 답이 나온다. 모두 하나님이 고용주시라는 사실에 동의한다. 누가 소유주냐고 질문하기 전까지는 말이다. 물론 나는 사업세계 속에서 당신이 소유주와 고용주가 동일인인 경우를 볼 수 있고 기술적으로는 그 말이 옳다는 사실을 설명한다. 그러나 아래에 소개되는 것과 같은 4개의 바퀴로 움직이는 조직을 생각해 보라고 권한 후에, 나는 제일 위에 있는 소유주를 하나님으로 정리한 다음 누가 다른 세 역할을 감당하는지 규정하려고 노력하면서 나머지 빈칸을 채워 보라고 요청한다.

　　소유주 ＝ 하나님
　　고용인 ＝ _____
　　직　원 ＝ _____
　　고　객 ＝ _____

이쯤 되면 (내가 부교역자들이 장로들의 권위 아래서 장로들과 함께 섬긴다고 설명한 이후에) 사람들은 부교역자들이 고용인의 역할을 감당하는 사람들이라는 데 일반적으로 동의한다. 그들은 교회의 등록교인들이 직원의 역할을 감당한다는 사실에 동의한다. 그리고 교회에 출석하지 않는 불신자들이 고객이라고 모두 동의할 때, 나는 교회의 등록교인들 또한 고객이라고 설명한다. 왜냐하면 우리가 서로를 섬기도록 부름 받은 것이기도 하기 때문이다.

이제 아래에 빈칸을 채워 넣은 목록을 살펴보고, 고객들에게 다가서는 책임을 누가 감당해야 하는지에 대해 답해 보라. **직원**이 그 책임을 감당해야 한다는 것이 명백해진다. 그렇다면 고용인의 역할은 직원들이 자신의 역할을 제대로 감당할 수 있도록 그들에게 투자하는 것이다. 투자한다는 의미는 무엇보다도 지도하고 온전하게 무장시키는 것을 포함한다.

소유주 = 하나님

고용인 = 장로/부교역자

직　원 = 등록교인

고　객 = 불신자와 등록교인

성경은 하나님의 교회가 살아가는 데도 동일한 진리가 적용된다고 말한다. 에베소서 4장 11-12절은 '목사와 교사들'(pastor-teachers)이 성도들이 봉사의 일을 감당하도록 온전하게 무장시킨다고 설명한다. 대부분의 교회에서 실행되는 상황을 근거로 판단해 볼 때, 당신은 하나님이 봉사의 일을 하게 하기 위해 목사와 교사를 주셨다고 생각해 왔을 것이다. 온전하게 무장시키는 일이 선택적인 의무로 머물고, 성도들이 사역을 위한 하나님의 계획에서 중요하지 않은 매개자가 되는 정도로는 이기는 교회가 될 수 없다.

사업상의 예화를 머릿속에 기억하고, 내가 큰 회사의 지역 판매담당 매니저라고 생각하라. 나는 이제 막 분기별 판매보고를 받기 위해 판매 직원들을 소집했고, 점호를 하듯 호명한다.

"조 앤?"

조 앤은 "보고할 판매내용이 없어요"라고 간단히 대답한다.

너무나 충격을 받은 나는 자신을 억제하며 아무런 말을 하지 않고 다음 사람을 호명한다. "존?"

이전처럼 대답은 간단하다. "아무런 판매실적이 없어요." 나는 소스라치게 놀란다. 결국 이게 판매실적 보고회란 말인가! 다음에 호명된 다섯 명의 직원이 동일한 보고를 하고 나서, 나는 너무나 좌절되어 판매직원들을 바라보며 "하나라도 판매한 사람 없어요? 손을 들어보세요"라고 말했다. 아무도 손을 들지 않는다. 그러자 나는 판매직원들의 게으름과 무책임함에 화를 내고 그들에게 폭언을 퍼붓기 시작한다.

이런 와중에 스코트가 일어나 나머지 판매직원들을 대표해 이야기한다. 그는 이렇게 말한다. "랜디, 너무 놀라지 마세요. 우리는 당신이 우리 모두 지난 분기동안 아주 성실히 일해 왔다는 사실을 알아주었으면 좋겠어요."

나는 염려하는 투로 말을 끊었다. "아니에요. 믿을 수 없어요! 우리의 경쟁사가 우리를 능가했음에 틀림없어요. 그 회사의 제품이 우리 제품보다 좋았어요."

스코트는 다시 이렇게 이야기한다. "아니에요. 우리 회사가 여전히 시장에 최고의 제품을 공급하고 있어요."

나는 더 혼란스러워하며 이렇게 불쑥 말을 건넨다. "정말 아니에요. 최악의 두려움이에요! 우리 회사의 제품을 제공할 시장이 더 이상 존재하지 않아요."

또 다시 스코트는 이렇게 이야기하며 나의 잘못된 생각을 교정해 주었다. "랜디, 긴장을 푸세요. 당신이 틀렸어요. 우리는 열심히 일했어요. 시장은 활짝 열려 있고, 우리 회사는 가장 저렴한 가격에 최고의 제품을 공급하고 있어요."

"내가 졌어요"라고 말하며 나는 양손을 번쩍 든다. "도와주세요. 이해가 안 돼요."

"랜디, 이번 분기 동안 우리는 열심히 일했어요." 스코트가 대답한다. "그러나 우리가 지금까지 해온 것은 우리의 시간을 투자해 새롭고 개선된 직원 이익 계획을 만드는 것이었어요. 우리는 당신과 경영인들에게 제안할 몇 가지 훌륭한 아이디어를 얻었어요. 흥분되지 않으세요, 랜디?"

"조금도 흥분되지 않아요!" 내가 대답했다. 아니 실제로는 비명을 질러댔다. "그건 당신들의 역할이 아니에요."

오늘날 많은 교회에서는 등록교인들이 많은 시간을 직원 자신의 이익을 향상하는 일에 투자하고 고객을 찾아나서는 일에 헌신하는 데는 실패하고 있다. 이것이 교회가 쓸모없는 주된 이유 중 하나다. 위의 시나리오를 읽었다면, 당신은 아마도 내가 해이해진 교회 성도들에게 욕을 퍼붓기를 기대할 것이다. 그러나 나는 지금 목회자의 리더십 직무기술서를 이야기하려는 것이다. 내가 리더십 직무기술서를 이야기하는 것이지 목회 직무기술서를 이야기하는 것이 아니라는 사실에 주목하라 (목회 직무기술서는 나중에 이야기할 것이다).

담임목사의 역할

나는 목회자의 리더십 직무기술서에 다음 네 가지 주요 책무가 담겨야 한다고 믿는다.

1. 교회를 향한 하나님의 인도하심을 분별하기 위해 하나님과 시간을 보낸다.

목사는 교회가 나아가야 할 방향에 대한 주님의 인도하심을 분별하기 위해 주님과 함께 시간을 보내야 한다. 꽤 오래 전에 어떤 아이비리그 학교의 총장이 다음과 유사한 이야기를 한 글을 읽은 적이 있다. "내가 시간의 20퍼센트를 책상에 앉아서 보내지 않아도 이 조직을 관리할 수는 있습니다. 그러나 이 조직을 이끌 수는 없습니다." 그 총장의 이야기의 핵심은 미래에 대해 생각할 시간을 빼앗는 일상의 책무에서 벗어나 자신의 시간을 미래계획 수립에 투자해야 한다는 것이었다.

우리 교회의 개척 초기에, 장로들은 내가 1년에 4주씩 투자해 나의 일상적인 책무에서 벗어나 하나님과 이야기하고, 그분의 말씀을 듣고, 미래를 내다보며 생각하고 계획하며, 그 결과 얻은 방향에 대해 교회의 지도자들과 나누기를 원한다고 말했다. 나는 이 일을 거의 25년간 해왔으며, 결코 그 시간이 낭비였다고 생각하지 않는다.

2. 교회의 목표를 설정한다.

지도자를 무장시키는 사람은 하나님의 뜻에 입각해 교회의 목표를 설정한다. 우리 교회가 따르는 교회정치에 의하면, 장로들이 궁극적으로 교회의 목표를 승인한다. 그러나 장로들은 담임목사와 부교역자들이 처음에 그 목표들을 세우기에 고심하고 제안서를 작성하도록 맡겨 둔다.

3. 비전과 목표를 성도들과 나눈다.

지도자를 무장시키는 사람은 성도들의 열정과 주인의식을 기대하며, 비전과 목표를 성도들과 나눈다. 성도들이 교회에서 자신이 감당해야 할 역할을 이해하지 못하거나 수용하지 못하면, 시스템이 고장날 것이다. 비전과 목표를 성도들과 나누는 것은 어느 교회에서나 가장 달성하기 어려운 과제 중 하나다. 특히 대형교회에서는 더 그렇다. 합당한 시간과 장소를 선택하는 것이 이슈다. 의심의 여지없이, 우리 교회에서 비전과 목표를 성도들과 나누는 일을 행해 온 가장 중요한 시간은, 새해의 사역을 시작하기 전에 가져 온 특별 연회 시리즈들이었다. 우리는 탁월한 음식과 음악, 드라마가 제공되는 이 연회 중 한 시간에 모든 사람을 초대한다. 그리고 나는 한 해 동안의 비전과 목표를 참석자들과 공유한다. 분명히 비전이 만들어지는 진원지는 따로 있다. 그러나 우리 교회에서는 이 연회 시리즈들이 비전을 공유하는 가장 효과적인 환경으로 증명되었다.

4. 이 목표를 성취하도록 돕기 위해 각 성도를 온전하게 무장시킨다.

마지막으로, 지도자를 무장시키는 사람은 교회의 각 성도가 이 목표를 완수하는 데 있어서 자신이 감당해야 할 부분을 감당하도록 적절하게 무장시킨다. 이 부분에 대해서는, 전략적으로 설계된 하부구조에 대해 다루는 13장에서 더 자세히 이야기할 것이다.

목회적 책무란 무엇인가?

목회자의 리더십 직무기술서에 대해서는 여기까지 정리하자. 그러면, 목회자의 목회 직무기술서에는 무슨 내용이 담겨야 할까? 목회자가 감당해야 할 **목회적** 책무는 어떤 것으로 채워져야 할까?

적어도 백 명이 출석하는 교회를 상상해 보라. 백 명의 성도들은 실제적으로 목회자의 시간을 절박하게 필요로 하는 문제를 떠안고 살아가는 수백 명의 성도들을 대표한다.

예를 들어, 다른 주에 사는 한 성도의 부모가 암 진단을 받았다면, 그 성도는 이제 문제를 갖게 된다. 성도의 이웃이 목회적 도움이 필요한 상황이 되거나 이혼을 하게 되거나 상담이 필요한 경우, 목회자는 그런 문제들에 대해 거의 대부분 반응해 달라는 요청을 받는다. 백 명이 출석하는 이 교회가 갑자기 정해진 하루 동안 목회자가 필요할 수도 있는 수백 명의 사람들로 들끓게 된다. 교회가 커지면 커질수록 이런 문제는 더 심화된다.

목회자의 일과는 일반적으로 (다음 그림에서 소개되는 것처럼) 세 가지 주요한 책무로 나눌 수 있다. 목회적 책무를 감당하는 것(P), 이끌고 온전

하게 무장시키는 것(점선으로 E 모양을 한 L), 그리고 (각 그림에서 작은 원으로 표현된) 개인적인 시간이다. 개인적인 시간에는 가족과 보내는 시간, 개인적인 예배 시간, 여가활동, 운동, 수면 등이 포함된다. 각 그림은 목회자가 이 세 가지 의무를 다룰 수 있는 다른 방법을 나타낸다. 첫 번째 그림을 보면, 목회자는 대부분의 시간을 목회적 필요를 채우는 데 투자한다.

두 번째 그림에서는 목회자의 개인적인 시간이 전혀 없다. 목회자의 삶이 온통 교회로 채워져 있을 때, 다시 말해 목양하고 이끌고 무장시키는 것으로 채워져 있을 때, 너무나 자주 이런 일이 일어난다. 얼마나 많은 목회자가 자녀들과 충분한 시간을 함께하지 못해 자신의 자녀를 잃어버리는지, 나는 놀라지 않을 수 없다. 목회자들이 운동이나 개인적인 예배에 너무 작은 시간을 투자한다는 것 또한 일반적인 사실이다. 설상가상으로 이런 불균형이 종종 하나님의 부르심에 대한 신실함과 헌신적인 사역의 증거로 칭송을 받거나 용서가 된다는 것이다.

목표는 세 번째 그림에서 소개되는 균형 잡힌 삶이다. 이 그림에는 더 이상 목회적 책무가 스케줄에 포함된 이끌고 온전하게 무장시키는 의무나 개인적인 활동들과 경쟁하지 않는다.

부디 내가 지금부터 목회자들이 직면하는 시간에 대한 압박감에 관해 조언하는 것을 오해하지 말기 바란다. 목회자들은 시간 압박과 피로에 대해 아무런 주도권이 없다. 목회자들은 대부분, 다른 직업들과 비교해 볼 때, 더 많은 시간을 일하지는 않는다. (더 좋지도, 더 나쁘지도 않은) 상업의 영역에서 일하는 사람들과는 다른 시간에 일한다. 많은 평신도가 매주 5일씩 아침 6시에 출근해서 저녁 7시가 되기 전에는 퇴근하지 않는다. 그러나 나의 경우엔, 이른 오후에 퇴근하기 위해 일정을 조정할 수 있다.

나는 종종 자녀들의 운동경기를 참관한 유일한 아빠일 때가 있었다. 얼마나 큰 장점인가! 그러나 한편으로는, 나에게는 월요일부터 금요일까지 매일 아침 8시부터 오후 5시까지 일하는 전통적인 업무시간 이상으로 매주 30시간 이상씩 사역하는 것이 이상한 일이 아니다. 내 사역의 많은 부분은 이른 아침이나 저녁 모임, 주말 활동을 통해 이루어져야 하는 것들이다. 논점은 언제 일하느냐의 문제가 아니라 한 사람의 일이 자신이 최상의 우선순위를 부여하는 사람들을 빼앗아 가느냐 아니냐의 문제다.

여러 해 동안 아침이면 자주 내 자녀들 중에 하나가 내가 밤에 집에 있을지 없을지에 대해 물어보았다. 내 대답이 "아니"였던 때가 많다. 그러나 "하지만 오후 3시에 집에 와서 저녁시간까지 너랑 놀아줄게"라고 말할 수는 있었다.

많은 경우 내가 사무실을 떠나려고 가방을 꾸리는 그 시간 바로 직전에 내 비서는 몇몇 '중요한' 전화메시지를 전달해 준다. 내게는 곧바로 전화해 주기를 기대하는 교회 성도들이 있지만 집에서 나를 필요로 하며 기다리는 자녀도 있다. 나는 무엇을 해야 하는가? 불행히도 사역의 초창기에, 너무나 자주, 나는 전화를 걸기 위해 마지못해 전화기 앞으로 갔다. 그리고 너무나 자주 약속시간보다 늦게 집으로 돌아가 자녀에게 용서를 구해야 했다.

내가 왜 그런 지혜롭지 못한 선택을 했다고 생각하는가? 불안정했기 때문이다. 나는 내 동료들의 칭찬을 사랑했다. 그 당시 내가 자기합리화했던 논리는 내가 이 사람들을 안다는 것이었다. 하나님은 그들을 자신의 양떼로 부르셨고 그들은 하나님의 양떼였다. 그러나 양들이 집요하게 물고 늘어진다는 사실을 익히 알고 있었다. 반면 내 아이들은 아주 자비로웠다. 그리고 나는 그 아이들이 이해해 주리라는 사실을 알고 있었다.

그럼에도 불구하고 이 부분이 위험한 것이다. 자녀들이 지금은 부드러울지 몰라도 열여섯이나 열일곱이 되면 심오한 방식으로 자신의 불만족을 표현할 것이다. 어린아이는 반복적으로 부모의 무감각과 모순을 이해하고 용서할 것이다. 그러나 매번의 용서 이후에도 남은 상처를 어떻게 처리할지는 모를 것이다. 그 상처들이 쌓이고 쌓이면 마침내 충격적인 결과에 맞닥뜨리게 된다.

여러 해 경험을 통해, 나는 자신들의 요구를 채워주지 못하면 나를 물어뜯을 바로 그 양떼가, 내 자녀가 반항아로 드러날 경우 "가족의 모델을 제시해야 하는 사람이 있다면 그것은 목사님이다. 목회자는 자녀들과 함께 더 많은 시간을 보내야 한다"라고 말하는 바로 그 사람들이라는 사실을 배웠다. 내 시각으로 이 문제를 바라보면, 어떻게 하든 비판을 받는다면, 왜 자녀들을 내 일터에 데리고 와서 그들과 더 많은 시간을 보내지 않겠는가?

결론적으로 목회자들의 목회적 책무는 어떤 것이어야 하는가? 나는 다음과 같은 네 가지 주요 책무를 제안한다.

1. 부교역자들을 목양한다.
2. 장로들을 목양한다.
3. 위기에 처한 개개인의 성도들을 목양한다.
4. 자신을 대상으로 사역해 줄 만큼 무장된 사람이 없을 때 도와 달라고 요청하는 모든 사람을 목양한다.

내가 제시한 해결책이 목회자의 웰빙에 주의를 기울이느라 진정한 필요가 채워지지 않은 사람들을 내버려 두지는 않는다는 사실을 주목하라. 목회자로서 내가 특정한 사람의 필요를 채워줄 누군가를 무장시켜 놓지 않았다면, 목회자인 내가 그 필요를 채워주어야 한다. 목회자만이 채워줄 수 있는 교회 안의 필요나 역할이 커지면 커질수록, 목회자가 충분한 사람들을 사역을 위해 무장시키는 일에 실패했다는 증거는 더 많이 나타난다.

효과의 대가

효과적인 사역 – 예수님이 명령하신 대로 교회가 성장하도록 돕는 사역 – 은 그 대가를 지불해야 한다. 목회자들과 리더십을 행사하는 다른 부교역자들은 반드시 기꺼이 (1) 실패에 대한 책임을 떠맡아야 하고, (2) 자신의 일차적인 책무에 전문가가 되어야 하며, (3) 평신도와 사역의 책무를 나누어야 한다.

1. 실패에 대한 책임을 지라.

목회자들은 자신의 직업에 대해 불평한 것 때문에 죄책감을 느낀다. 분명히 그런 많은 불평에는 충분한 이유가 있다. 자세히 조사해 보면 허점이 드러난다. 고약하고 이끌기 어렵고 섬기려 하지 않는 평신도들 때문이다. 분명히 모든 교회에는 이런 평신도들이 존재한다. 그러나 대부분의 성도는 이끄는 대로 순종하며 따른다. 그들은 자신이 처한 환경에서 가장 강해질 수 있는 만큼 성장한다.

나는 앨라배마대학교의 미식축구 코치인 폴 "베어" 브라이언트(Paul "Bear" Bryant)가 코치로 일하던 때에 앨라배마대학교를 다녔다. 나는 그의 리더십을 열심히 배웠다. 나는 그보다 리더십 능력이 더 탁월한 사람을 거의 보지 못했고, 그가 가진 리더십에 대한 이해는 자신의 능력에 부합하는 것 같았다.

너무나도 성공적인 그의 경력이 마무리되어 가던 즈음에, "애틀랜타 저널 컨스티튜션"(Atlanta Journal-Constitution)에 게재된 조지아 공대 (Georgia Tech) 미식축구 코치 빌 커리(Bill Curry)의 글을 읽었다. 커리는 지독한 시즌을 보내는 중이었고 하루 전 경기에서도 진 상태였다. 그는 언론과 인터뷰를 했고 실패에 대한 책임을 지려 하지 않았다. 그는 자신이 한 해 동안 실패한 것에 대해 책임을 떠안았지만 지금은 아니라고 설명했다. 자신과 코치들은 제 역할을 했는데 이번 주간에는 선수들이 이기려는 마음과 의지가 없었다는 것이었다.

이 사건이 있은 후 어떤 대화 중에, 빌 커리는 바로 그다음 주 월요일 아침 베어 브라이언트 코치로부터 전화를 받았다고 밝혔다. 브라이언트 코치는 커리에게 코치가 부주의한 선수에게 이야기하듯이 혹은 아버지가 자신의 아들을 훈계하듯이 이야기했다. 그는 이렇게 말했다. "빌, 나는 자네가 지난 토요일 경기를 마치고 패배에 대한 책임을 지지 않겠다고 한 기사를 읽었네. 나는 자네에게서 다시는 그런 이야기를 듣지 않았으면 좋겠네. 자네가 리더라는 사실을 절대로 잊지 말게. 자네가 그 선수들을 뽑았네. 그리고 자네가 그들을 훈련시켰네. 그 선수들에게 동기를 부여해야 하는 사람은 오직 자네 한 사람이네. 경기에 졌을 때 패배에 대한 책임을 떠맡게. 그리고, 여담이지만, 경기에서 이기면 그 공로를 선수들에게 돌리게."

훌륭한 리더는 자신이 이끄는 조직의 실패에 대해 책임을 진다.

2. 자신의 일차적인 책무에 전문가가 되라.

목회적 리더십과 부교역자 리더십은 다른 사람의 기대치와 상관없이 하나님이 부르신 사명에 천착하기 위해 대가를 지불해야 한다. 자신의 일차적인 책무에 기꺼이 초점을 맞추어야 한다.

3. 평신도와 사역의 책무를 나누라.

많은 목회자가 목회적 책무를 나누고 싶어 하지 않는다. 왜냐하면 도움이 필요한 때에 목양해 주어야 성도들이 양 볼에 키스하며 인사하거나 칭찬하기 때문이다. 당신 혼자 계속 그렇게 목양하라. 그러면 평신도들은 당신의 남은 사역기간 동안 당신을 후원하고, 당신을 사랑할 것이다. 반면, 성도들이 사역을 감당하도록 무장시키면 자신의 필요가 충족되기 때문에 그들에게서 더 이상 "감사합니다"라는 말조차 듣지 못할지도 모른다.

그렇다. 당신이 목회자로서의 책무에 천착하는 데는 많은 비용이 투자되지만 그만큼 유익도 크다. 건강하고 겸손한 만족은 당신이 온전하게 무장시킨 어떤 사람이 자신의 사역으로 크게 칭찬 듣는 것을 볼 때 누리게 된다. 하나님의 나라는 풍성한 복을 받고, 하나님 나라의 왕은 영광을 받으신다.

12_

성경에 기초한 직무기술서:
평신도의 역할

"모든 성도는 사역자다"라는 표현은 교회 안에서 폭넓은 인기를 구가한다. 우리도 페리미터교회에서 자주 그 표현을 사용한다. 반면에 우리는 정의(定義)된 문구가 그 정의의 성취는 결코 아니라는 사실 또한 기억해야 한다. "모든 성도는 사역자다"라는 문구를 매주 발행되는 주보에 인쇄해 둔 많은 교회가 그 문구가 실제로 무엇을 의미하는지에 대해 설명하는 것은 쉽지 않을 것이다. 첫 번째 종교개혁은 하나님의 말씀을 하나님의 백성들에게 돌려주었다. 오늘날 우리에게는 하나님의 사역을 하나님의 백성들에게 되돌려 주는 두 번째 종교개혁이 필요하다. 이 두 번째 종교개혁은 평신도들이 사역자로서의 자신의 역할을 받아들이지 않는 한 일어나지 않을 것이다.

교회를 섬기는 목회자와 부교역자들이 올바른 직무기술서를 성취해 내려면 평신도들이 자신의 직무기술서를 성취해 내는 길밖에 없다. 서로의 역할은 불가분의 관계이며 상호의존적이다. 동전의 양면처럼 한 편의 역할이 존재하지 않는다면 그 반대편의 역할도 존재할 수 없다.

평신도는 무엇을 해야 하는가?

평신도들이 감당해야 할 성경에 기초한 직무기술서에는 네 가지 책무가 우선으로 포함되어야 한다.

1. **자신의 영적인 은사를 발견하고 개발하라.** 모든 교회는 영적인 은사에 관한 하나님의 말씀을 성도들에게 조직적으로 가르치는 과정을 갖춰야 한다. 이 도구를 언제라도 사용할 수 있다면 성도를 온전하게 무장시킬 가능성이 획기적으로 증대된다. 그것을 내팽개쳐 두지 않는다면 말이다.

2. **자신을 교회의 주요한 사역자로 여기라.** 이 표현은 거의 "모든 성도는 사역자다"라는 말을 하는 것만큼이나 쉽다. 교회의 리더들이 이런 관점을 가지고 성도들을 지속적으로 보지 않는 한 평신도가 이런 관점으로 자신들을 보지 않으리라는 것은 진리다. 평신도는 교회의 일차적인 사역자로 여겨져야 한다. 그리고 평신도들에게 그 역할을 감당하라고 의도적으로 기꺼이 요구해야 한다.

3. **영적인 은사를 사용하기에 합당하도록 자신을 무장시키는 데 필요한 시간을 투자하라.** 은사를 개발하는 데는 시간이 든다. 자신의 영향력을 극대화하기 위해 영적인 은사를 관리하는 청지기로서의 삶을 배우려면 많은 노력을 투자해야 한다.

4. **자신의 은사를 사용해 사역의 현장에서 섬길 시간을 구별해 드리라.** 필요한 은사를 가지고 있고 그 은사를 활용하는 일에 능숙해져도, 그 은사를 활용할 시간이 없으면 아무런 소용이 없다. 은사를 활용할 수 있도록 시간을 계획해야 한다.

자신을 교회의 주요한 사역자로 여기라는 평신도의 두 번째 위대한 책무에 대해 좀더 자세히 살펴보자. 어떻게 이런 전환이 일어날 수 있는가? 아마도 조(Joe)의 이야기가 최상의 예화가 될 듯하다.

조 이야기

조와 그의 가족은 앨라배마에서 애틀랜타로 이사 왔다. 조와 캐서린은 세 자녀를 두었는데, 큰딸은 고등학생이었고 두 아들은 중학생이었다. 이 가족은 장로교회에서 활동적으로 신앙생활을 한 교인이었기에, 조는 자신이 성도라고 믿었다. 하지만 하나님의 말씀 안에서 하나님의 백성들과 지속적으로 교제를 하자 자신이 성도가 아니라는 것이 분명히 드러났다. 40의 나이에 조는 이미 성공한 사업가였다. 조의 두 발은 세상적인 가치들 한가운데 견고히 뿌리 내리고 있었다.

그러나 그가 그리스도를 만나 삶이 변화되었을 때 자신이 서 있는 모든 기반이 변하기 시작했다. 어떤 점에서 그는 하나님의 나라에 발을 들여놓았고, 그의 무게중심은 영원을 향해 돌이킬 수 없을 만큼 옮겨 갔다. 그럼에도 불구하고 한 발은 여전히 이전에 그가 살아가던 삶의 방식에 담고 있었다. 그 시기의 조는 바울 사도가 고린도전서 3장에서 이야기한 고린도교회의 성도들에게 비견할 수 있었다. 그는 여전히 '육신에 속하여 사람을 따라 행했다'(3절). 조의 삶은 새롭게 건설되어가는 중이었지만, 하나님이 종종 우리를 깨끗하게 하시는 도구인 시련이나 문제들 없이는 불가능한 일이었다.

그러는 동안 조의 딸인 제시카가 고등학교를 졸업했다. 그 아이는 영적인 리더였을 뿐만 아니라 꽤나 유명했다. 치어리더였고 홈커밍 퀸으로 선발되기도 했다. 그러면서도 언제나 하나님을 진지하게 받아들이는 젊은이라는 평판을 유지했다. 제시카는 고등학교를 졸업하고 앨라배마대학교에 진학했다.

대학 1학년이 되고 몇 주 만에 제시카는 교통사고로 죽었다. 누구라도 짐작할 수 있듯이, 조의 마음은 갈기갈기 찢어졌다. 인간적으로 볼 때 비극의 고통 한가운데서, 조는 한때 이 세상에 결탁되어 있었으나 이제는 그 강도가 약해진 자신의 한쪽 다리가 질질 끌려간다는 사실을 깨달았다. 결국 그가 이 세상에 대해 관심을 갖는 이유들 중 상당 부분이 우선순위에서 밀려났고 그의 마음도 그렇게 변했다.

딸의 비극적인 죽음이 얼마 지나지 않아, 조는 자신이 수술불가능한 말기암에 걸렸다는 사실을 알게 되었다. 화학요법으로 치료를 받았지만 강한 약물은 질병의 진행속도만 늦출 뿐이었다. (하나님의 초자연적인 치유가 없는 이상) 시한부 인생이 될 수밖에 없는 현실을 직면하자 그때까지도 세상의 우선순위에 사로잡혀 있던 조의 한쪽 발이 영원의 영역을 추구하는 쪽으로 자연스럽게 옮겨졌다. 결국 세상이 그에게 해줄 수 있는 것이 무엇이란 말인가? (여담이지만, 당신은 얼마나 자주 우리가 지금도 죽어가고 있고, 사랑하는 사람들도 언젠가는 죽을 것이라는 사실에 대해 생각하는가? 왜 우리는 무의미하게 이 세상 것들에 계속 투자하는가?)

몸의 건강이 나빠진 이후에 조는 영적 성장이 더욱 가속되는 것을 경험했다. 그의 삶의 방식은 자신의 선택과 의사의 지시에 의해 근본적으로 변화되었다. 그는 일상적인 업무도 내려놓아야 했다. 고속으로 달려왔던 인생의 기어가 낮춰졌다. 갑자기 여유로운 시간이 많아졌고 장기적인 계획에 대해 염려할 이유도 없어졌다. 그러나 그는 여전히 움직일 수 있었고, 차를 운전하고 기초적인 일상의 일상생활을 감당하며 가족들을 돌보았다.

휴지(休止)

조의 이야기는 잠시 접어두기로 하자. 때때로 특히 교회의 개척 초기에, 나는 애틀랜타가 아닌 다른 지역에서 목회하는 목회자들로부터 애틀랜타에 사는 자기 교회의 성도가 에모리(Emory) 병원에서 특별한 치료를 받는다는 전화를 받았다. 전화를 한 목회자들은 내게 그 성도들이 애틀랜타에 머무는 동안 가능한 한 자주 그들을 심방하고 섬기면서 그들의 목회자가 되어 줄 수 있는지 물었다. 그 목회자들은 내가 사는 곳에서 그 환자들을 방문하려면 반나절은 족히 투자해야 한다는 사실을 전혀 몰랐다.

나는 그런 필요를 개인적으로 채워줄 수 없었음에도 항상 이렇게 대답했다. "내가 직접 그들을 섬길 거라고 약속할 수는 없어요. 하지만 그렇게 해줄 만큼 충분히 무장된 사람들을 준비시키겠다고는 분명히 말씀드릴 수 있어요."

어떤 목사는 나의 대답에 이렇게 반응했다. "만약 안수 받은 목회자가 아니라면 괜찮습니다. 시간낭비하지 마십시오. 우리 교회 성도는 안수 받지 않은 평신도가 섬기는 것을 받아들이지 않을 거예요."

믿을 수 있는가? 그 교회의 성도들은 나를 알지도 못한다. 그 목회자는 성도 간에 주고받는 사역과 섬김(peer ministry)의 능력에 대해 과소평가했다. 우리 교회의 많은 평신도는 목회적 돌봄의 사역을 감당하는 데 나보다 더 많은 은사를 받았고 더 잘 준비되어 있다.

사실, 어떤 사람이 목회적 돌봄이 필요해서 나보다 더 은사를 받은 다른 평신도들과 비교해 본 후에 나를 목회자로 삼았다면 나는 거리낌 없이 그들이 속은 것이라고 말할 것이다. 나는 내가 목회자의 마음을 가지고 있다는 것은 알지만, 위기관리목회(crisis pastoral care)에 관한 은사를 많이 갖고 있지는 않다. 나는 성도들이 상처를 받을 때 그들을 잘 붙들어 주지 못한다. 나는 우는 자들과 함께 잘 울지 못한다. 이런 부족함을 언급하자면 끝이 없다. 하나님은 내게 긍휼의 은사를 주시지 않았다. 병실로 걸어들어가면서 어떤 사람의 목에 꽂힌 튜브를 볼 때 내게 드는 첫 번째 생각은 일종의 감정이입일 것이다. 그러나 내가 보이는 첫 번째 반응은 그 튜브가 정말 필요한지에 대해 질문하는 것이다!

수년 전에 나는 우리 교회에서 아이를 출산한 모든 산모를 심방했었다. 이 사역은 나에게 많은 일거리를 만들어 주었을 뿐 아니라 아주 많은 스트레스를 주었다. 내가 그런 사역을 했다는 것이 당신에게 이상하게 들릴지도 모른다는 사실을 잘 안다. 그러나 나는 이 의무를 감당하는 데 필요한 용기를 내기 위해 차를 몰고 병원 주차장을 몇 번씩 돌곤했다. 어쩌면 당신은 '**랜디 목사님, 좀더 장성한 어른이 되세요. 병원 심방같이 아주 쉽고 즐거운 일을 어떻게 주저할 수 있지요?**' 라고 생각할지 모른다.

그렇게 생각하는 사람들에 대한 나의 반응은 다음과 같다. 당신이 한 번도 만나보지 못한 사람과 점심을 먹으면서 그리스도를 소개하는 구체적인 목적을 달성해야 하는 과제를 받았다면 어떤 느낌이겠는가? 그 사람이 당신보다 지적 능력이 뛰어나며, 실은 천재에 가깝다는 정보를 전해 들었다고 생각해 보라. 게다가 당신은 그 사람이 무례하고 노골적으로 심술궂게 행동하며, 그리스도인들을 증오하고 항상 기독교신앙을 깎아내리기에 좋은 논쟁거리를 찾는 사람이라는 사실을 알게 되었다고 하자. 이 글을 읽는 여러분 중 몇몇은 그 식당에 들어가기 전에 주차장을 몇 바퀴나 돌면서 망설였을 것이다. 벌써 식당 안으로 들어갔더라도 말이다. 그런 회피에 대한 나의 첫 반응이 무엇인지 아는가? '장성한 어른이 되라'는 것이다. 당신이 보는 것처럼 하나님은 나를 그런 식으로 만드셨고, 그래서 매주말에 내가 직면하는 그 도전을 맞이하기까지, 나는 한 주간 사역의 하이라이트가 다가오는 날짜를 헤아리면서 매일 아침 일어났다.

요점은 하나님이 우리 모두에게 각각 다른 은사를 주셨고, 우리는 이 차이점을 존중해야 하며, 이 차이점에 근거해서 사역해야 한다는 것이다. 내가 여러 교회에서 발견하게 되는 것은, 소수의 '전문가들'이 특정한 은사가 없는 영역에서 너무 많은 일을 행하려고 애쓰는 동안 놀라운 은사를 가진 대다수 하나님의 백성들은 한가하게 앉아 있는 모습이다. 우리는 하나님의 일을 하나님의 백성들에게 되돌려줄 필요가 있다.

다시, 조 이야기

조의 파란만장한 영적 여정이 이 부분에 이르렀을 즈음, 나는 에모리 병원에 입원한 한 환자를 방문해 달라는 요청을 받았다. 그리고 늘 하던 답변을 했다.

걱정을 덜은 목회자가 이렇게 말했다. "좋아요. 목사님이 제공해 주시는 도움이 어떤 것이든지 감사합니다."

나는 그 성도에게 가장 잘 맞는 섬김이가 누구인지를 알아내는 데 필요한 몇 가지 통찰을 얻으려고 그 성도의 인생사와 성격에 대해 몇 가지를 물었다. 그 사람이 암으로 죽어가며 항암 치료를 받는다는 이야기를 들었을 때, 나는 즉각적으로 조를 가능성 있는 사역자 후보로 떠올렸다. 나는 조에게 전화를 걸어 나를 도와줄 수 있는지 물어보았다. 조는 자신이 할 수 있는 일이라면 어떤 식으로든 자원하여 돕겠다는 호의적인 반응을 보였다. 나는 조가 에모리 병원으로 가서 암으로 죽어가는 사람을 섬겨주길 원한다고 설명했다.

조가 보인 첫 반응은 자신이 그런 사역을 어떻게 감당해야 할지 아무런 아이디어가 없다는 것이었다. 나는 그의 준비가 부족한 것은 내 잘못이라고 설명했다. 왜냐하면 내가 성도들을 무장시키는 사람이고, 그 역할을 수행하는 데 실패했기 때문이었다. 나는 무장시키는 자로서의 내 역할을 먼저 수행한다는 조건 하에 사역자로서 그가 감당해야 할 섬 김에 동의하느냐고 물었다. 그는 동의했다.

조가 무엇을 해야 하는지 어떻게 그 사역을 감당해야 하는지에 대해 몇 가지를 간단하게 무장시키고 격려한 다음, 나는 그를 에모리 병원으로 파송했다. 그날 늦은 시간에 조는 내 사무실로 뛰어 들어와 이렇게 외쳤다. "랜디 목사님, 당신은 저에게 그 사람이 죽어간다고 말씀하셨죠? 그런데 그 사람이 어쩌면 며칠 안에 죽을 거고, 아직도 예수님을 믿지 않는다고는 말씀하지 않으셨어요. 목사님, 병원으로 가셔서 그가 죽기 전에 그에게 복음을 전해 주셔야 해요."

이제 내가 보일 반응으로 인해 당신이 놀라지 않기를 바란다. 나는 이렇게 말했다. "조, 복음을 전하기 위해 안수를 받아야 할 필요가 없다는 사실을 아세요?"

그는 이렇게 대답했다. "저는 어떻게 복음을 전해야 하는지 몰라요." 나는 다시 한 번 그것이 내 잘못이라고 설명해 주었다. 목회자인 내가 무장시키는 사람이며, 나는 조에게 신앙인으로서 감당해야 할 삶의 가장 중요한 책무 중 하나를 무장시키는 데 실패했다. 나는 내가 내 역할을 기꺼이 감당한다는 전제 하에 조가 자신의 역할을 기꺼이 감당할 것인지 또 다시 물었고, 그는 마지못해 동의했다.

자신의 믿음을 나누는 속성과정을 마친 후에 조는 다시 에모리 병원으로 갔다. 조는 그 환자에게 복음을 전했고, 그가 세상을 떠날 때까지 매일 그를 방문했다.

나눌 만한 구원의 이야기는 없다. 그러나 조의 반응이 중요하다. 조는 예배를 드리고 나서 예배당 밖으로 나를 데리고 나가 이렇게 말했다.

"랜디 목사님, 저는 오랫동안 생각했어요. 그리고 결론을 내렸죠. 목사님은 절대로 목회적인 사역을 위해 병원으로 심방을 가시면 안 돼요."

나는 그에게 왜 그렇게 생각하는지 설명해 달라고 했다.

그는 이렇게 대답했다. "솔직해지세요. 암에 걸린 그 사람을 몇 번이나 심방하셨죠? 한번인가요?"

나는 그렇다고 대답했다.

그는 또 이렇게 말을 이었다. "목사님에게서 기대할 수 있는 것은 그게 전부예요. 목사님은 혼자이지만 아픈 사람들은 많아요. 하지만 저의 경우에는 아무도 저에게 병원에서 목회적인 사역을 감당해 달라고 요청하지 않아요. 그래서 저는 한 사람에게 집중할 수 있고, 목사님이 할 수 있는 것보다 더 많은 관심을 쏟아 부을 수 있어요."

나는 그의 말에 동의했다.

그런 다음 그는 자신만의 유머러스하지만 진지한 방식으로 이렇게 덧붙였다. "게다가 제가 목사님이 해 오신 것보다 더 잘하지 않았나 싶어요." 나는 이런 이야기를 듣는 것이 좋았고, 그 경험이 조의 삶에 그런 식으로 영향력을 끼친 것이 기뻤다.

이 이야기는 여기서 끝나지 않는다. 이 사건이 있고 얼마 지나지 않아 나는 조의 전화를 받았다. 그의 어조에서 그가 걱정스러워한다는 것을 느꼈고, 무슨 일이 있는지 물었다. 조금 전에 그는, 38세 된 이웃 남자에게 전화를 받았다고 말했다. 이 젊은 남자의 아내는 두 딸과 부엌에서 요리를 하다가 언뜻 보기에 심장마비로 급사했다. 마음이 산산이 부서진 남편은 충격에 휩싸여 무엇을 어떻게 해야 할지 몰랐다. 한 주 전에, 그 남자는 아내와 차를 타고 가면서 제시카의 장례식이 얼마나 독특하고 축제적이었는지를 이야기했었다고 조에게 말했다.

그 대화중에 그들은 자신들의 상황에 대해서도 간단하게 토론을 했었다. 부부가 모두 교회에 출석하지 않고, 아는 목사님도 없어서 만약에 둘 중 하나에게 어려운 일이 생긴다면 어떻게 해야 할지 걱정했다. 아내가 남편에게 이렇게 말했다. "제가 먼저 죽으면, 조가 다니는 교회의 목사님이 아직도 애틀랜타에 계시는지 먼저 알아봐 줬으면 좋겠어요. 그리고 애틀랜타에 계시다면 그분이 제 장례식을 집례해 주셨으면 좋겠어요." 이것이 그녀의 마지막 소원이 될 줄은 아무도 몰랐다. 아내의 그 요청을 마음에 두고 그 남자는 조에게 전화를 걸어 나에게 물어봐 달라고 한 것이다.

조는 나에게 말했다. "랜디 목사님, 저는 당신이 모든 성도의 친구의 장례식을 집례할 수 없다는 걸 잘 압니다. 하지만 상황이 상황이니 만큼 이 가족의 목회자가 되어 주시겠습니까?"

이 요청에 나는 이렇게 대답했다. "조, 장례식을 집례하기 위해 안수를 받을 필요가 없다는 사실을 압니까?" 조는 대놓고 전화를 끊지는 않았지만 자신이 할 수 있는 모든 핑계를 댔다. 그는 어떤 일이 자기를 기다리는지 알았다. 그는 말했다. "오 아니에요! 병원 심방과 복음 전도까지는 괜찮아요. 하지만 장례식은 절대 안 돼요."

내가 조에게 해준 솔직한 대답은, 내가 그 장례식을 집례할 수 없지만 조가 그 장례식을 집례하도록 무장시키는 것을 내 역할로 고려해 볼 수는 있다는 것이었다. 조는 자신감을 잃고 있었다. 그는 내가 진지하게 제안했다는 것을 알았다. 마침내 나는 양보했고, 그가 장례식의 절반을 감당해 준다면 내가 나머지 절반과 목회적 부분을 감당하겠다는 타협안을 제시했다. 나는 조가 장례식의 절반을 집례할 수 있도록 그를 무장시켜 주겠다고 확신시켰다. 또 한번 그는 마지못해 동의했다.

장례식을 진행하기 위해 상가(喪家)에 나타났을 때, 조는 세상의 그 어느 누구보다 걱정스러운 모습이 역력했다. 모든 장례예식이 끝났을 때, 비록 내가 더 논리정연한 설교자였겠지만 의문의 여지없이 조가 더 효과적인 사역자였다. 이유는 명백했다. 나는 그 가족들을 전혀 모르는 사람이었지만, 조는 그들을 사랑했고 그들의 고통을 진심으로 함께 나눈 사람이었기 때문이다.

우리 모두는 각자의 삶에서 그런 사람들이 필요하다. 교회가 정상적으로 성장해야 하는 것처럼 성장한다면, 목회자 한 사람이 모든 성도에게 그런 가까운 친구가 된다는 것은 절대로 불가능하다. 설사 그런 가까운 친구가 될 수 있더라도 성도들이 봉사의 일을 제대로 감당하도록 무장시킬 만한 시간을 마련하기가 쉽지 않을 것이다. 목회자가 모든 것을 할 수 있다면(혹은 할 수 있다고 생각한다면), 왜 평신도가 어떤 일을 해야 한다고 강요받는 느낌을 가져야 하는가?

대가

지금까지 교회 안의 평신도가 감당해야 할 직무기술서의 일부분인 책무에 대해 설명했다. 이제 평신도가 이 모든 사역을 감당하기 위해 기꺼이 지불해야 할 대가(代價)에 대해 살펴보려 한다. 예수님은 제자도에 응하기 전에 대가를 계산해 보는 것이 중요하다는 사실에 대해 몇 가지를 지적하셨다(눅 14:25-33). 마찬가지로 평신도는 다음과 같은 대가를 지불해야 한다.

1. **목회자와 부교역자가 당신을 무장시키게 하라.** 원칙에 동의한 후에 그 규칙에서 자신을 제외하는 것은 합당하지 않다. 목회자와 부교역자들이 당신을 무장시키는 자로 섬기도록 격려하라. 한 교회의 회중을 이런 이해에 이르게 하기 위해서는 엄청난 인고의 훈련이 필요하다. 직접적인 목회적 돌봄에 익숙한 과거의 습관들이 변화를 거부할 것이다. 지혜로운 평신도는 성도들을 무장시키는 노력을 감당하는 목회자와 부교역자들을 격려할 것이다.

2. **교제와 여가를 보내는 습관을 재조정하라.** 이 항목은 활용 가능한 시간을 만드는 문제와 연결되어 있다. 어떤 성도들은 자유시간을 너무 많은 교제활동, 성경공부모임, 취미생활, 스포츠 등으로 채우는 경우가 있다. 그래서 도움이 필요한 다른 사람들을 도울 만한 시간을 내기 어렵다. 우리는 자신이 위기를 만났을 때 다른 사람이 자신을 도우러 올 시간이 있기를 진심으로 원한다. 마찬가지로 우리도 도움이 필요한 친구를 섬길 시간을 마련해야 한다. 성도들은 지도자들의 모범과 가르침을 통해 바쁜 삶과 효과적인 삶 사이에 명확한 선을 긋는 법을 훈련받을 필요가 있다.

3. **하나님이 안수하여 세우신 지도자들을 신뢰하며 따르라.** 장로들과 부교역자들은 평신도들이 섬길 사역에 대략적인 방향을 제시한다. 평신도들 편에서 순종의 태도가 없으면 지도자들의 섬김은 항상 선별적이거나 평신도들이 개략적인 방향에 동의하는 정도에 따라 차이가 날 것

이다. 이 말은 리더십의 위치에 있는 사람이 양떼를 거칠게 다룰 수 있다는 말이 아니라 평신도의 관점이 가치가 있고, 틀리기도 하지만 때때로 옳다는 의미다. 평신도들에게 교회의 사역방향에 대한 자신의 의견을 강하게 피력하지 말고 조용히 지내야 한다고 가르쳐서는 절대로 안 된다.

때때로 세 번째 대가는 감당하기가 어렵다. 지도자와 의견이 같지 않은 어떤 성도들은 이미 내려진 의사결정에 동의할 수 없어 하나님의 교회를 떠나기로 결정한다. [내가, 교회를 옮기는 것이 교회를 떠나는 것(divorce)을 의미한다고 믿는 건 아니라는 사실을 독자들이 주목해 주었으면 좋겠다. 하지만 의견 불일치 때문에 교회를 옮기는 것은 지혜롭지 못할 수 있고, 때로는 그것이 하나님이 허락하신 권위에 순복하려는 의지의 결핍을 나타내는 것일 수도 있다. 내가 **떠난다**는 용어를 쓸 때, 이는 한 교회의 결정에 대해 하나님이 조직하신 가족 관계를 끊어 버리는 것을 뜻한다.]

불행하게도 너무나 많은 평신도가 교회와의 관계에서 이런 태도를 취한다. 그들은 자신의 의견과 다른 결정에 대해 분개한다. 스스로 화, 상처, 괴로움을 주의 깊게 다룰 때에도 '꾹 눌러 참으려는' 자신의 결정을 자랑스럽게 표현한다. 종종 하나님의 교회의 지도자들의 삶을 비참하게 만드는 것을 자신의 사명으로 삼기까지 한다. 하나님은 그런 태도를 혐오하신다(잠 6:16-19).

하나님은 하나님의 가족들이 겸손을 택하도록 부르셨다. 하나님은 겸손한 자를 높이시고, 교회 안에서 건강한 순종을 실행하는 사람들에게 은혜를 베푸신다. 그리스도의 몸인 지역교회 안에서의 삶은 피차 복종할 수많은 기회를 제공한다(엡 5:21).

장로, 집사, 목사, 부교역자, 평신도가 자신의 영적 은사를 발견하고 실행할 뿐 아니라, 하나님이 각 사람을 불러 맡기신 역할에 그 은사들을 사용할 때 하나님의 가족 안에 잠재된 능력이 발휘되어 일어날 일을 생각하면 놀랍기 그지없다. 그런 역할이나 직무기술서를 명확히 하는 것은 궁극적으로 하나님의 백성들에게 복이요 하나님의 나라를 확장하는 데 유익할 것이다.

전략적으로
디자인된
하부구조

● ● ● 우 리 의 사 명 을 성 취 하 기 위 해
어 떻 게 교 회 의 구 조 를 잡 아 갈 것 인 가 ?

어릴 때 나는 '포테이토 헤드'(Potato Head)라는 게임을 자주 했다. 아마 요즘도 그 게임을 할 것이다. 혹시라도 그 게임을 잘 모를까 봐 어떻게 게임을 진행하는지 설명하겠다. 이 게임은 아무것도 장식이 되어 있지 않은 플라스틱 '감자'를 가지고 시작한다. 그 감자의 한쪽 방향에 눈이 붙어야 할 두 개의 구멍과, 입과 코가 붙어야 할 구멍을 각각 한 개씩 만든다. 게임 박스 안에는 여러 종류의 눈, 귀 세트와 여러 종류의 코, 입 세트가 들어 있다. 조합의 차이에 따라 포테이토 헤드의 얼굴이 얼마나 달라 보이느냐 하는 것이 흥미를 자아내는 부분이다.

우리 교회는 여러 해 동안 매년 부교역자 수련회에서 교회의 하부구조에 대해 비슷한 게임을 했다. 사실 우리는 그 게임을 "미스터 포테이토 헤드"라고 이름 붙였다. 플라스틱 감자 머리에 있는 구멍들은 교회 생활의 주요 시간대(주일 아침 시간이 최고의 주요 시간대이다)를 의미했다. 얼굴에 붙일 조각들은 교회의 '행위론적인'(what we do) 가치에 따라 규정된 하부구조의 구성요소들을 의미했다. 기회와 우선순위를 이런 방식으로 시각화함으로써, 우리는 때로 자기자신에 대해 웃었을 뿐만 아니라 교회의 사역구조에 대해 몇몇 새로운 관점을 발견하게 되었다.

주요 요소들

성령의 역사와 지속적인 기도라는 기반을 제외하고, 사역의 성공에 영향을 미치는 가장 중요한 세 가지 요소는 **주요 리더십**(primary leadership), **주요 재정 자원**(primary financial resources), 그리고 어떤 이벤트를 갖기에 가장 적합한 시간을 말하는 **주요 시간대**(prime time)이다. 선포된 사명을 성취하기 위해 조직을 구조화하면서 포테이토 헤드에 사역의 일부분을 끼워 넣어 보는 시간을 가진 것은 가치 있는 투자였다.

여기에 더해, 현존하는 하부구조를 점검하고 변화를 제안할 때 지도자들은 몇 가지 핵심 질문에 대답할 필요가 있다. 교회는 주일 아침 시간을 예배를 드리는 데 사용할 것인가, 아니면 불신자들을 전도하는 데 사용할 것인가, 아니면 이 두 가지를 모두 목표로 삼을 것인가? 교회는 대부분의 사역을 중앙 집중형으로 펼쳐갈 것인가, 아니면 소그룹 분권형으로 펼쳐갈 것인가? 교회는 주중에 교회로 모여 함께 드리는 예배나

기도모임을 가질 것인가, 아니면 주중에는 분권화된 소그룹 모임을 가질 것인가? 회중이 소그룹으로 분권화되어 있다면, 각 소그룹은 제자훈련 그룹으로 기획할 것인가, 아니면 단순한 돌봄과 나눔과 성경공부를 하는 그룹으로 기획할 것인가? 훈련과 온전하게 무장시키는 일을 위한 지도자들의 모임은 언제 가질 것인가? 성인 교육을 지원하는 구조는 어떻게 만들 것인가? 그 모임은 언제 모일 것인가? 주일 저녁 시간은 예배를 드리기 위해 다시 모일 것인가? 그렇게 한다면, 그 예배는 주일 오전 예배에 참여하지 못한 성도들을 위해 단순히 반복하는 예배가 될 것인가, 아니면 새로운 내용의 예배가 될 것인가? 아니면 주일 저녁 시간을 모든 하나님의 백성이 느긋하게 안식을 즐기는 시간으로 삼을 것인가?

청소년이나 주일학교와 같은 특별한 필요들은 어떻게 채울 것인가? 그들은 언제 모임을 갖고 그 모임은 어떤 기능을 갖는가? 청소년 예배는 독립된 사역으로 모일 것인가, 아니면 청소년 사역을 청소년, 어린이, 성인이 '사역'이라는 배경 안에서 함께 모이는 순수한 셀교회로 구조화할 것인가?

이런 질문이 다른 많은 연관된 질문과 함께 적절히 다루어질 때 비로소 하부구조를 규정한 것이다.

주요 시간대와 당신이 섬기는 교회

모든 문화는 그리고 심지어 특정한 문화 안에 존재하는 모든 공동체는 그들만의 주요 시간대를 스스로 규정한다. 미국이라는 문화

속에서 규정된 교회 활동의 제일가는 주요 시간대는 일본에서 규정한 주요 시간대와 다르다. 북애틀랜타 교외에 거주하는 사람들이 규정한 제일가는 주요 시간대는 동일한 도시에 거주하는 보헤미안들이 규정한 시간대와 다르다. 회중들이 주요 시간대를 어디에 사용하느냐 하는 것은 교회가 이전에 규정해 놓은 행위론적인 가치에 따라 지속적으로 조정된다는 사실이 중요하다.

이런 조정은 구도자들에게 민감한 예배를 드리는 교회들이 아주 잘해 왔던 부분이다. 그들은 전도를 최우선의 '행위론적인' 가치로 규정하고, 그 가치를 달성하도록 그들의 제일가는 주요 시간대인 주일 아침 시간을 배정했다.

이 부분에 주의를 기울일 필요가 있다. 주일에 예배를 드리지 않기로 하는 그 어떤 결정도 당신이 견지한 성경신학을 단순히 실천적인 실용 본위로 타협한 것은 아니라는 점이 분명해야 한다. 나의 의도는 주일을 활용하는 면에 대한 어떤 입장을 옹호하고 논지를 펼쳐가거나, 예배가 우선이냐 전도가 우선이냐 하는 문제에 대한 어떤 입장을 옹호하고 논지를 펼쳐가려는 것이 아니다. 언제나 규칙은, 하나님의 말씀만이 우리에게 주어진 무오한 작전명령이라는 것이어야 한다.

대형 교회에 대해

대형 교회가 친근할 수 있는가?

먼저 교회의 규모가 친근함에 미치는 영향력에 대해 생각해 보자. 대부분의 사람이 갖는 선입견 중 하나는, 대형 교회는 친근할 수 없다는 것이다. 나는 웃으면서 이 생각에 도전하고 싶다. 사실, 이 비판이 어느 교회에 적용되어 정확하게 측정된 결과인지 의심스럽다. 그런 비판은 작은 규모의 교회와 비교해 정확하게 측정되어야 한다. 그렇게 측정해 보면, 아마 부분적으로는 '왜 어떤 교회들은 작은 규모로 남아 있는가'에 대한 답을 줄 것이다.

어느 여름 플로리다 해변에서 휴가를 보내는 동안 우리 가족은 그 지역에 있는 작은 교회를 방문했다. 그 교회는 정통 신학을 견지한, 평판이 좋은 교회였다. 하지만 나는 그 사실을 전혀 모른 채 그 교회를 방문했다. 우리는 어떤 옷차림으로 예배에 참석해야 하는지 전혀 몰랐기 때문에 보수적인 옷차림을 하고 교회로 갔다. 나와 아들들은 양복 상의에 넥타이를 차려 입었고, 아내와 딸들은 드레스를 입었다. 예배시간이 몇 시인지 몰라, 우리는 오전 10시 30분에 교회에 도착했다. 하지만 우리의 판단은 옷차림과 예배시간 모두 빗나갔다. 예배에 참석한 사람들은 평상복 차림이었고, 예배는 오전 11시에 시작했다.

예배당 안으로 들어갔을 때, 현관의 홀은 교제공간으로 사용되고 있었다. 우리는 작은 예배실로 들어가기 위해 한 방 가득한 사람들을 통과해야만 했고, 그들은 커피를 마시며 소위 '교제'를 하고 있었다. 우리가 손님이라는 것은 명백했다. 다른 이유는 제쳐두더라도 우리 여섯 식구만 유일하게 '정장'을 하고 예배에 참석했기 때문이다. 사람들이 우리를 쳐다보았지만 아무도 우리를 영접하지는 않았다.

나는 재미있는 시도를 해보기로 했다. 아내 캐롤과 아이들에게 우리가 들어온 출입문 옆에 서 있으라고 했다. 그리고 나는 현관의 홀 안을 어슬렁거리며 걸어다녔다. 뭔가를 찾는 척하면서 여기저기를 두리번거리며 재빨리 그 방을 한 바퀴 돌았다. 나는 누가 우리에게 친근하게 반응할지, 혹은 어떤 도움이 필요하냐고 물어올지 궁금했다. 성공한다면, 주보를 어디에서 구할 수 있는지 물어보려고 했다. 그러나 실패로 돌아가고 말았다. 나는 다시 출발점으로 돌아와 아내와 아이들에게 예배실로 들어가자고 말했다. 우리는 군중 틈을 지나 예배실에 자리를 잡고 앉아 다른 성도들이 자리에 앉을 때까지 20분을 기다렸다. 그리고 예배가 끝나자마자 어떤 환영도 받지 못한 채 그 교회를 떠났다. 작은 교회는 그냥 자연적으로 친근하다는 주장은 무리가 있다.

분명, 많은 작은 교회가 친근한 반면에 많은 대형 교회는 그렇지 않다. 그러나 그 반대 또한 사실이다. 나는 우리가 지금까지 잘못 파악해 왔다고 생각한다. 친근하지 않은 이면에 숨겨진 진짜 원인은 교회의 규모가 아니라 구조다. 내가 이야기하는 바를 좀더 설명해 보겠다.

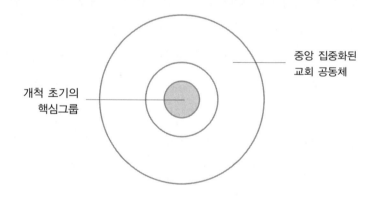

대부분의 교회는 작은 규모로 시작한다. 위 도표에서 안쪽에 있는 작은 원이 개척 초기의 핵심그룹을 나타낸다. 이 소그룹 안에서 탁월한 사회적 계약과 공동체가 흘러나온다. 매력적인 프로그램, 훌륭한 설교,

또는 단순히 하나님의 은혜만으로 교회는 성장하기 시작한다. 그럼에
도 불구하고 핵심그룹은 닫힌 그룹으로 존재하는 경향이 있다. 그렇게
되는 데는 개척 초기 구성원들만 열정의 유지자요 보호자가 될 자격이
있다고 가정하는, 일종의 자부심과 섞여 있는 실용주의가 존재하기 때
문이다. 대부분의 교회가 중앙 집중형으로 구조화되어 있기 때문에, 사
람들은 대그룹 모임을 통해 교회의 주변부로 진입한다. 새신자들은 대
부분 핵심그룹 안으로 깨고 들어가는 것이 불가능하거나 어렵다는 사
실을 발견한다.

이제 더 건강한 구조를 살펴보자. 교회가 소그룹들의 모임이라고 생
각해 보라. 이 그룹은 제자훈련 소그룹, 기도 소그룹, 봉사 소그룹, 교제
소그룹 등 어떤 것도 될 수 있다. 매주 새로운 그룹이 시작된다. 이런 점
들이 새로 찾아오는 사람들에게 가장 중요한 매력이요 교회등록의 이
유가 된다. 그리고 이런 다양한 소그룹에 속한 사람들이 매주 예배를
드리기 위해 한 자리에 모인다. 예배는 축제다. 기쁜 소식은, 축제로 드
리는 예배란 규모가 커질수록 더 역동적일 수 있는 잠재력을 지닌 교회
행사라는 것이다.

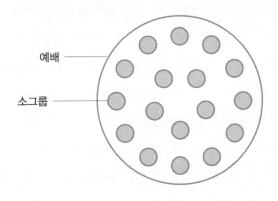

야구 비유

당신이 1992년에 애틀랜타 브레이브스(Atlanta Braves)의 열성적인 팬이 되었다고 생각해 보라. 2년 전에 당신이 응원하던 브레이브스가 월드시리즈에 진출했었다. 올해도 한 게임만 더 이기면 월드시리즈에 진출한다. 당신은 내셔널리그 플레이오프의 마지막 게임이 진행되는 오늘을 오랫동안 기다려 왔다. 가장 친한 친구들과 다른 열성적인 팬들과 함께 애틀랜타 풀턴 컨트리 스타디움(Atlanta-Fulton Country Stadium)에 앉아 있다. 애틀랜타가 이긴다면 월드시리즈에 진출하는 것이다.

지금은 9회 말이다. 브레이브스가 피츠버그를 1대 2로 추격하고 있다. 투 아웃에 주자는 2, 3루에 나가 있는 상황이라 한방이 터지면 애틀랜타가 승리한다. 프란시스코 카브레라가 타석에 들어섰고, 달리기는 잘 못하지만 적극적인 주자 시드 브림이 2루에 있다. 외야수들은 준비를 하고 있다. 투수가 공을 던진다. 카브레라가 스윙을 한다. 방망이의 기분 좋은 타격 소리가 메아리치고, 공은 유격수가 번쩍 뻗어 올린 야구 글러브를 넘어서 날아간다. 좌익수가 원 바운드 이후에 깨끗하게 공을 잡았다. 그런데도 3루 코치는 미친 듯이 손을 흔들며 브림이 3루를 돌아 홈으로 달려가도록 신호를 보낸다. 팀 동료인 데이브 저스티스는 이미 동점을 기록했다. 공은 재빨리 중간 연결자인 투수에게로 전달된다. 공과 브림이 정확히 똑같은 순간에 홈으로 도착할 상황이 된 것이다.

브림은 슬라이딩을 했다. 포수가 그의 글러브로 브림의 몸에 태그를 했다. 사진 판정을 해야 할 만큼 대접전이었다. 모든 눈은 주심에게로 향했다. 경기장에는 순간 정적이 감돌았다. 그런 다음 영원보다 더 긴 것 같은 시간이 흐른 후 주심은 브림에게 세이프를 선언했다. 그리고 브레이브스는 월드시리즈에 진출했다.

홈 관중들은 축제분위기에 휩싸였다. 콜라와 맥주잔이 채워지고, 하이파이브를 하고, 서로 얼싸안고, 환호성이 하늘을 가득 채웠다. 사람들은 이전에 한 번도 만나 본 적이 없는 사람들과 키스를 했다. 당신과 5만 3천 명의 팬들이 벌떡 일어났을 때, 당신은 친구 조지와 하이파이브를 하며 축하하기 위해 그를 향해 돌아섰다. 바로 그 순간 당신은 친구 조지가 아무런 감동 없이 여전히 의자에 앉아 있는 모습을 발견한다.

당신은 그에게 외친다. "조지, 조지, 무슨 일이 일어났는지 못 봤어? 우리가 이겼다고! 우리가 월드시리즈에 진출하게 되었다고!" 그러나 여전히 조지는 말없이 조용히 고개를 끄덕이며 동의하기만 했다. 당신은 이렇게 질문한다. "무슨 문제가 있니, 조지?"

당신은 조지가 이렇게 대답하는 모습을 상상할 수 있는가? "그냥 여긴 흥분해서 축하하는 사람들이 너무 많아." 물론 그렇지 않을 것이다. 사실, 일반적으로 더 많은 사람이 모여 있을 때 자기 자신을 잊고 축하하는 분위기에 더 쉽게 몰입할 수 있다.

스포츠 팀의 결승진출이라는 행운을 이야기하면서 내가 보여 주고자 했던 핵심은 진정한 예배에 훨씬 더 잘 적용된다. 하나님의 존귀함을 경배하는 데는 아무리 많은 사람이 모여도 많은 것이 아니다. 지금까지 내가 관찰한 바에 따르면, 일반적으로 교회 안에 예배 자원들이 개발되고 확장됨에 따라 예배를 더욱 풍성하게 하는 자연스런 태도가 더 고양된다.

분명, 나는 교회가 중앙 집중화된 모임을 가져야 하는 유일한 이유가 주말 예배를 위함이라고 주장하는 것은 아니다. 나는 교회의 지도자들이 중앙 집중화된 교회를 통해 어떤 부분이 가장 잘 수행될 수 있고, 분권화된 회중들을 통해 어떤 부분이 더 잘 수행될 수 있는지를 고려해 보라고 압력을 가하고 있는 것이다. 그런 평가를 해보면 건강한 하부구조를 개발하는 머나먼 길을 떠나게 될 것이다.

교회의 규모에 대한 쟁점을 정리하기 전에 소그룹이 제대로 기능할 수 있는 적당한 규모에 대해 몇 마디 하려 한다. 사회적인 필요들(social needs)은 그룹의 **규모**(size)에 따라 좌우되는 반면, 성숙에 대한 필요들(maturity needs)은 그룹의 **기능**(function)에 따라 좌우된다는 것이 황금률이다. 다른 말로 하면, 교회를 찾아온 새신자가 사회적 관계를 더 많이 맺기를 원한다면 그 사람을 새로운 친구를 사귈 수 있는 기회가 다양한 큰 그룹에 배치한다. 그렇게 배치해 주면, 아마 새신자가 자신이 어울릴 만한 몇몇 사람을 발견하기 수월할 것이다. (여담이지만, 남녀가 동수로 섞인 그룹일수록 더 좋다.) 그러나 어떤 사람이 그리스도 안에서 성숙을 향해 깊이 자라가도록 돕기를 원한다면, 우리는 그 사람을 8 내지 10명을 넘어서지 않는 소그룹에 편성하기를 원할 것이다. 그런 제자훈련 그룹은, 동성끼리 모이는 그룹일 때 가장 제 기능을 잘 발휘한다.

4C

여러 해 전에 셀(cell), 회중(congregation), 축제예배(celebration)라는 세 단어로 묘사된 하부구조가 교회에 필요하다는 이야기들이 많이 나돌았다. 이 세 가지 용어는 5명에서 7명 사이의 소그룹, 30명에서 60명 사이의 중그룹, 그리고 축제예배를 드릴 수 있을 만큼 충분히 큰 대그룹을 말한다.

나는 그런 용어들이 오해하기 쉽고, 핵심을 놓친 것이라 생각한다. 이런 주장을 하는 사람들은, 성도들이 교회 안에서 이 세 가지(예를 들어 소그룹, 장년 주일학교 성경공부모임, 대예배)를 모두 발견한다면, 그들의 기본적인 필요가 충족될 것이라고 주장한다. 그러나 사실은 그렇지 않다. 이 용어들은 모임의 형태에 대해서는 이야기하지만, 더 큰 필요인 모임의 기능에 대해서는 이야기하지 않는다.

나는 이 세 가지 용어를 성도들의 진짜 필요(real needs)를 나타내는 다음의 네 가지 용어(또는 비슷한 것들)로 변경해야 한다고 제안한다.

1. **예배**(Celebration)- 매일 개인적으로, 매주 연합하여 하나님을 만나는 예배
2. **공동체**(Community)- 의지가 되고, 서로 책임져 주는 성도들 간의 관계
3. **클래스**(Class)- 하나님의 말씀을 이해하고 적용하기 위해 세운 계획
4. **사명**(Commission)- 그리스도를 소개할 목적으로 불신자와 맺은 약속

어떤 그리스도인의 삶 속에 이 네 가지 기능이 나타난다면 그의 영적 순례에 진보가 있다고 확신할 수 있다.

이미 내가 제자훈련에 가치를 둔다는 사실을 밝혔기 때문에, 아마도 내가 충만한 예배 체험과 제자훈련을 중심으로 한 소그룹으로 설계된 하부구조를 강력하게 권할 거라고 예상할 것이다. 내가 **제자훈련**이라는 용어를 사용할 때, 좁은 의미로 사용했음을 기억하기 바란다. 나는 소수의 사람들의 삶에 집중하여, 종국에는 하나님의 진리를 전달하는 것뿐만 아니라 자신들의 삶의 내용까지 전달하기 위해 씨름하는 온전

히 무장된 지도자들을 세우는 일을 말하는 것이다(살전 2:8). 이 주제에 대해서는 20장에서 좀더 구체적으로 다룰 것이다.

교회의 하부구조를 어떻게 디자인하는지에 대해 이해했다면, 이제 문화적으로 적합한 전략 수립에 대해 이야기할 준비가 되었다.

14_

효과적인 목회 계획의 내면 **❽**

문화적으로
적합한 전략

● ● ● 교 회 의 사 명 을 어 떻 게 성 취 할 것 인 가 ?

문화 속에서 일어나는 변화들을 이해하지 못해, 결국 그런 변화를 이해한 회사에 뒤져 도태해 버린 수많은 사례가 존재한다. 철도를 생각해 보라. 한때 철도회사들은 미국에서 가장 유력한 회사로 손꼽혔다. 불행하게도 그들은 자신들이 철도업에 종사하는 것이지 운송업에 종사하는 것이 아니라고 믿었다. 그래서 항공 여행이 출현하는 것을 비웃었고, 주간(州間) 고속도로(미국의 여러 주를 거쳐 지나가는 고속도로–역주) 시스템의 발전이 갖는 중요성을 이해하지 못했다.

스미스 코로나(Smith Corona)라는 이름을 기억하는가? 그 이름은 타자기 제조업체의 일등 브랜드 중 하나였다. 타자기가 워드프로세서 시스템으로 그리고 나중에 컴퓨터 프로그램으로 넘어갔을 때, 불행히도 그들은 대응하지 못했다. 스미스 코로나가 자신들의 브랜드 파워를 가지고 계속 노력하여 진보하는 기술을 따라잡고 개인컴퓨터 사업으로 옮겨갔다면, 지금쯤 아마 세계에서 가장 큰 워드프로세서 제조업체가 되었을 것이다.

텔레비전이 등장하는 것을 보고도, 많은 영화 제작자가 텔레비전은 언제나 극장에 뒤따르는 부차적인 분야일 뿐이라고 과소평가했다. 물론 "로큰롤은 일시적인 유행에 불과해. 인기가 지속되지는 않을 거야"라고 말하던 사람들도 있었다. 그러나 텔레비전과 로큰롤이라는 두 가지 연예 매체는 지속되었을 뿐 아니라 그 '선대'(先代)에도 영향력을 미쳤다. 이제 영화는 텔레비전 스타들과 히트 TV쇼의 버전을 크게 다룬다. 또한 재즈와 블루스 뮤지션들도 록음악의 요소를 자신들의 음악에 혼합한다.

거대 다국적 기업에게 문화적으로 적실성 있는 상태를 유지하는 것이 중요한 문제인 것처럼, 교회도 문화적으로 적실성 있는 상태를 유지하는 것이 중요하다. 교회가 가진 문화에 대한 이해는 교회를 문화와 연결하는 능력과 직접적으로 연관되어 있다. 사역 계획이 특정 환경에 맞게 특성화되고 특정 환경을 목표로 삼는 일이, 바로 계획을 세우는 전체 과정 중 이 단계에서 이루어진다.

아직까지 아주 명확하게 전달하지 못했을까 염려되어 하는 이야기인데, 사역에 관한 한 내 열정은 제자훈련과 많이 연관되어 있다. 그 우선순위는 내가 어디에 있든지 변하지 않고 유지된다. 변한 게 있다면, 제자훈련을 실행하는 방식에 영향을 준 문화적 요소들이다.

예를 들어, 나는 성인들을 대상으로 제자훈련을 실행하는 것이 어렵다는 사실을 발견했다. 다시 말해, 내가 대학 시절에 경험했던 제자훈련을 조직화하고 실행할 수 있는 거의 무제한의 기회들이 성인들이 살아가는 환경에서는 삶의 무게와 시간에 대한 압박으로 심각하게 제한된다는 사실을 발견했다. 열정이 꺾이지 않도록 하기 위해, 나는 제자훈련의 방법을 재고해야 했다. 멀리 내다보지 않더라도, 우리가 사역의 대상으로 삼는 이 세상이 우리가 태어난 시대와 많이 달라졌다는 사실을 대부분 감지할 수 있다.

그때와 지금의 문화

1950년대의 문화

1950년대 미국의 일반적인 문화와 50년이 흘러 새 천년을 맞이한 시기의 미국의 일반적인 문화를 비교하면서 나의 주장을 펼쳐보겠다. 1950년대 미국의 문화에는 적어도 세 가지 두드러진 특징이 있었다.

1. **정확하게 기독교 문화였다.** 국민 대다수가 기독교인은 아니었지만, 다수의 미국인들이 기독교적 신념과 가치들을 가지고 있었고, 기독교적 신념과 가치 둘 다는 아니더라도 하나는 가지고 있었다는 말이다. 예를 들어, 공립학교에서 기도를 허용하는 것이나 연방정부의 건물에 십계명을 게시하는 것이 적절한지에 대해 무작위 설문조사를 실시했다고 생각해 보라. 그러면 사실상 질문을 받은 모든 사람이 그 두 가지는 허용되어야 한다고 대답했을 것이다. 산모에게 낙태를 통해 임신중절을 할 권리

가 있는지를 물었다면, 절대다수가 "절대로 안 돼요!"라고 대답했을 것
이다. 예수님이 하나님의 아들이고 성경이 하나님의 말씀인 것을 믿느냐
고 물었다면, 이 질문에 대해서도 거의 대부분 동의했을 것이다.

2. **속도가 느렸다.** 일 때문에 매주 여행을 해야 하는 남자나 여자는 드물었
다. 출퇴근 거리는 지금보다 짧았고, 그나마도 대부분 남자들에게 해당
되는 사항이었다. 대부분의 여자는 집에서 일을 했고, 일반적으로 사람
들은 거의 매일 밤 자기 집에서 잠을 잤다. 어린 시절 저녁에 집에 있으
면서 부모님께 가까운 곳에 사는 친구의 집에 놀러가도 되는지 물어봤
던 기억이 난다. 형이나 나는 가까운 곳에 사는 친구의 집에 놀러가도 되
는지 확인하기 위해 그 집에 절대로 전화를 걸지 않았다(전화를 하더라
도 통화중일 가능성이 더 많았다). 뛰어들듯 자동차에 타서 친구의 집으
로 운전해 갔고, 문을 박차고 들어가 기대했던 환대를 받곤 했다.
내 아내 캐롤은 온 가족이 함께 저녁 시간을 보내지 않았던 기억이 거의
없다고 한다(온 가족이 교회에 있거나 장인어른이 한달에 한 번 시민 클
럽의 임원회의에 참여하느라 집을 비운 것을 제외하고 말이다). 질문할
필요도 없이, 당시 미국의 문화는 속도가 아주 느렸다.

3. **대부분의 가족이 '전통적인' 틀에 부합되었다.** 어떤 분석가들은 일하
는 아빠, 전업주부인 엄마 그리고 18세 미만의 두 자녀로 구성된 가정을
'전통적인 가족'으로 규정했다. 미니스트리 커런츠(Ministry Currents)에
서 실시한 조사에 따르면, 이렇게 네 식구로 구성된 가족이 1960년대 미
국 전체 가족 중 60퍼센트에 달했다.

2000년대의 문화

오늘날의 문화는 1950년대의 문화와 거의 정반대 모습을 취한다.

1. **세속 문화다.** 동일한 질문으로 '길거리' 인터뷰를 해보라. 정반대의 결과가 나올 것이다. 오늘날의 문화가 세속 문화라는 관점을 입증하기 위한 설명은 그리 많이 필요치 않다. 우리는 점점 더 세속적으로 변해 왔다. 기독교적 가치들은 종종 비난을 받거나 무시를 당한다.

2. **빠른 속도를 넘어섰다.** 20세기 문화의 속도는 아마도 '초음속'으로 묘사할 수 있을 것이다. 캐롤과 나는 사람들을 집으로 초대하는 것을 좋아한다. 매년 우리 집으로 얼마나 많은 손님이 초대되는지는 말할 수 없다. 그렇다 하더라도, 나는 최근에 아내에게 우리가 몇 해 전에 다른 사람의 집을 불시에 방문했던 것처럼 어떤 사람이 '불시에' 우리 집을 방문한 데 대해 편안하게 생각한 날이 있었는지를 물었다. 매순간이 여러 가지 활동을 위해 예약되어 있고, 여러 가지 활동에 매여 있다.

3. **더 이상 전통적인 가족 중심의 문화가 아니다.** 가족과 관련된 추가적인 통계자료들을 살펴보면, 결혼한 커플의 거의 절반이 이혼한다. 재혼 부부의 이혼율은 60퍼센트를 상회하기까지 한다. 대략 다섯 명의 성인 중 두 명이 이혼했거나 별거중이거나 사별했다. 실버세대의 3분의 1 이상이 사별한 사람들이다. 올해 결혼할 사람들 10명 중 6명 이상은 결혼 전에 동거를 할 것이다. 동거가 지난 몇 년 동안 말 그대로 버섯 퍼지듯이 확 번졌다.[1]

그때와 지금의 교회

이런 문화의 변화에 비추어볼 때 교회는 어떠했는가?

1950년대의 교회

어린 학생이었을 때, 나는 길 건너편에 있던 교회에서 복음을 전해 들었다. 사람들이 대부분 기독교적 신념과 가치를 공유했기 때문에, 교회 출석자 대부분이 확신을 가지고 사도신경을 고백했다. 모든 사람이 학교에서 주기도문을 배웠고, '성부와 성자와 성령께 영광이 있을지어다'라는 찬가(Gloria Patri)를 암송할 수 있었다. (내게 익숙한 유일한 교회인) 대부분의 개신교회는 비슷한 예배 순서를 사용했고, 모든 새신자를 잘 알았다.

문화의 속도가 늦었기 때문에, 교회들은 주요 시간대(prime time)에 대해 교회 밖 세상과 경쟁할 필요가 거의 없었다. 공공 단체가 제공하는 사회적 기회들이 최소 수준에 머물렀고, 사람들이 교회와 아주 가까운 곳에 살았기 때문에, 주일마다 두 번씩 그리고 주중에 적어도 한 번씩(대표적으로 수요일 저녁에) 교회에 출석하는 것이 편했다. 주일에는 핵심적이지 않은 사업은 문을 닫고, 술을 판매하지 못하게 하는 '청교도적 금법'(禁法, Blue Laws)이 통용되었고, 주일성수를 소중하게 여겼기 때문에 시장이나 스포츠 리그나 레크리에이션 활동들이 교회나 성도들의 모임과 경쟁하지 않았다.

50년 전에, 교회가 제공했던 메뉴는 여덟 가지에서 열 가지 정도밖에 되지 않았다. 전형적인 교회들은 주일낮 예배와 주일저녁 예배에 더해 어린이 주일학교, 장년 주일학교, 수요일 저녁 기도회, 성가대, 보이 스카우트와 걸 스카우트 그리고 여성들을 위한 전도회(circles) 모임을 제공했다. 그것이 전통적인 가족 안에서 발견되는 가족의 후원과 안정성이라는 배경 속에서 성도들이 필요로 했던 전부였다.

새천년 교회

나에게 처음 복음을 소개했던, 역동적이고 성장하던 그 교회는 여전히 동일한 복음 메시지를 충실히 전한다. 교회의 정통파적 관행(orthodoxy)은 전혀 변하지 않았다. 더 추가된 것도 없다! 당신이 오늘 그 교회로 걸어들어간다면, 과거로 돌아간 것처럼 느낄 것이다. 동일한 예배, 동일한 기본 프로그램 제공, 나이가 들고 머리가 희어졌다는 것을 제외하고는 동일한 성도들. 변한 것이 없다. 현재 그 교회에는 주일마다 80여 명의 성도들이 출석하며, 출석 성도의 평균 나이는 여든 살 이상이다.

나는 이 이야기가 미국의 전 지역에 걸쳐 수천 번도 더 되풀이된다고 확신한다. 무슨 일이 일어났는가? 미국의 문화가 변했지만 전형적인 교회는 변하지 않았다.

무슨 일이 일어났는지 예를 들기 위해, 당신이 아는 가장 진보적이고 현대적인 교회가 기적적이면서도 완전하게 몽골로 이전했다고 생각해 보자. 성도들이 초자연적으로 몽골어를 터득했지만, 음악, 프로그램, 옷, 청중들의 관습은 변하지 않았다고 생각해 보라. 50년 후에 무엇을 발견하리라고 예상하는가? 아마도 죽음을 기다리는 소수의 성도들만 남아 있는 것을 발견할 것이다. 오늘날의 많은 미국 교회에서도 동일한 상황을 발견한다. 교회가 속한 지역의 문화와 동떨어져 전혀 효과없는 전도방법을 사용하는 그런 교회 말이다. 건강한 영적 가정, 양육의 기능을 갖춘 영적 가정으로서의 기능까지도 그나마 출석하는 소수의 성도들의 일상에 더 이상 영향력을 미치지 못하는 과거동경적인 낡은 공식의 반복으로 대체되어 버렸다.

과거에 고착화된 많은 전통적인 교회가 외국에 파송된 선교사들에게 파송된 나라의 문화를 수용하라고 요구하는 것을 보면 아이러니하지 않은가? 그런 교회들은 선교사들이 파송된 나라의 언어를 배우고, 파송된 나라의 문화에 맞는 옷을 입고, 전통악기와 건축양식을 사용하는 것뿐만 아니라 파송된 나라의 문화에 맞는 음악과 스타일을 사용해야 한다고 주장한다.

미국의 문화와 몽골의 문화가 다른 것만큼이나, 1950년대의 미국 문화는 현실적으로 새천년의 미국 문화와 다르다. 문제는 너무나도 명백하다. 전통에 매인 교회는 교회 자체를 전도(mission)를 위한 기관으로 여기지 않고 가정(home)으로만 여긴다.

교회가 어떻게 고착화되는가?

교회는 어떻게 한 시대에 고착화되는가? 인간의 경험을 통해 얻은 몇 가지 교훈을 살펴보면 부분적으로나마 해답을 얻게 된다. 교회는 언제나 시대를 초월한 진리(하나님의 말씀)를 신실하게 유지하면서, 동시에 지속적으로 변화하는 환경 속에서 시대에 적합한 방식으로 진리를 전달해야 하는 두 가지 일을 감당하려고 몸부림쳐 왔다. 두 가지를 동시에 감당하려는 도전은 혼란스러울 수 있다. 교회가 어느 한 순간에 효과적일 수 있는 일시적인 스타일에 너무 집착하면, 결과적으로 교회가 전달해야 할 책무를 진 영원한 진리를 평가절하하게 될 수도 있다. 수단이 메시지나 청중보다 더 중요해진 교회는 이기는 교회가 될 수 없을 것이다.

교회의 지도자들이 사도행전을 연구하면서 다음과 같은 질문을 던져 보면 상당한 유익을 얻을 수 있을 것이다. "왜 이방인들이 초대교회 안으로 들어오는 것이 그렇게도 어려웠는가?" "베드로와 바울과 다른 전도자들이 불변하는 복음의 메시지를 유지하면서 어떻게 자신이 처한 다양한 환경에 맞는 방법론을 선택했는가?" "사람들이 교회로 들어오는 것을 환영하기 전에 우리가 사람들에게 요구하는 비슷한 요구사항들(건강한 것이든 건강하지 않은 것이든)은 없는가?"

어떤 환경에서 통했던 방법들이 전 세계적으로 통용될 수 있다는 권위를 얻을 수 있다. 우리에게 익숙한 곡조나 음악 형식에 붙인 새로운 가사가 공동체를 변혁하는 데 사용될 수 있다. 그러나 그 가사와 곡조가, 가사와 곡조 중 어느 것에도 익숙하지 않은 환경에 이식된다면 그런 효과는 보장되지 않는다. 다른 말로 하면, 지금의 우리가 "내 주는 강한 성이요"(A Mighty Fortress Is Our God)나 헨델의 메시아(Messiah) 같은 곡이 최신곡이고 오늘날과 같은 음악은 통하지 않는 수백 년 전의 환경에 산다고 상상하는 것은 아주 힘든 일이다.

마찬가지로 오늘날 우리는, 거룩한 성경을 영어 같이 조잡하고 품위가 떨어지는 언어로 번역해선 안 된다며 격렬히 논쟁하던 400년 전의 상황을 결코 이해할 수 없다. 심지어 그 논란의 중심에 있던 성경이 다름 아닌 흠정역(King James Version) 성경이었다니! 변하지 않아 고루한 것처럼 느껴지는 수단과 방법들도 한때는 최신식이었다는 사실을 기억해야만 한다.

변화의 초기 환경은 대부분의 사람에게 매력적으로 보인다. 변화의 바깥에 있는 사람들은 자신이 그 변화 속에 포함되기 전까지는 변화에 신경을 쓰지 않는다. 하지만 일단 그 변화의 대상이 되고 나면 과거 자신이 매력을 느꼈을 때 선택한 방식을 고수하고 싶어 하며 변화에 저항하는 경향이 있다. 그래서 교회의 지도자들은 지지자들에게 "당신이 변화시키면 저는 떠날 겁니다"라는 요지의 이야기를 자주 듣는다. 불행하게도, 아주 소수의 사람들만이 "변하지 않으면 돌아가지 않을 겁니다"라고, 적어도 잠재의식 속에서나마 기억하는 잃어버린 공동체에 대해 변호한다.

사람들은 아무것도 변하지 않으면 그대로 남아 있을 거라고 생각하는 경향이 있다. 그들은 이 세상 구석구석에 스며든 변화의 현존을 과소평가한다. 상황을 외부적으로 '동일하게' 유지하는 것만으로는 도저히 변화를 막아낼 수 없다. 변화는 부지불식간에 더욱, 곤혹스러운 방식으로 쉽게 찾아온다. 따라서 교회가 이전에 늘 해오던 것을 그대로 유지하더라도, 그 일의 효과와 의미는 근본적으로 바뀔 것이다. 진리에 대해 똑같이 충성하고, 소통(comunication)의 효과를 똑같이 유지하고, 목적에 대해 똑같은 성실성을 유지하기 원한다면, 우리는 지속적으로 변화해야 한다.

G. K. 체스터톤(Chesterton)은 언젠가 이 문제에 대해 설명하면서 정원에 하얀 말뚝을 박은 담장을 세웠을 때 어떤 일이 발생하는지를 예로

들었다. 담장이 처음과 똑같은 상태로 유지되기를 원한다면 그 담장을 그대로 두는 것은 최악의 선택이다. 담장이 처음과 똑같은 상태로 유지되기를 원한다면 지속적으로 그 담장을 변화시켜야 한다. 점검하고, 수리하고, 다시 페인트칠을 해야 한다.[2] 교회의 신실한 운영위원회는 자신들이 교회 건물을 지속적으로 관리하지 않으면, 결국은 건물이 무너질 거라는 사실을 안다. 그런데 왜 동일한 원칙을 그 교회 건물 안에서 모이는 그리스도의 몸된 교회에 적용하기는 그렇게도 꺼리는가?

현대적인 교회가 된다는 것은, 간단히 말해서 우리가 속한 문화를 정확하게 연구하고, 어떤 확신이나 성경적 기준을 벗어나지 않으면서도 불신자들을 향해 다가서는 데 장애가 되는 것을 제거하기 위해 무엇을 할 수 있는지 질문해 보는 것이다.

당신이 속한 지역사회와 문화를 이해하라

당신이 섬기는 지역사회에서 문화적으로 적합한 전략을 개발하는 첫 번째 단계는 당신이 섬기는 지역사회를 배우기 위해 시간을 내는 것이다. 당신이 조사해 보아야 하는 요소는 여러 가지가 있다.

지역 주민들은 어떤 신앙적 배경을 가지고 있는가? 지역 주민들의 대부분이 불신자인가? 아니면 어렸을 때는 교회에 출석했지만 그 이후에 낙심한 사람들인가? 그들은 어떤 교단 배경을 가지고 있는가? 로마 가톨릭의 배경에서 자란 후에 교회와 멀어진 사람들에게 말하는 방법은 주류 교단 교회의 성도였던 사람들에게 말하는 것과 다소 차이가 있을 것이다.

현재 사람들이 교회에 출석하지 않는 이유는 무엇인가? 구도자에게 민감한 교회 운동은 약 30여 년 전, 사람들이 교회에 출석하지 않는 이유를 확인하기 위해 질문을 던지면서 시작되었다. 그 결과 사람들이 교회에 출석하지 않는 세 가지 주요 이유를 발견했다. (1) 교회는 지루하고 불신자들의 일상과는 크게 동떨어져 있다. (2) 음악은 따분하고 영감이 없다. (3) 교회는 언제나 돈을 요구한다. 이런 반응에 대응하여 새로운 세대의 교회들은 동시대적인 음악과 주제 제기 드라마, 삶의 적용에 강조점을 둔 성경적 가르침을 전하고, 헌금은 이 교회에 등록한 사람들에게만 요구되는 사항이라고 방문자들에게 광고하는 방식을 통해 교회가 위치한 지역사회 공동체와 새롭게 연결하기 시작했다.

불신자들은 예수 그리스도 안에 있는 믿음으로 나아오는 문제와 관련하여 어떤 질문이나 논쟁점들을 다루는가? 그들은 모든 믿음이 천국에 이를 수 있는 것이라고 믿는가? 그들은 하나님이 존재하신다고 믿는가? 그들은 사랑의 하나님이 이 세상에 상처와 고통을 허락하신다는 걸 이해할 수 없기 때문에 하나님께 저항하는가?

당신이 섬기는 지역사회 주민들의 필요는 무엇인가? 예를 들어, 결혼과 자녀양육에 대한 후원이 필요하거나 그런 후원을 통해 유익을 얻을 수 있는 혼혈 가족들의 수가 평균을 넘어서는가? 당신이 섬기는 지역사회의 이직률은 높은 수준인가? 주민들은 서로를 알아가고 지역사회와 연결되도록 돕는 사역을 통해 유익을 누리는가? 편부모가정 인구가 평균 이상인가? 어린 자녀를 둔 가정의 수가 평균 이상인가?

당신의 지역에 있는 성장하는 교회들을 방문해 보라. 그 교회들은 당신이 섬기는 그룹과 동일한 인구통계학적 그룹을 섬김의 대상으로 여기는가? 그 교회들은 어떤 형식의 예배를 드리는가? 그 교회들은 어떤 유형의 전도사역을 펼치는가?

지금까지는 이야기의 초점이 지역사회 주민들의 필요를 분석해 내는 데 맞추어져 있었지만, 교회 안의 성도들의 필요를 파악하는 데도 시간을 투자해야 한다. 성도들이 사는 지역과 이웃에 대한 정보와 성도들의 자녀가 다니는 학교에 대한 정보를 포함한 성도들의 인구통계학적 분석표를 작성하라. 성도들이 어떤 영적 배경을 가지고 있는지, 무엇 때문에 교회에 나오게 되었는지, 우리 교회의 강점과 약점이 무엇이라고 생각하는지에 대해서도 파악해야 한다. 현재 교회가 채워 주지 못하는 그들의 필요가 무엇인지 찾아내기 위해 시간을 투자해야 한다.

당신이 섬기는 교회가 방문자들의 이름을 받거나, 방문했지만 교회에 등록하지 않기로 결정한 사람들의 이름을 알 수 있다면, 반응을 얻기 위해 후속관리 전화를 하거나 직접 방문할 수도 있다. 이런 종류의 전화를 하거나 방문을 할 때는, 전화하는 목적이 '그들의 팔을 꺾어' 교회에 등록하라고 부담을 주려는 것이 아니라 그들이 교회에서 경험한 것이 무엇인지 알아 개선하려는 것이라는 사실을 분명히 밝히는 것이 중요하다.

연구하고 질문하는 것은 지역사회를 배우는 귀중한 방법이다. 지역사회에 관한 정보는 인터넷에서 검색하거나 그냥 지역사회에서 일어나는 변화를 관찰하는 것과 같은 단순한 방식을 통해 수집이 가능하다. 지역사회에서 일어나는 변화에 대한 소중한 정보는 교회 성도들을 통해 수집이 가능하다. 우리는 우리가 사는 지역에서 부동산 개발에 종사하는 교인 사업가들에게 도움을 청했다. 그들은 지금 일어나는 변화에 대해 많은 것을 안다.

교회 밖에 있는 사람들과 대화를 유지하기 위해 블로그를 활용할 수도 있다. 우리는 매년 여러 차례 지역사회를 향해 교회의 문을 열고, 담임목사인 나와 열린 토론을 펼치는 연구 포럼(Investigative Forum)을 개최한다. 그 행사를 통해 지역사회 주민들이 어디에 마음을 두는지 명확하게 분별할 수 있다. 마지막으로, 개인적으로는 개인 전도를 통해 지역사회 주민들의 심중에 무엇이 존재하는지에 대한 통찰을 얻는다. 세상 사람들의 마음속에 있는 가장 신선한 통찰을 얻어내기 위해 일대일로 불신자와 관계 맺는 것만큼 좋은 방법은 없다.

당신의 손가락을 당신이 섬기는 지역사회와 문화의 심장박동에 갖다 대고 지역사회와 문화를 읽어내는 일은 일회성 이벤트가 아니라 지속적으로 행해야 할 일이다. 솔직히 나는 지역사회를 알고 이해하는 최선의 길은, 성도들이 교회를 다니지 않는 사람들이 사는 곳, 일하는 곳, 노는 곳으로 찾아가 그들과 서로 영향을 주고받는 것이라고 생각한다. 불신자들에게 익숙한 삶의 터전에서 그들의 마음을 끌어내는 것이 궁극적으로 당신이 실행하고자 하는 그 어떤 교재 연구보다도 뛰어난 연구 성과를 얻어내는 현장조사다. 불신자들과 관계를 맺으며 그들과 함께 있다면, 하나님이 변혁의 역사를 행하실 기회가 더 많아질 것이다. 나는 하나님이 종종 남자와 여자들의 삶 속에 변화를 일으키기 위해 말씀으로 자신을 드러내신다는 사실을 발견했다.

효과적인 목회 계획의 아홉 번째 요소로 넘어가기 전에 문화적으로 적합한 전략을 구축하는 과정을 마무리해 줄 네 가지 질문에 대해 진지하게 생각해 보기 바란다. 다음 장에서는 이를 위해 문화적으로 적합한 전략 속으로 들어갈 것이다. 이 네 가지 질문을 주의 깊게 살펴보지 않으면 당신의 사고 과정에 간격이 생기고, 그 결과 당신이 수립한 목회 계획에 중대한 오차가 발생할 것이다.

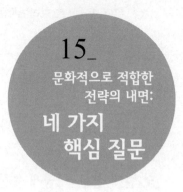

섬기는 지역사회를 이해하고 하나님이 섬기도록 불러내신 그 문화에
적합한 전략과 계획을 수립하는 것이 중요하다는 사실을 앞 장에서 살
펴보았다. 이 장에서는 목회 계획을 수립하는 동안 교회의 규모나 위치
에 상관없이 꼭 해 봐야 할 네 가지 보편적인 질문에 관심을 두려 한다.

1. 어떤 방법으로 그리고 어느 수준까지 불신자들에게 다가가며 상처 입은
   사람들을 도울 것인가?
2. 어떤 방식으로 그리고 어느 수준까지 새가족을 하나님의 가족으로 동화
   시킬 것인가?

3. 어떤 방식으로 그리고 어느 수준까지 하나님의 백성들에게 성경적 진리를 가르칠 것인가?

4. 어떤 방식으로 그리고 어느 수준까지 성도들을 목양할 것인가?

각각의 질문을 차례로 살펴보자.

첫 번째 질문: 어떻게 불신자들에게 다가가며 상처 입은 사람들을 도울 것인가?

익숙한 격언 하나가 있다. "고양이 가죽을 벗기는 방법은 다양하다!"(There are many ways to skin the cat!) 동일한 원칙이 불신자들에게 다가가는 문제에도 적용된다. 다음에 소개되는 접근방법 중 한 가지 방법을, 또는 더 나은 방법으로 소개되는 접근방법 중 여러 가지 혹은 모든 방법을 사용할 수 있다. 목회자는, 어떤 한 가지를 선택할 것인지 아니면 여러 가지를 선택할 것인지를 결정해야 한다. 다양한 접근방법을 선택한다면 어떤 접근방법에 더 많은 자원을 투입할 것인가? 가장 효과적인 다섯 가지는 예배, 전도 행사, 소그룹, 특별 프로그램, 지역사회와 다리 놓기 행사(community bridge building) 등이다.

예배

오늘날 교회는 예배 구조를 어떻게 기획할 것인가에 대해 현기증 날 정도로 수많은 옵션을 가지고 있다. 구도자 중심의 예배를 드릴 것인가, 전통적인 예배를 드릴 것인가, 현대적인 예배를 드릴 것인가? 포스트모더니즘에 익숙한 사람들을 주 대상으로 삼을 것인가 아니면 X세대를 주 대상으로 삼을 것인가? 성도들을 즐겁게 하는 예배를 드릴 것인가? 이 외에도 다양한 옵션이 있다.

나는 교회 개척을 준비하는 사람들에게서 종종 전화를 받는다. 그러면 보통 그에게 개척하려는 교회에 대해 설명해 달라고 요청한다. 그 사람의 설명을 들은 후에 그가 개척하려는 교회의 성격에 상관없이 긍정적으로 반응하며 다음과 같은 진부한 후속질문을 던진다. "그 전략의 하부구조는 어떻게 됩니까?" 불행하게도 대부분이 꿀 먹은 벙어리가 되어 아직 아무런 세부 전략을 수립하지 못했음을 인정하고 만다. 물론 핵심은, 모든 전략은 그 전략의 하부구조를 가진다는 것이다. 특정한 길을 선택하면, 그와 동시에 가지 않기로 결정한 수많은 길이 있게 마련이다. 이는 선택한 모든 행동의 이면에 선택하지 않기로 결정한 많은 행동이 있다는 의미다.

다음 장에서 특별히 '상반되는 논쟁점에 대한 어려운 결정'이라는 주제에 관해 이야기할 것이다. 그러나 여기서 간략하게 말하자면, 상반되는 선택들(모던한지 포스트모던한지, 전통적인지 현대적인지, 구도자 중심적인지 신자 중심적인지)은 일반적으로 대조되는 약점들을 갖고 있다. 목회자는 자신이 고려하는 모델이 어떤 것이든 상관없이 대표적으로 다음과 같은 질문을 던져 볼 필요가 있다.

- 누구를 위해 예배를 기획하는가?
- 소그룹 전략을 실행에 옮길 것인가?
- 평신도 지도자들을 어떻게 양성하고 훈련시킬 것인가?

- 언제 그리스도인들이 교육을 받을 것인가?
- 공적인 예배에 참여할 수 없는 성도들을 위한 대안을 수립할 것인가?
- 전형적인 가족이 가정의 기능을 안정적으로 유지하면서 일주일에 몇 번 까지 교회 활동에 동참할 수 있는가?

우리에게 주어진 시간이라는 파이는 통째로는 아주 크지만, 우리는 이것을 다양한 방식으로 나눌 수 있다. 그러나 모든 시간의 조각은 하나의 가치를 위해 온전히 사용되어야 한다. 그러므로 하나의 가치를 위해 온전히 사용될 시간의 조각은 다른 중요한 가치에 중복하여 투자할 수 없다. 하부구조가 없는 전략 선택은 있을 수 없다. 문화, 즉 전도의 대상이 되는 사람들의 특징적인 인구통계학적 자료들과 교회 지도자들이 가진 은사는 전략을 결정하는 데 중요한 두 가지 요소다.

예배와 성도들을 온전히 무장시키는 사역에 높은 가치를 둔다고 주장하는 교회 개척자들은 그들이 견지한 전략이 실제적으로 성도들이 교회 안에서 그런 가치들을 경험하도록 만들어 주고 있는지 확신할 수 있어야 한다. 또한 그 전략은 불신자들에게 전달하는 차원에서나 오늘날의 현대 문화에 부합하는 차원에서 효과적이어야 한다. 어떤 전략을 선택하든지 절대로 실용주의적인 열망이 신학적인 가치들을 유보하도록 만들어서는 안 된다. (심지어는 잃어버린 자들에게 다가가는 문제와 같은 숭고한 가치에 대해서도 실용주의적인 열망이 앞설 수 있다.)

건전한 성경적 예배는 불신자들의 참석에 민감하고 그들이 이해할 수 있는 언어를 주의하여 선택하며, 하나님의 말씀을 믿는 성도들뿐만 아니라 불신자들에게도 적용될 수 있도록 단순화하고 창조적으로 적용하여 불신자들에게 다가갈 수 있다. 단체로 드리는 예배는 성도들을 위해 기획된 것이다. 그러나 진정으로 드려질 때 불신자들에게 도전이 될 수 있고, 그들이 계속 참여하고 싶도록 만들 수 있다.

하나님은 때로 택하신 자들을 하나님의 말씀과 하나님의 백성들에게 지속적으로 접촉하게 하여 양떼를 자신의 우리 안으로 이끄신다. 담임 목사와 목회 리더십팀에게 가장 큰 도전거리는 교회 공동체 안에서 최신 유행하는 성공지향적인 프로그램을 찾아내는 것이 아니라 섬기는 교회에 대한 하나님의 비전을 이해하는 것이다.

전도 행사

전도 행사라 함은 성도들이 믿지 않는 사람들을 초청하기 쉬운 전 교회적인 행사를 말한다. 많은 교회가 불신자들이 교회에 출석하기에 가장 용이한 크리스마스나 부활주일에 전도 행사를 갖는다.

지난 장에서 언급한 것처럼, 우리 교회는 해마다 지역사회에 거주하는 불신 친구들이나 주민들이 교회로 찾아와 궁금한 점을 질문할 수 있게 하는 연구 포럼을 개최하는데, 질문하는 사람들의 솔직함과 진지함에 우리는 무척 놀라곤 한다. 질문하는 사람들을 존중하고(즉, 친근하고 위협적이지 않은 분위기를 만들고) 정직한 답변을 해주려고 노력하는 것으로, 많은 사람이 그리스도를 따르는 제자가 되거나 정기적인 예배 출석자가 되는 것을 나는 매번 목격했다. 이 연구 포럼에 대해 더 많은 정보를 원할 경우에는 우리 교회의 웹사이트(www.perimeter.org)를 이용하기 바란다.

소그룹

성도를 온전하게 무장시키고, 서로 책임져 주는 관계를 형성하는 데 소그룹보다 나은 환경은 없다. 따라서 소그룹은 불신자를 구원하는 탁월한 통로가 된다. 소그룹은 (소그룹에 불신자를 초청함으로써) 복음 전도적인 모임이 되거나 각 성도들이 살고 일하고 노는 일상의 선교 현장으로 그들을 파송하는 무장 기지(equipping stations)가 될 수도 있다.

특별 프로그램

사람들이 공통적으로 씨름하는 위기상황을 접촉점으로 삼는 것은 불신자들에게 다가서는 효과적인 방법이라는 사실이 입증되었다. 알콜 중독과 약물 중독, 에이즈, 암, 위기 임신(crisis pregnancy, 뜻하지 않은 임신- 편주), 사랑하는 사람의 죽음, 이혼과 같은 문제를 겪는 사람들을 위한 프로그램은 모두 다 어려움에 처한 사람들을 돕기 위해 고안되었으며, 그들에게 그리스도를 소개할 더할 나위 없이 좋은 기회가 된다.

우리 교회의 부교역자였던 밥 번스(Bob Burns)가 고안했고 현재는 전국적으로 잘 보급된 프로그램인 "새로운 출발"(Fresh Start)은 불신자들에게 다가가는 문제에 관한 한 대단한 사역도구로 입증되었다. 별거와 이혼의 고통을 경험한 사람들이 주말 세미나에 초대된다. 세미나를 마치고 나면, 그들은 "제네시스"(Genesis)로 알려진 후원그룹의 구성원들과 지속적으로 매주 한 번씩 만나는 모임에 초대된다. 그 프로그램은 그저 "필요를 찾아 채워 주라"는 격언을 적용한 것이다. 그러나 그들이 필요를 고백할 때, 그들의 가장 깊은 필요를 채우실 수 있고 채워 주실 유일하신 하나님이 소개된다. 이런 특별 프로그램들은 잃어버린 사람들을 찾아 나서는 데 가치 있는 도구들이다.

개인적인 무장사역

여기서는 성도들이 다른 사람들을 향해 효과적인 사역자가 되기 위해 다음 두 가지 중요한 영역의 훈련을 경험할 필요가 있다고만 말해 두자.

1. 성도들은 목회자들이나 교회 지도자들이 영적인 삶의 훈련을 실행하며 특별히 개인적인 관계의 기초 위에서 다른 사람들에게 전도하는 모습을 보아야 한다.
2. 우리는 성도들이 반드시 온전하게 무장되고, 격려 받고, 제자도의 영역에서 자신들의 진보를 나타낼 주된 통로의 일부로서, 다른 사람들에게 자신의 믿음을 전하길 기대해야 한다.

진정으로 이기는 교회가 되기를 원한다면, 이 두 가지 영역에 대해 의식적으로 선포해야 한다.

지역사회와 다리 놓기 행사

지역사회 구성원들이 삶의 현장에서 느끼는 필요를 채워 주는 것은 분명히 위에서 언급한 '특별 프로그램'의 일부분이면서, 지역사회와 다리 놓기 행사의 일부분이기도 하다. 교회의 창립 25주년을 기념하기 약 2년 전, 우리는 두 번째 사반세기를 준비하면서 어떤 영역에서 교회의 사역을 조정할 필요가 있는지를 깨닫기 원했다.

우리 교회의 당회원들은 내가 변화가 필요하다고 생각하는 부분이 있다면 그것이 얼마나 급진적이든 상관없이 어떤 권고라도 해달라고 요청했다. 내가 거의 대부분 '우리 자신을 힘없는 자들과 잃어버린 자들을 위해 내어주는 것'에 관한 의견을 나누었을 때, 부교역자 중 한 사람이 "목사님, 이 책을 꼭 읽어 보세요. 이 책에 목사님이 말씀하신 바로 그 내용이 들어 있어요"라고 말하며 책 한 권을 건네주었다. 그러한 계기로 나는 이미 앞에서 소개한 로버트 루이스가 저술한 책 『거부할 수 없는 영향력을 가진 교회』를 접했다. 로버트는 경험에 기초하여 명확하게 우리 교회를 포함한 모든 교회가 배워야 할 내용을 전달한다. 팀 켈러(Tim Keller)의 책 『긍휼사역』(Ministries of Mercy)과 함께 로버트의 책은, 우리가 살고 일하고 노는 지역사회를 향해 다리를 놓으려는 우리 교회의 미래전략을 수립하는 데 도움을 주었다. 그 다리 놓기 전략은 우리가 말뿐 아니라 행동으로도 사람들의 필요를 채워 주려는 목적을 갖고 있다.

따라서 문화에 기초한 전략을 형성할 때 답변해야 하는 첫 번째 질문은 "어떤 방법으로 그리고 어느 수준까지 불신자들에게 다가가고 상처 입은 사람들을 도울 것인가?"이다. 어느 전략을 선택하든지 불신자들에게 다가가는 것이 명백하게 최우선순위를 차지하게 하라.

두 번째 질문: 어떻게 새가족을 하나님의 가족으로 동화시킬 것인가?

사람들을 하나님의 가족 안으로 끌어들이는 다양한 방법이 존재한다. 하지만 전략을 **선택**하는 것보다 더 중요한 것은 아마도 모든 사람이 이해할 수 있고 신뢰할 수 있는 전략이 **존재**하느냐의 문제인 것 같다. 동화전략이라는 것이 단순히 사람들을 교회에 등록시키는 것이라 여길 필요는 없다. 동화라는 것은 두 가지 측면을 통해 이루어지는데, 그 하나는 교회에 새롭게 출석하는 사람이 관계적으로 교회 안에 있는 다른 성도들과 연결되는 것이고, 또 다른 하나는 그들이 기여할 가치가 있다고 느끼는 사역지에서 사역의 주도권을 갖게 하는 것이다. 이 두 가지 다 도전적인 과제일 수 있다.

부분적으로는 오늘날 우리가 살아가는 사회가 너무 빠른 속도로 진행되기 때문에 깊이 있는 관계를 형성하는 것이 쉽지 않지만, 많은 사람이 그런 관계를 제공하는 것이 교회의 책임이라고 말한다. 그러나 사실은 그렇지 않다! 개인적인 관계를 형성하는 것은 성도 개개인의 책임이다. 오늘날 정서적으로 불안한 사람이 자신이 그렇게도 사랑하고 흠모하는 배우자에게서 사랑받지 못한다는 느낌을 받는 것은 흔한 일이다. 과거에 경험한 관계들이 여전히 스스로 사랑받지 못한다고 믿게 만든다. 따라서 다른 사람이 어떠한 사랑을 표현하든지 그 사랑을 받아들이지 못한다. 마찬가지로 새로 출석한 교회에서 사람들을 만날 기회가 제공되지만 그 기회들이 깊이 있는 인간관계를 자동으로 보장해 주는 것은 아니다. 개인적인 불안에 근거하여 발생하는 문제들에 더해, 현대인들의 바쁜 일상이 관계를 형성하는 데 걸림돌로 작용한다. 척 스윈돌은 이런 유명한 말을 했다. "분주함이 관계를 파괴합니다"(*Killing Giants, Pulling Thorns*에서). 그의 말은 진실이다. 개인적인 불안에 근거하여 발생하는 문제를 어떻게 해결하느냐와 무관하게, 의미 있는 관계를 형성하기 위해서는 엄청난 시간의 투자가 필요하다.

이 모든 것은 다음 한 가지 사실을 뒷받침해 준다. 교회의 지도자들은 새가족이 관계를 형성하는 것이 어렵다고 말할 때 자괴감에 빠지지 말아야 한다. 그러나 여전히 서로 관계를 맺어가는 것이 가능한 한 수월하도록 만들어 줄 전략을 수립하는 것은 지혜로운 태도다.

규모가 다른 여러 그룹은 관계적으로 다양한 선택의 기회를 제공한다. 앞 장에서 설명한 것처럼, 그룹의 규모가 커지면 커질수록 교제의 기회가 더 많이 제공된다. 왜냐하면 사람들이 만나고 서로 관계 맺을 수 있는 선택의 폭이 더 넓어지기 때문이다. 그룹의 규모가 작으면 작을수록 상처받기 쉬운 이야기들까지도 나누고 서로를 돌보아주기 때문에 더 깊은 관계를 맺어갈 수 있다. 어쨌든 당신도 경험해 보았겠지만, 소그룹에서 중그룹 정도(5-50명)의 규모가 관계를 형성하는 데 가장 유리하다고 알려져 있다.

우리가 활용할 수 있는 또 다른 황금률에 근거해 보면, 새가족은 다른 새가족들과 가장 잘 동화된다. 그룹이 형성되고 시간이 조금 흐르면, 한 그룹에 속한 사람들은 스스로 관계의 컵(relational cups)을 채우게 된다(특별히 여러 명의 어린 자녀를 둔 시기가 되었을 때). 그룹 구성원들은 새가족들에게 다가가려는 선한 의도를 가질 수 있지만, 오랫동안 지속되어 온 그룹들은 소위 '석화현상'(institutional neglect)이라는 것이 나타날 수 있다. 미소지어 주고 악수하는 일이 다반사로 일어나지만 새로운 관계를 맺을 만한 여유는 거의 없거나 전혀 없다. 그러므로 할 수 있는 한 최대로 노력하라. 오랫동안 지속되어 온 그룹의 장벽을 깨고 들어가는 것은 정말 어렵다. 지혜로운 전략은 지속적으로 새로운 그룹을 만들어

가는 것이다.

다양한 규모의 그룹을 제공하는 것에 더해, 다양한 유형의 그룹을 제공하는 것도 동화에 도움을 준다. 우리는 세 종류의 소그룹을 제공하면, 모든 사람이 자신의 필요를 잘 채워주거나 자신이 참여하기 원하는 그룹을 발견할 수 있다는 사실을 알게 되었다. 우리는 교제 그룹, 봉사 그룹, 양육(equipping) 그룹을 제공한다. 각 그룹은 그룹의 이름이 함의하는 요소에 집중하고, 다른 두 가지 요소에 대해서는 부차적으로 다룬다. 예를 들어, 봉사 그룹은 봉사하는 일에 집중하고 교제나 양육 부분은 부차적으로 여긴다.

우리 교회는 규모나 활동 면에서 다양한 교제 그룹을 제공한다. 교제 그룹은 강한 헌신을 요구하지 않지만 교회구성원으로서의 생활에 입문하는 자연스러운 통로를 제공한다. 우리 교회의 교제 그룹은 다른 많은 교회에서 장년 주일학교 강좌가 차지하는 역할을 감당한다. 각 그룹의 이름은 그룹의 정체성을 엿볼 수 있게 해준다. (자신이 사는 집 주변에서 모이는) 이웃사촌 그룹, (비슷한 연배에 속한 사람들이 모이는) 동년배 그룹, 가정연대 그룹 등이 여기에 속한다. 이 그룹들은 전체 교회생활에 참여하는 출발점으로 고안된 것이지 종착점은 아니다.

우리 교회의 섬김 그룹들은 세 가지 유형으로 나눌 수 있다. (1) 주말 예배에서 섬기는 사람들 (2) 교회 내부의 사역을 섬기는 사람들 (3) 우리가 살고 일하고 노는 지역사회 공동체에 존재하는 필요를 채우기 위해 섬기는 사람들. 각 그룹에는 모든 구성원을 목양적 관점으로 돌보는 '목자'가 있다.

우리 교회의 양육 그룹 가운데 가장 중요한 그룹은 '제자훈련팀'

(Discipleship Teams)이라 불리는 그룹이다. 각 팀에는 주일 아침마다 훈련을 받고, 코치의 지도와 돌봄을 받는 리더가 존재한다. 또한 각 코치는 부목사의 지도와 돌봄을 받는다.

세 가지 유형의 그룹이 모두 중요하다. 하나님은 인생의 다양한 시기별로 우리를 각각 다른 사역지로 부르셨다. 하나님이 주신 은사가 다양하다는 사실은 각 개인에게 가장 적합한 기회를 찾는 일이 필요하다는 사실을 확증해 준다.

이미 언급했듯이, 교회의 사명에 기여한다는 느낌을 갖는 것은 교회에 동화되는 지름길이다. (특별히 한 사람의 영적 은사, 재능, 관심에 합당한) 사역을 쉽게 발견하도록 해주면, 교회 인으로 들어가는 데 장애가 되는 걸림돌이 줄어든다. 사역에 속해 동료 성도들과 일하는 것은 지속적인 관계를 맺는 최상의 길이다.

우리 교회는 성도들이 동화되도록 돕기 위해 '연결점'(Connecting Points)이라 부르는 것을 소개한다. 이 연결점들은 교회에 출석하는 대부분의 성도들이 관계를 맺고, 교회의 사명에 기여할 기회를 발견하는 주된 통로가 어떤 것인지를 확실히 보여 준다.

우리가 소개하는 연결점들은 다음 여섯 가지 중요한 요소로 구성되어 있다.

1. 주말예배에 참여하십시오.
2. 교회에 등록하십시오.
3. 사역에 동참하십시오.
4. 소그룹에 참여하십시오.

5. 페리미터교회의 양육 코스를 들으십시오(이 양육 코스에 대해서는 앞으로 설명해 드릴 것입니다).
6. 페리미터교회의 리더십 훈련 코스를 들으십시오(그리고 계속되는 훈련을 통해 사역의 리더십을 감당하십시오.)

이 목록은 우리 교회의 전략에 녹아 있는 계획성과 발달 단계를 나타낸다. 계획이 이끌어 가는 교회는 새가족들을 하나님의 가족 안으로 동화시키기 위한 구체적인 전략을 가지고 있다.

세 번째 질문: 어떻게 하나님의 백성들에게 성경적 진리를 가르칠 것인가?

몇 해 전에 우리 교회는, 당시 이스턴 칼리지(Eastern College)의 학장이던 로베르타 헤스테네스(Roberta Hestenes)를 초청해 소그룹 세미나를 열었다. 강의 내용 중 내가 결코 잊을 수 없는 한 가지는, 그녀가 현대의 교회 성장 운동이 다음 세대들이 모이는 교회에 끼친 영향력을 두려워한다는 부분이었다. 그녀의 질문은 이것이다. "오늘날 유행하는 교회 모델을 선택할 때 성도들은 언제, 어디서 성경을 배웁니까? 성도들은 어디에서 이사야서를 배웁니까?" 이 얼마나 도전이 되는 말인가!

이런 염려에 대한 수많은 대답이 존재한다. 이제부터 소개할 네 가지 처방은 이 절박한 필요에 대해 우리 교회가 취한 가장 전략적인 반응들을 요약해 준다.

설교

많은 목회자, 특히 개혁주의 전통의 신학적 배경을 가진 목회자들은 성도들을 교육하는 통로로 거의 설교 강단 하나만 사용한다. 이 전통이 가지는 강점은 성경에 최고의 권위를 부여하며, 성령의 역사하심에 의존하는 것이다. 그러나 이미 살펴보았던 것처럼, 성경은 (내가 삶대 삶이라고 부르는) 관계적인 상황 속에서 진리가 전달되는 데 더 높은 가치를 부여한다.

심지어 우리가 설교에 높은 가치를 둘 때도 하나님의 말씀을 설교하는 일은 효과적일 수도 비효과적일 수도 있다는 사실을 인정해야 한다. 무엇을 전하고, 어떻게 전하느냐는 모두 유효성 여부를 결정하는 데 중요한 몫을 차지한다.

하나님의 말씀이라는 진리가 목회자의 설교 재료라는 사실을 인정하고 나면, 그 다음 우선순위는 설교의 목표를 정하는 것이다. 설교의 목표가 일차적으로 하나님의 백성들을 교육하는 것인가, 아니면 하나님의 백성들에게 도전하는 것인가? 아니면 두 가지 다이거나 다른 어떤 것인가? 그 설교가 구도자들을 위한 것인가, 어린 성도들을 위한 것인가, 성숙한 성도들을 위한 것인가?

나는 설교의 목표가 모든 사람을 삶의 모든 영역에서 그리스도의 주재권 아래로 이끌어 오기 위해 하나님의 말씀이 영적순례의 다양한 단계에 있는 성도들의 삶에 연결되도록 전하는 것이어야 한다고 확신한다.

사역 초기의 약 10년 동안, 나는 설교의 목적에 대한 부적절한 이해에 기초해 설교했었다고 생각한다. 설교의 목적에 대한 이해의 변화가 가장 잘 나타난 곳이 아마도 1990년 7월의 어느 날 기록한 일기가 아닐까 생각한다.

설교할 때, 간헐적으로 개인적인 삶에 적용하면서 성경본문에 집중하면 하나님의 사람으로부터 배웠다고 확신하는 성도들의 그룹을 남길 것이다. 반면에 하나님의 진리를 개인적인 삶의 필요와 연결하면서 개인적인 삶에 집중하면, 하나님의 영으로부터 배웠다고 확신하는 성도들의 그룹을 남길 것이다.

내가 가진 설교에 대한 이해는 해돈 로빈슨(Haddon Robinson)의 가르침에 크게 영향을 받았다. 그는 이렇게 말한다.

삶을 변화시키는 설교는 성도들에게 성경에 대해 이야기하는 것이 아니다. 삶을 변화시키는 설교는 성경에서 출발해 성도들에게 그들 자신에 대해 (다시 말해, 그들이 가진 질문, 욕망, 두려움, 씨름거리에 대해) 이야기하는 것이다. 설교의 기초가 되는 원칙은 성도들이 성경본문을 이해하는 데 필요한 만큼의 성경적 정보를 제공하는 것이지 그 이상의 무엇이 아니다. 그런 다음 적용으로 넘어가라. 이런 철학을 가지고 설교에 접근할 때 부싯돌에 불이 튀게 된다. 어떤 사람이 가진 문제라는 부싯돌이 하나님의 말씀이라는 쇠붙이에 부딪히게 되고, 그 부딪힘을 통해 생긴 스파크가 그 사람의 마음에 하나님을 향한 열망의 불을 지피게 된다.[1]

나는 사람들이 너무나 자주 영적인 생명력보다 지적인 자극을 더 갈망하는 모습을 보면서 낙심한다. 분명 설교가 지적으로 도전이 되어야 하지만, 결코 지적인 도전이 눈에 보이는 유일한 목표가 될 수는 없다.

특별히 1970년대 초반 이래로, 설교에 대한 합당한 접근과 관련하여 많은 논쟁이 있었다. 내가 목회를 시작할 당시 내가 존경하던 인물들은 성경 각 권을 강해하는 것을 '가장 성경적인 접근'으로 옹호하던 이들이었다. 주제설교는, 받아들여지더라도 현저히 열등한 설교방법으로 치부되었다. 그러나 그런 결론을 내리기에는 설득력 있는 논증이 부족했고, 게다가 성경 권별 강해설교를 항상 하지는 않았던 찰스 스펄전 (Charles Spurgeon) 같은 과거의 위대한 설교자들의 예도 있었기 때문에 나는 회의주의자로 남아 있었다.

신학대학원에 재학중일 때, 내 시간의 약 3분의 1을 실천신학 공부에 투자했고, 커리큘럼의 약 3분의 1은 (성경본문을 한 구절씩, 한 구절씩 연속하여 공부하는) 성경신학에 할애했다. 나머지 3분의 1은 (성경 전체에서 관련 본문들을 뽑아내어 하나님 말씀의 주제를 공부하는) 조직신학에 집중되었다. 신학교 커리큘럼이 이렇게 구성되었기 때문에 오랜 세월이 지난 후에도 나에게 강해설교는 성경신학에 집중하는 설교요, 주제설교는 조직신학에 집중하는 설교였다. 내가 볼 때, 각각의 설교방법은 건전한 설교에 동등한 가치를 지니는 것 같다. 그 두 가지 방법은 서로를 더 강화한다.

설교의 세 번째 분류가 존재하는데, 사실은 두 가지 방법을 섞어 놓은 것이다. 아마도 주제별 강해설교라고 부를 수 있을 것이다. 주제별 강해설교의 예로, 바울 사도가 고린도전서에서 고린도교회의 성도들에게 이야기해야 했던 내용을 주해하면서 독신에 관해 설교하는 것을 들 수 있을 것이다.

어떤 설교자들은 설교방법 중 한 가지를 주로 사용함으로써 자신의 가르침이나 훈계의 은사를 가장 잘 드러낼 수 있다고 결론내릴 것이다. 하지만 나는 모든 설교방법을 즐겨 사용한다. 1년 동안 설교하는 내용을 분석해 보면, 약 25퍼센트는 강해설교에, 25퍼센트는 주제설교에, 그리고 50퍼센트는 주제별 강해설교에 할애한다.

나는 모든 교회가 제공하는 강의에 균형이 있어야 한다고 제안하고 싶다. 담임목사가 강해설교 위주로 가르친다면, 교회생활의 다른 측면에서는 하나님의 말씀을 주제별로 배울 기회를 제공해야 한다는 사실을 명심하라.

성도들은 종종 목회자들이 설교할 때 사용하는 접근법에 대해 불만을 갖는다. 그들은 자신이 새신자였을 때 특정한 설교법을 통해 아주 빨리 성장했었다는 사실을 잘 기억한다. 그리고 지금은 지속적인 영적 성장을 이루지 못하는 이유가 목회자가 다른 설교법을 사용하기 때문이라고 확신한다.

그런 결론은 불합리하다. 내 키는 평균이고, 내 아내와 가족들의 키도 평균이다. 나의 첫 아들 매트의 어린 시절을 되돌아보면, 그 아이도 평균 키에 머물 것 같았다. 그러나 그 아이가 열다섯 살이 되었을 때, 갑자기 이상할 정도로 키가 자라더니 185센티미터까지 자랐다(우리 가문에서는 크게 웃자란 것이다). 그리고 몇 년간 사람들은 계속 그 아이에게 물었다. "얘, 너는 어떻게 그렇게 키가 컸니?" 그 아이가 정확하게 대답하려면, "피자를 먹었어요"라고 말했어야 했다. 피자는 그 나이에 그 아이가 필요로 하는 전부였을 것이다(그리고 우리는 너무 자주 피자를 사주었다). 매트는 열다섯 살의 청소년이 피자를 주로 먹으면 모두 크게 자랄

거라고 쉽게 결론을 내릴 수 있었을 것이다.

그러나 우리는 진실을 안다. 진실은 우리 모두가 유전학적으로 어느 정도까지만 자라도록 묶여 있다는 것이다. 영양실조가 아닌 이상, 우리는 유전학적인 한계를 벗어날 수 없다. 사실 매트는 무엇을 먹든지 적당한 영양분을 섭취했다면 유전학적으로 정해진 키까지는 자라날 운명이었다.

마찬가지 원리가 하나님의 말씀을 섭취하는 데도 적용된다. 하나님의 말씀은 어떻게 전달되느냐에 상관없이 우리를 성장시킨다. 설교를 듣는 대부분의 청중에게는 자신이 선호하는 스타일이 있다. 그러나 각자 선호하는 스타일이 있다고 해서 다른 스타일이 무용지물이 되는 것은 아니다.

설교의 중요성에 대해 논쟁해 왔기 때문에, 나는 설교만으로는 하나님의 백성들에게 필요한 교육을 공급하는 데 충분하지 않으며, 설교가 저절로 하나님의 백성들에게 필요한 교육을 충분히 공급하는 것은 아니라고 주장한다. 하나님의 온전한 말씀(The Full Counsel of God)을 가르쳐 주는 몇 가지 다른 모임을 살펴보도록 하자.

강의

성도를 훈련할 때, 강의는 매우 다양한 용도로 사용된다. 그러나 가장 익숙한 용도는 아마 장년 주일학교일 것이다. 하나님의 말씀을 접할 기회라면 모두 가치가 있지만, 사람들은 대부분 장년 주일학교가 교육에 결코 이상적인 환경이 아니라는 데 동의할 것이다. 많은 성도가 일차적으로 관계적인 필요를 채우기 위해 장년 주일학교에 출석한다. 극소수의 성도들만이 주일학교 모임을 위해 집에서 기꺼이 예습한다. 여기에 더해 전형적인 주일학교 모임에 매주 폭이 넓고 다양하며, 영적으로도 다양한 청중들(열정적인 초신자, 성장에 대한 갈망이 없는 묵은 성도, 완전히 성숙한 제자)이 참여한다. 이런 조건 하에서는 아무리 최선을 다해도 질 높은 교육을 제공하기가 쉽지 않다. 이런 이유들은 왜 많은 성도가 일평생 장년 주일학교에 출석해 왔음에도 불구하고 성경적으로 무식한지에 대한 답이기도 하다.

숙제를 해오도록 기획된 선택 과정들은 성도들이 성경적인 지식을 얻도록 돕는 데 종종 더 나은 수단이 된다. 일주일에 한 번 모이는 방식이든 집중 세미나의 형식이든, 강의는 기독교의 성경적인 교육에서 가치 있는 역할을 감당할 수 있다.

소그룹

'무엇을 가르쳤나' 보다 실제로 사람들이 '무엇을 배웠나'를 기준으로 교육을 평가한다면, 소그룹은 교육을 위한 이상적인 모임으로 평가받을 것이다. 무한한 능력을 갖췄고 기꺼이 가르치려는 열정이 있는 교사들이 있다면 소그룹이 기준이 될 것이다. 그런 교회가 현실 세계 속에 존재하더라도, 극소수의 교회들만이 양성하여 파송한 교사들, 곧 다수의 소그룹 체계를 지탱해 줄 총명하고 은사 있는 전달자들을 충분히 보유한다. 그러나 오늘날에는 진리를 전달하기 위해 교사에게만 의존하던 때에 형성된 부담감들이 일부분 경감되었다. 연구서적들, 오디오테이프, 양질의 커리큘럼을 이용해 교회의 규모와 상관없이 소그룹에서 훌륭한 교육이 이루어질 수 있다.

성경의 각 권을 공부하든 그리스도인의 삶과 신학에 관련된 주제를 공부하든, 소그룹은 기독교 교육의 탁월한 통로가 될 수 있다.

개인 연구

나는 성경적인 진리를 배우는 단연 최고의 길은 '개인 연구'라고 생각한다. 개인 연구를 통한 배움은 규칙적인 개인 성경 연구뿐만 아니라 매일의 개인 예배를 통해서도 이루어질 수 있다. 나는 그간 참석했던 모든 세미나, 주일학교 강의, 성경 컨퍼런스, 신학교 강의를 통해 배웠던 것보다 '침대 옆 성경학교'에서 더 많은 것을 배웠다고 고백하곤 한다.

전도를 잘하는 법을 배우는 것과 같이, 성도들은 그들을 가장 잘 섬겨 주는 그리스도의 진리를 습득할 한 가지 주된 접근법이나 방법을 배울 필요가 있다. 그런 개인적인 예배와 연구 방법들을 익히는 과정은 성도를 온전하고 구비되어 조금도 부족함이 없도록 무장시키는 제자훈련 사역에 포함되어야 한다.

이상이 성경적인 진리를 배우는 다양한 많은 현장들 중 네 곳이다. 문화적으로 적절한 전략을 수립하기 위해서는, 어느 정도로 이런 수단이나 여타의 수단을 사용할 것인지를 결정할 필요가 있다.

네 번째 질문: 어떻게 성도들을 목양할 것인가?

어떤 방식으로 그리고 어느 정도로 하나님의 백성들을 목양할 것인가? 목회자들에게 목양에 대한 그들의 접근법이 무엇인지 질문해 보라. 그러면 그들은 대체로 잘 먹혀들지 않는 계획을 대체할 새로운 접근법을 설명할 것이다. 솔직히 성도를 목양하는 것은 양(羊) 보다는 고양이와 교제를 유지해 가는 것과 흡사하다. 성도들은 종종 성급하게 옮겨가고, 선뜻 나서지 않고 꺼리기 일쑤며, 너무나 성질이 고약해 귀엽다고 토닥여 주는 것조차 싫어할 때가 있다.

그러나 하나님은 이 과제를 기피할 그 어떤 핑곗거리도 허용하지 않으신다. 베드로는 하나님의 감동을 받아 장로들에게 다음과 같이 권면한다. "너희 중에 있는 하나님의 양 무리를 치되 억지로 하지 말고 하나님의 뜻을 따라 자원함으로 하며 더러운 이득을 위하여 하지 말고 기꺼이 하며 맡은 자들에게 주장하는 자세를 하지 말고 양 무리의 본이 되라"(벧전 5:2-3).

하나님은 히브리서 기자를 통해 우리에게 다음과 같이 진지하게 말씀하신다. "너희를 인도하는 자들에게 순종하고 복종하라. 그들은 너희 영혼을 위하여 경성하기를 자신들이 청산할 자인 것 같이 하느니라"(히 13:17).

합리적인 계획

그러면 교회는 성도들을 잘 돌보기 위해 어떻게 성도들과 지속적인 교제를 잘 유지할 수 있을까? 성공한 이들 중 대다수가 그랬던 것처럼, 과제를 달성하기 위해서는 계획이 필요하다. 그런 유효한 계획들은 지역에 따라, 연배 혹은 인생의 단계에 따라, 소그룹에 따라 그리고 다른 분류 범주에 따라 수립될 수 있다. 중요한 점은 돌봄의 범위가 합리적인 규모여야 하고, 목양을 책임진 지도자들이 과업을 달성할 만한 자질을 갖추고 잘 훈련된 신실한 자여야 하며, 목양하는 위치에 있는 사람들이 자신을 스스로 돌볼 줄 알아야 한다. 가능하면 목양 전략을 제자훈련에 가깝게 조율하는 것이 가장 이상적이다. (사실은, 제자훈련이 가장 순수한 형태의 목양이기 때문이다.) 그러나 현실적으로 교회 가족에 속한 대부분의 사람이 제자훈련 그룹에 속하지 않았을 것이다.

각 교회와 문화(인종적, 경제적, 지리적 상황)가 너무나 다르기 때문에, 여타의 그룹 분류 범주보다 더 탁월한 하나의 그룹 분류 범주를 제안하지는 않을 것이다. 그럼에도 불구하고, 나는 목양의 대상이 되기를 열망하는 교회 안의 모든 성도는 목양의 책임을 감당하도록 특별히 임명된 지도자와 관계를 맺어야 한나고 확신한다. 교회에 등록한 성도들은 예배와 교회의 사역에 참여해야 한다. 기꺼이 예배와 사역에 참여하기를 원하지 않는 성도들은 그들이 필요로 하는 더 성숙한 단계의 돌봄과 목양을 몰수당하는 것이 마땅하다. 등록교인이 갖는 의무와 특권에 대해 등록교인들에게 사려깊고 명확하게 전달해야 한다. [우리 교회는 웨스트민스터 사원에 모인 성직자들이 1600년대에 작성한 등록교인 서약(membership questions)을 사용한다. 이 서약에는 "교회의 예배와 사역에 참여하겠다"는 약속이 포함되어 있다.]

현재 우리 교회는 그런 식으로 사역을 구조화한다. 그래서 건강상의 이유나 특별한 상황으로 인해 소그룹에 참여할 수 없는 경우를 제외하고는(그럴 경우에는 특별한 돌봄이 제공되어야 한다) 모든 성도가 어떤 형태의 소그룹에든 참여한다. 교제 그룹이든 봉사 그룹이든 양육 그룹이든, 한 사람의 리더가 그 그룹의 지도자로 임명되어 그 그룹에 참여한 사람들을 목양하는 책임을 감당한다. 이것은 곧, 우리 교회의 모든 자원봉사자가 지도자의 돌봄을 받아야 한다는 것을 의미한다.

각 소그룹 지도자들이 목자들(어떤 사람들은 리더를 돌보는 목자를 코치 목자라고 부른다)에게 돌봄을 받는 것이 무엇보다도 중요하다. 그리고 규모가 다소 큰 조직이면, 코치 목자들도 목회자들[보편적으로 부교역자이거나 평신도 목회자(lay pastor)이다]에게 돌봄을 받아야 한다.

목양의 목표는 일상적인 돌봄(noncrisis care)이 어떻게 이루어졌는지를 평가하는 중요한 측정 기준들이다. 목양의 목표에는 다음과 같은 항목들이 포함될 수 있다.

- 교회의 '존재론적인' 가치들[예를 들어, 사랑, 온전함, 믿음, 진리]을 실행에 옮긴다.
- 훈련된 사람들을 성숙하고 무장된 그리스도의 제자에 대한 기준들(예를 들어, '하나님 말씀의 인도하심과 성령 하나님의 다스리심과, 그리스도의 사랑의 강권하심을 따라 살아가라')로 평가한다.
- 교회가 설정한 참여의 목표(예를 들어, 지속적인 예배 참석, 등록 교인으로서의 헌신, 소그룹 참여와 같은 것)를 충족시킨다.

교정중심의 목양(Corrective Shepherding)

교정중심의 목양은 궁극적으로 잘못에 빠진 성도들을 훈육하려는 교회 지도자들의 적극성만큼만 유익하다. 하나님은 필요할 때 사용하라고 '장로들에게 천국의 열쇠'를 주셨다. 천국의 열쇠는 때때로 회개하지 않은 성도들이 등록교인의 자격을 상실하도록 공동체의 문을 열고 쫓아낼 때 사용되어야 한다. ("이방인과 같이 여기라", 마 18:17). 널리 알려진 훌륭한 교회임에도 불구하고 얼마나 많은 교회가 이 은혜의 수단을 적용할 필요가 있는 사람들에게 실행하기를 주저하는지, 그저 슬플 따름이다.

성경적인 목양이 어려운 것임에도 불구하고, 일상적인 사랑의 돌봄과 관심에서부터 위기상황에서의 돌봄과 교회를 회복시키는 훈육에 이르기까지, 성경적인 목양은 엄중한 명령으로 우리에게 주어져 있다. 교회가 다시 한 번 이와 같은 노력으로 모든 책임을 제 것이라고 주장하면 좋을 텐데….

16_

효과적인 목회 계획의 내면 ❾

잘 개발된
목표와 계획

● ● ● 우 리 가 비 전 과 사 명 을 성 취 하 고 있 는 지
어 떻 게 알 수 있 는 가 ?

아마도 "어떻게 코끼리를 먹나요?"라는 질문을 들어보았을 것이다. 그리고 "한 번에 한 입씩"이라는 대답도 들어보았을 것이다. 우리는 효과적인 목회 계획을 수립하는 과정에서 우리의 비전을 관리하기 쉽고 한입에 먹기 쉬운 조각으로 만들기 위해, "하나님이 함께하시지 않으면" 이룰 수 없다는 믿음에 기초한 큰 규모의 비전 진술문을 더 작은 조각들로 나누어 왔다. 우리가 해온 방식은 다음과 같다.

• 비전 진술문을 "어떻게 우리의 비전을 성취할 것인가?"라는 질문에 대답해 주는 사명 선언문의 대지로 나눈다.

- 사명 선언문의 대지를 "어떻게 우리의 사명을 달성할 것인가?"라는 질문에 대답해 주는 SMART 목표들로 나눈다. SMART 목표란 **구체적이고**(Specific), **측정 가능하고**(Measurable), **성취 가능하고**(Attainable), **현실적이며**(Realistic), **마감시간이 정해진**(Time bound) 목표를 말한다. 이 목표에 대해서는 이 장의 'SMART 목표'라는 부분에서 다룰 것이다.
- 마지막으로, 각각의 SMART 목표를 구체적인 실행 계획, 일정, 책임, 자원, 예산으로 나눈다.

목표라는 것이 비성경적인가?

그리스도를 따르는 많은 신실한 제자들이 목표란 부적당한 도구라고 주장해 왔다. 그들은 이렇게 말한다. "목표는 하나님에 대해 가정하지만 하나님의 길이 아니라 인간의 길을 만들려고 추구한다. 목표는 성령을 통제하고 경우에 따라서는 성령을 소멸하려는 시도를 하기도 한다. 목표는 하나님을 제한한다."

반면에, 목표의 **부재**는 실제적으로 목표를 정해 놓은 것보다 하나님이 더 풍성하게 일하시지 못하도록 제한한다는 말도 일리가 있다. 아주 단순한 목표라 할지라도 목표는 한 사람이나 그룹을 움직이게 한다. 목표가 없으면 개인이나 그룹의 자동변속장치가 '주차'(P) 위치에 놓이게 된다. 딱 들어맞는 말은 아니더라도, 목표는 "주차된 차를 운전하는 것보다는 움직이는 차를 운전하는 것이 더 쉽다"는 격언이 사실임을 입증해 준다.

목표라는 개념은 분명 성경에서 낯선 개념이 아니다. 예수님도 헤롯의 위험성에 대한 경고에 반응하면서 이렇게 말씀하셨다. "너희는 가서 저 여우에게 이르되 오늘과 내일은 내가 귀신을 쫓아내며 병을 고치다가 제삼일에는 완전하여 지리라(개역개정판 난하주에는 "완전히 이루리라"로 해석하기도 하며, NIV는 'I reach My goal'로 번역한다 – 역주) 하라"(눅 13:32). 바울 사도는 빌립보서 3장 14절에서 인간의 궁극적인 목표에 대해 언급한다. "푯대를 향하여 그리스도 예수 안에서 하나님이 위에서 부르신 부름의 상을 위하여 달려가노라."

바울은 고린도전서를 마무리 지으면서 목표를 향해 나아가는 삶과 주님이 준비해 놓으신 것이 무엇이든 그것에 순복하려는 태도가 뒤섞인 모습을 보여 준다. 바울은 이렇게 기록한다. "내가 마게도냐를 지날 터이니 마게도냐를 지난 후에 너희에게 가서…이제는 지나는 길에 너희 보기를 원하지 아니하노니, 이는 **만일 주께서 허락하시면** 얼마 동안 너희와 함께 머물기를 바람이라 내가 오순절까지 에베소에 머물려 함은"(고전 16:5, 7-8, 강조는 저자의 것).

예수님은 자신을 따르는 백성들의 무리를 향해 말씀하시면서, 건축자가 건축을 시작하기 전에 비용을 계산하며 계획을 검토하고 마무리 짓지 못할 계획이라면 시작하지 않는 것처럼, 자신을 따를 때 치러야 할 대가를 먼저 계산하라고 도전하셨다(눅 14:25-33을 보라). 예수님은 전장으로 나가기 전에 승산이 있는지 점검해 보는 왕을 예로 드신다. 상황을 살핀 후에 이길 수 없다고 판단된다면, 그 왕은 상대편 군대가 멀리 있을 때 화친을 청할 것이다.

심지어 때로 목표 설정을 단념시키기 위해 인용되기도 하는 야고보서 4장 13-15절과 같이 유명한 본문도 실제로는 목표 수립을 격려하는 말씀이다. 이 본문은 목표 설정에 대해 곤혹스러운 공격을 가하는 것처럼 시작한다. "들으라 너희 중에 말하기를 오늘이나 내일이나 우리가 어떤 도시에 가서 거기서 일 년을 머물며 장사하여 이익을 보리라 하는 자들아 내일 일을 너희가 알지 못하는도다 너희 생명이 무엇이냐 너희는 잠깐 보이다가 없어지는 안개니라."

그러나 야고보는 이 본문을 마무리하면서, 심지어 목표 설정에 있어서 하나님의 뜻을 무시하는 그 어떤 태도도 꾸짖으면서—"너희가 도리어 말하기를 주의 뜻이면"—계획과 목표의 필요성에 대해 다음과 같이 인정한다. "우리가 살기도 하고 **이것이나 저것을 하리라** 할 것이거늘" (15절, 강조는 저자의 것).

목표 설정은 우리에게 믿음의 행위를 표현하게 하고, 믿음의 행위에 방향성을 제공한다. 목표는 그냥 과녁일 뿐이다. 목표는 하나님이 불러 주시는 대로 받아 적은 것이 아니다. 목표는 변경될 수 있고, 심지어 부끄러워할 필요도 없이 버릴 수도 있다. 우리는 우리가 세운 목표가 우리를 움직이게 한다는 사실을 결코 잊지 않지만, 하나님이 그 목표를 운행해 가시기를 전적으로 기대한다.

목표는 행동으로 옮길 무대를 마련하도록 돕는다. 『성공하는 기업들의 8가지 습관』(*Built to Last*)의 저자들이 책을 저술했을 때, 그들은 "진보를 자극하고…[그리고] 회사의 핵심 이념과 회사가 성취하고자 하는 발전 형태를 옹호하는 것"에 대해 비판적이었다.1 저자들은 우리가 이룬 진보를 평가하게 하면서, 더 나은 방향성과 목적을 가질 수 있도록 도와준다. 그들은 우리가 조직 내에서 앞서 계획하고, 그 계획을 공유하도록 도와준다. 목표가 없다면 사명에 연계된 사람들은 자신에게 무엇이 기대되는지 명확히 알 수 없다.

SMART 목표

목표는 궁극적으로 다음 질문에 답할 때 결정될 것이다. "우리가 우리의 비전과 사명을 성취하는 쪽으로 진보해 가는지 어떻게 알 수 있는가?" 목표는 고속도로변에 숫자로 표시된 거리 표지와 안내판처럼 우리가 어떻게 행하는지 나타내는 역할을 감당한다. 목표를 설명하기 위해 다섯 단어의 첫 글자를 딴 익숙한 단어 SMART를 사용하려고 한다. SMART라는 단어를 사용하는 것은 목표 설정이 도움이 된다는 확신을 주기에 좋은 방법이다. 목표는 구체적이고(Specific), 측정 가능하고(Measurable), 성취 가능하며(Attainable), 현실적이고(Realistic), 마감시간이 정해져 있어야(Time Bound) 한다.

구체적이어야 한다(Specific)

2장에서 우리는 지역교회가 성장하는 데 항상 영향력을 미치는 일곱 가지 요소를 살펴보았다. 그 다섯 번째 요소가 적절한 자산, 시설, 주차장이었다. 이 항목을 목표 설정의 예로 활용해 보자. 일단 그 요구사항들이 당신의 목회 상황에서 의미하는 바를 결정하고 나면, 당신은 현재 처한 상황에서 지도자들이 당신의 비전과 사명을 성취하는 데 적합하다고 동의할 그 계획으로 나아갈 점진적 단계들을 밟아야 할 것이다. 단순히 '큰 건물과 충분한 주차 공간'이라는 표현은 구체적인 목표로는 합당하지 않다.

요구사항이 무엇인지 그리고 이곳에서 그곳으로 어떻게 도달할 것인지를 결정해야 한다. 다시 말해, 구체적인 주차 가능 대수, 주방 시설을 포함한 교육 공간, 구체적인 숫자 이상의 사람을 수용할 수 있는 넓은 교제 공간에 대해 결정할 필요가 있다. 구체적인 목표를 수립하라. 그러면 명확히 달성할 것이다.

측정 가능해야 한다(Measurable)

동기, 추측, 기대는 모두 우리가 세운 목표의 측정 가능성을 토론할 때 더 명확해진다. 예를 들어, '연합'이라는 목표는 3년 내에 북동 애틀랜타 지역에 있는 100개의 교회와 파트너가 되고, 1년 내에 북서 지역에서 핵심이 될 만한 교회 하나를 찾아내는 것이다. 비전은 매년 달성해야 할 성장목표로 나뉘고, 매년 집행해 가면서 적절하게 수정하는 것이 중요하다.

성취 가능해야 한다(Attainable)

건강한 목표 설정에는 비전을 이행할 수 있는 단계로 표현하려는 의식적인 노력이 포함된다. 비전이라는 것은 그 개념정의에 따르면 선뜻 받아들이기 어려울 뿐만 아니라, 바라기는 '하나님이 함께하시지 않으면 실패할 운명에 봉착한' 너무나도 엄청난 것이라는 특징을 가지고 있다. 궁극적으로는 하나님이 모든 일을 이루신다는 사실을 한 순간도 잊지 않으면서도, "하나님이 진행하시는 중에 우리가 취하길 원하시는 다음 단계는 무엇인가?"라는 질문에 여전히 답해야 한다. 목표에는 우리가 실제로 취할 수 있는 구체적인 행동들이 포함되어야 한다.

현실적이어야 한다(Realistic)

현실주의자들은 종종 비관주의자라는 인상을 준다. 대체로 당회에는 적어도 한 명의 현실주의자가 존재한다. 이상주의자들로만 구성된 당회나 현실주의자들로만 구성된 당회는 무서운 조직이다. 건강하게 섞인 당회는 훌륭한 목표 설정을 향해 동역한다. 교회의 지도자 그룹에 속한 현실주의자들은 교회가 너무 큰 발걸음을 내딛지 못하도록 제한한다. 많은 목표가 현실적이지 않음에도 불구하고 성취 가능한 목표인 것처럼 묘사될 수 있다. 100퍼센트의 성도들이 십일조를 내는 것은 모든 성도가 십일조를 **낼 수도 있다**는 측면에서 성취 가능한 목표이지만, 현재 약 10퍼센트의 성도들이 십일조를 낸다면 현실적인 목표는 아니다. 그러나 현재 십일조를 내는 사람들을 20퍼센트까지 끌어올리는 것은 교회생활의 다양한 측면에서 측정 가능한 영향력을 행사할 것이다.

마감시간이 정해져 있어야 한다(Time Bound)

활동, 성장 그리고 진보는 거의 항상 공간과 시간 두 가지 모두로 측정된다. 건강한 영적 목표는 분명한 마감시간을 정할 것이다. "나는 그리스도 안에 있는 나의 믿음을 언젠가는 다른 사람들에게 나눌 것이다"라고 말하는 것과 "나는 이번 주에 그리스도 안에 있는 내 믿음을 어떤 사람과 나눌 것이다"라고 말하는 것 사이에는 엄청난 차이가 존재한다. 첫 번째 예는 목표에 대한 아주 조악한 변명이며, 불순종의 표현에 가까운 이야기다. 반면, 두 번째 예는 세상 속에서 역사하시는 하나님의 사역 한가운데로 자신을 이끌어 간다.

대부분의 사람이 목표란 단기간에 이루어야 할 것과 장기간에 걸쳐 이루어야 할 것을 모두 정해야 한다는 데 동의한다. 단기간의 목표는 매년 달성해야 할 목표이고, 장기간의 목표는 전형적으로 단기간의 목표를 달성하려는 노력을 포함한 3 내지 5년 동안 달성해야 할 목표라는 데 이견이 없는 것 같다.

당신이 섬기는 교회가 페리미터교회와 유사한 사명 선언문을 가지고 있고, 거기에 성숙하고 온전하게 무장된 그리스도의 제자들을 양성하는 것과 관련된 선언문을 포함한다면, 우리가 규정한 '제자'라는 용어의 정의에 동의한 후에 다음과 같은 단기 사역 목표와 장기 사역 목표를 수립할 수 있을 것이다.

- 5년 안에 50퍼센트의 성도들이 활동적으로 참여하는 제자훈련 사역을 개발한다.
- 12개월 안에 10개의 성인 제자훈련 그룹을 시작할 남녀 제자훈련 지도자들을 각 6명씩 찾아내 무장시키고 동원한다.
- 12개월 안에 10개의 고등학생 제자훈련 그룹을 시작할 남녀 제자훈련 지도자들을 각 6명씩 찾아내 무장시키고 동원한다.

제시한 예에서 볼 수 있는 것처럼, "어떻게 사명을 성취할 것인가?"라는 질문에 대한 답으로 복수의 SMART 목표가 존재하는 경향이 있다. 제시한 예에서 우리는 "성숙하고 온전하게 무장된 그리스도의 제자를 양성한다"라는 사명 선언문을 달성하는 것과 관련된 세 가지 SMART 목표를 만들어 냈다. 성인 사역 참여, 성인 리더십 개발, 다음 세대 리더십 개발과 관련된 SMART 목표 등이다.

누가 목표를 수립하는가?

모든 사람이 동의한 대답은 없지만 목회자가 목표 설정 과정을 시작하도록 허락해 주는 지혜는 있다고 믿는다. 먼저 기도하고 하나님의 마음을 구해야 한다. 여러 명의 부교역자가 있는 교회에서는, 다른 부교역자들과 자신의 의견을 공유해야 한다. (그리고 자신들의 구체적인 사역과 관계된 목표들에 대해 중요한 영향력을 행사해야 한다.) 장로들이 이끌어 가는 교회에서는 장로들이 최종적으로 승인해야 한다. 담임목사로서 나에 대한 평가는 부분적으로 내가 얼마나 목표를 잘 실행해 나가느냐에 달려 있다. 따라서 최종적으로 채택된 목표에 대해 동의하는 것이 중요하다.

SMART 목표를 성취하기 위한
구체적인 실행 계획, 자원, 예산

각 SMART 목표는 시간 계획과 책임 소재가 명확하게 구분된 구체적인 실행 계획으로 세분화된다. 나는 목표가 달성되어 움직이는 날로부터 역순으로 시간 계획을 편성하라고 제안한다. 구체적인 행동 계획이 펼쳐질 때, 적당한 시간이 배정되었는지, 수립한 목표가 실제적으로 성취될 수 있는지를 알 것이다. 이 과정을 통해 우리는 계획보다 일정이 많이 지연되는 것을 예방할 수 있고, 초기에 허술하게 세운 계획 때문에 갑작스럽게 시간 계획을 변경해야 하는 일들이 생기지 않게 한다. 다음에 소개하는 도표는 '지도자를 모집하고 선발하는 과정과 기준 확립' 전략에 필요한 행동 계획을 세우는 예다.

행동 단계	책임자	마감일
지도자를 모집하고 선발하는 기준에 대한 초안작업	밥 스미스	6월 5일
상위 감독자와 기준에 대해 협의	밥 스미스, 프레드 윌리암스	6월 10일
상위 감독자와의 합의에 기초해 기준을 수정	밥 스미스	6월 15일
상위 감독자의 점검과 확실한 승인	밥 스미스, 프레드 윌리암스	6월 20일
장년사역 지도자팀에 기준을 제시함	밥 스미스, 프레드 윌리암스, 장년사역 지도자팀	6월 25일

계획을 움직여 가는 또 다른 요소는, 계획을 성공적으로 실행하는 데 필요한 자원과 예산을 책정하는 것이다. 자원에는 전임사역자, 자원봉사자, 장비, 지급물품, 공간, 그리고 계획을 성취하는 데 필요한 다른 자원들이 포함된다. 교회의 필요에 따라, 예산에는 부교역자들의 생활비와 보험, 연금, 장비 구입비, 지급 물품 그리고 제반 경비가 포함된다.

계획은 일련의 과정이다

SMART 목표와 전략, 실행 계획을 수립했지만, 다음에 제시하는 다양한 이유 가운데 어느 하나로 인해 SMART 목표 중 하나를 달성할 수 없다는 사실을 깨달을 때, 아마도 계획에 대한 한 가지 핵심에 도달할 것이다.

• 시간 계획의 큰 그림을 그릴 때, 이미 설정된 시간의 틀 속에서는 그 목표를 달성할 수 없다는 사실을 깨닫는다.

- 예산을 수립할 때, 계획 속에 명시된 모든 활동을 지원할 만큼 충분한 재정이 없다는 사실을 깨닫는다.
- 계획을 수립하고 그 계획을 성취하는 데 필요한 사람들이나 다른 자원들을 파악하는 동안, 그 계획을 실행하는 데 필요한 자원이 없거나 그런 자원에 접근할 수 없다는 사실을 발견한다.

이런 상황이 발생하면 계획을 수정할 필요가 있다. 어떤 경우에는 목표 달성일을 바꾸는 것과 같이 단순한 수정일 수 있다. 그 프로젝트가 종합적인 사역 계획의 다른 한 측면을 달성하는 데 핵심적인 요소라면, 원래 설정된 날짜에 목표를 달성할 수 있도록 추가 인력과 재정적 지원을 보강하는 계획 수정이 필요하다.

계획 수립 단계에서 가장 큰 실패는, 누군가의 사무실 선반에 보관될 뿐 다음 계획 점검 주기가 될 때까지 다시 거들떠보지도 않는 문서를 만들어 내는 것이다. 계획이란 여행할 때 길을 안내해 주는 지도 같은 것이다. 이미 수립한 SMART 목표를 달성해 가는 중이라는 사실을 확인하기 위해서는 정기적으로 계획을 점검해야 한다.

수립한 계획을 평가하라

하부구조를 설계하고 성숙하고 온전히 무장된 제자들을 양성하기 위한 운영 계획을 수립할 때, 다음과 같은 질문들을 던져 보라. 그러면 전략적인 계획(목적, 비전, 가치, 사명, 제자에 대한 정의)에 반하여 행동하는 모든 것을 지속적으로 점검할 수 있다.

- 계획이나 과정의 구체적인 한 요소가 어떻게 우리가 규정한 제자의 정의를 이루어 내고, 성도들의 삶 가운데 **변혁**을 갈망하게 하는가?
- 사명 선언문을 성공적으로 실행에 옮긴다면, 그것이 우리가 수립한 비전을 성취하게 해줄 것인가?
- 수립한 계획들이 서로 하나 되어 역사한다면, 사명 선언문을 성취할 것인가?
- 성도들에게 개인전도, 선교, 지역사회 봉사에 대해 무장시키고 동원하고, 동기부여하고 책임을 지게 하는 일에 계획적으로 접근하는가?
- 이 계획은 교회의 명시적인 가치(stated values)와 조화되는가? 행하는 모든 일의 초점이 하나님께 영광을 돌리는 것인가?

고려해 보아야 할 다른 자원들

이 한 권의 책으로 목표 설정에 관한 모든 토론을 진행하는 것은 솔직히 불가능하다. 하지만 추가적인 연구를 위해 유용한 몇몇 탁월한 자료가 있다. 내가 탁월한 책으로 인정하는 것 중에 하나는, 앞에서 이미 인용한 제임스 콜린스와 제리 포라즈가 쓴 『성공하는 기업들의 8가지 습관』이다. 그 책에는 '크고 위대하고 담대한 목표'(Big Hairy Audacious Goals, 약자로 BHAGs)의 중요성에 대해 다루는 훌륭한 장이 있다. 두 저자는, 모든 조직은 과제를 성취할 책임을 지는 사람들의 마음속에 비전과 열정이라는 감각을 불러일으키는 적어도 한두 가지의 충분히 크고 충분히 터무니없기까지 한 목표가 필요하다고 주장한다.

그런 목표는 분명히 사람들에게 영감을 불어넣는다. 그러나 성도들의 입장에서는 목표 설정에 대한 동기가 단순히 깜짝 놀랄 만한 결과를 성취하는 데 있는 것이 아니라 필요를 채우는 데 있다는 사실을 분명히 해두는 것이 중요하다. 마찬가지로, 설정된 목표가 과거나 개인적인 선호에 기초하지 않는 것도 매우 중요하다. 하나님의 인도하심이 그 목표를 선택한 이유여야 한다. 즉, BHAGs 원칙을 적절하게 적용하면, 즉 우리가 가치 있다고 말하는 그런 비전이 갖는 특징(이 비전은 하나님이 함께하시지 않는 이상 필연적으로 실패하게 될 만큼 엄청난 비전이다)과 동일한 목표를 설정하는 과정으로 나아갈 수 있다.

또 하나의 유용한 자료는 제임스 쿠제스(James M. Kouzes)와 베리 포스너(Barry Z. Posner)의 『격려의 힘』(Encouraging the Heart)이라는 책이다. 목표 달성을 기대한다면, 목표를 설정하고 검토할 때 피드백이 중요하다고 강조한다. 쿠제스와 포스너는 목표만으로는 실행 노력에 약 24퍼센트 정도의 개선효과를 가져왔다는 스탠포드대학의 연구자료를 인용한다. 그러나 피드백이 더해졌을 경우에는 59퍼센트라는 경이적인 개선이 이루어졌다.[2] 이 결과는 상호 책임지는 관계(accountability)가 가진 힘을 통계적으로 간단히 확증해 준 것이다. 부교역자들은 이전에 합의했던 목표에 비추어 현재의 실행을 측정하는 것이 공정한 평가 접근법이라고 입을 모은다. 이런 식으로 목표를 사용하는 것은 피드백, 격려, 개발이 초점이 될 때 특히 유익하다.

● ● ● 설정한 목표를 달성하는 데 필요한
구체적인 과제에 대한 시간계획은 적절한가?

이 장에서는 효과적인 목회 계획 구성에 필요한 마지막 요소를 다룬다. 각 구성요소는, 그 자체로는 단순해 보일 수도 있고 특별한 통찰력이 없어 보일 수도 있다. 그러나 모든 구성요소가 한데 어우러질 때, 이열 가지 요소는 당신 자신과 당신이 이끄는 리더십팀에 투자하는 노력과 자원을 하나님이 주신 비전을 성취하는 데 집중시키는 수단이 될 것이다.

이 장에서 다룰 마지막 요소는 평가 시스템이다. 가족여행을 해보았는가? 그리고 자녀들이 10분 간격으로 "아직 도착 안 했어요?"라고 질문하는 것을 경험해 보았는가? 이 질문은 "계속 달려가는 거죠?"라는 내용을 어린아이의 수준에서 표현한 것이다.

명확한 평가와 보고 시스템은 "하나님이 우리에게 주신 비전을 성취해 가고 있는가?"라는 질문에 교회가 대답하게 만든다. 목회 계획을 수립할 때, 계획의 다른 부분을 명확히 하는 것처럼, 평가와 보고 시스템도 명확하게 수립하기를 바란다.

적절한 측정 기준을 가지고 있을 때 벌이는 토론이 더 생산적이다. 계획을 수립하기 위해 벌이는 토론은 주관적인 견해이기보다는 경험적인 데이터에 기초한 것이기 때문이다. 설득하는 대신 객관적인 데이터로 상황을 평가하게 하여, 비전을 성취하는 길을 지속해 가는 데 필요한 조치를 취하게 할 것이다. 언젠가 우리 교회의 장로 한 분이 자신이 경영하는 사업체에서 가장 기초가 되는 원칙은 '측정할 수 없는 것은 관리할 수 없다'는 말이라고 이야기해 주었다.

평가와 보고 시스템을 개발할 때 고려해야 할 세 가지 핵심적인 요소가 있다.

- 무엇을 얼마간의 주기로 평가할 것인가?
- 누가 책임지고 평가할 것인가?
- 결과는 어떻게, 누구에게 보고될 것인가?

사역을 평가할 핵심적인 측정 기준을 수립할 때, 다음 두 가지 질문을 던져 보라. 그 측정 기준이 가치 있는 것인지 아닌지를 판단하는 훌륭한 시금석이 될 것이다.

- 이 정보를 통해 무슨 결정을 내릴 수 있는가?
- 이 정보를 수집하는 데 지불된 비용만큼 가치가 있는 정보인가?

주의사항 및 제한사항

어떤 독자는 내가 회사를 경영하는 것처럼 교회를 운영해야 한다고 주장하는 것처럼 여길 수도 있다. 나는 사역이 사업이 아니라는 사실을 명확하게 이해한다. 그러나 오랜 세월에 걸쳐 검증된 원칙을 교회현장에 적용하는 것은 하나님이 주신 비전을 성취하는 과정에 도움이 되리라고 믿는다.

효과적인 평가 시스템 덕분에 페리미터교회는 여러 해 동안 지속적으로 발전하였다. 우리는, 성도들의 삶에서 일어나는 성장과 교회 공동체 안에서 일어나는 변화는 하나님이 주신 비전에 순종하려는 삶을 추구할 때 은혜를 베푸시는 하나님과 직접적인 연관성이 있다는 사실을 깨달았다. 하나님이 여러 해 동안 어떻게 일해 오셨는지 살펴보는 것은 큰 격려가 될 것이다.

변화: 흥분의 기회인가? 좌절의 기회인가?

사람들은 변화에 저항한다. 그 저항이 변화 그 자체를 심사숙고하여 내린 결정인 경우는 거의 없다. 사람들은 단순히 변화를 싫어하기 때문에 변화에 저항한다. 따라서 변화관리에 대해 알아두면 유익하다. 나를 아는 많은 사람이 이 주제에 대해 글을 쓰려는 내 생각을 알고 웃는다. 내가 이제서야 갈망하는 어떤 변화에 대해 이렇게 생각하기에는 너무 늦다는 것을 기꺼이 인정한다. 또한 천성적으로 변화에 저항하는 조직을 이끌어 가도록 다른 사람들을 돕는 것이 나에게는 건강하고 도전적인 일이자 동시에 미칠 정도로 좌절하게 만드는 일이라는 사실도 인정한다. 내가 "주여 나로 인내하게 하소서.…지금 이 순간!"이라는 전통적인 기도를 하지는 않지만, 그 과정은 내 안에 인내심을 길러 준다.

나는 변화를 시작하고 관리해 주는 한 가지 단순하고 검증된 방법이 있다는 말을 하고 싶다. 심지어 하나님이 주신 비전이라도 그 비전을 가장 온전한 수준으로 실행하지 못하도록 방해하는 저항과 장애물에 직면할 수 있다. 변화에 어떻게 접근해야 하는가에 대해 일반적인 원칙들이 존재하지만, 변화를 시작하기에 가장 합당한 수단이 무엇인지를 결정하려면 각 상황을 평가해 볼 필요가 있을 것이다. 이어지는 토론을 통해 배울 내용이지만, 변화에 대해 아주 공식적인 과정을 통해 커뮤니케이션해야 할 때가 있다. 그리고 그 공식적인 커뮤니케이션을 통해, 비전과 변화를 개인적으로 그리고 전 교회적으로 흥분과 열정과 참여를 불러일으키는 방식으로 전달해야 할 때가 있다. 그러나 때로는 선명한 캠페인(high-profile campaign) 없이 조용하게 변화를 소개해야 할 때가 있다.

변화는 모든 사람에게 어려운 것이기 때문에, 교회의 지도자들은 지속적으로 기도하면서 예상되는 변화를 기도에 반영할 필요가 있다. 리더십팀은 개인적으로 그리고 그룹으로 변화를 위해 기도해야 한다. 변화가 선명한 캠페인을 통해 시작된다면, 중보기도팀에 기도요청을 해야 한다. 심지어는 변화 과정에 힘을 실어주기 위해 특별 기도팀이나 특별 기도행사를 고려해 볼 수도 있다.

변화 실행 계획의 또 다른 핵심 요소는, 지도자가 변화를 실행하도록 이끌었던 상황을 제시하는 것이다. 지도자가 제안한, 변화의 필요를 느꼈던 환경에서 어떤 중요한 전환이나 성경적인 위임이 있었을지도 모르기 때문이다.

눈에 아주 잘 띄는 변화(High Visibility Changes) 관리

우리는 모두 다 교회 안에서 일어나는 일들 중 다음과 같이 눈에 아주 잘 띄는 변화들에 익숙하다.

- 새 건물, 시설 확장이나 수리
- 새로운 장소로 예배당 이전
- 전 교회적 조직구조의 변화. 예를 들어, 소그룹을 활용하거나 전체 회중을 지역 단위로 혹은 이웃 중심으로 재편성할 수 있다.
- 모교회 성도들을 토대로 형성하는 새 교회의 개척
- 기독교 학교의 시작
- 성공하기 위해 예산과 재정적 자원을 집중적으로 투자해야 할 뿐만 아니라 부교역자, 평신도 지도자 그리고 회중의 전적인 헌신이 요구되는 새로운 사역의 시작

이런 변화들과 관련된 계획을 발표하고 시작하는 데 정해진 공식은 없지만, 다음 도표는 변화 과정에 대해 시각적으로 효과적인 설명을 제

공해 준다. 사려깊고 의도성 있는(intentional) 계획을 수립하면, 변화를 성공적으로 실행할 가능성이 더 높아질 것이다.

변화 과정

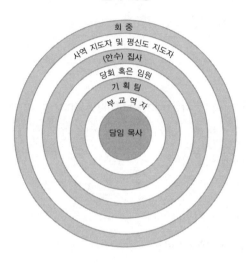

많은 경우, 변화 과정은 일반적으로 담임목사가 비전을 받거나 교회의 비전과 사명을 뒷받침하는 전략을 수립하고 나면 시작된다. 담임목사는 자신의 아이디어를 명확히 하고 정제하기 위해 부교역자와 핵심 지도자들과 아이디어를 공유할 수도 있다. 그런 다음 그 아이디어를 해당 리더십 그룹에 보고하고, 그 그룹은 실행이라는 단계로 나아가기 위해 그 아이디어를 검토하고 새로운 정보를 추가한다.

다음 단계는 공유하기 원하는 커뮤니케이션의 수준에 따라 그 프로젝트의 다양한 '이해당사자'를 위한 의사소통 계획을 수립하는 것이다. 의사소통의 목적은 변화가 일어나는 데 필요한 상황을 전달하고,

피드백과 정보를 요청하고, 그들의 후원을 얻어내는 데 있다. 가능한 한 변화 과정에 이해당사자들을 빨리 연계시켜 그들에게 정보를 제공하고, 아이디어를 형성할 기회를 주면, 그들은 주도권을 쥐고 그 변화를 시작할 것이며 그 변화의 열렬한 옹호자가 될 것이다.

조용한 변화 관리

분명, 변화에 대해 그 어떤 주의도 끌지 않고 조용히 변화를 이뤄가는 것이 최선의 변화 관리일 때가 있다. 나는 변화를 인식한 사람이 극소수일 때, 그들을 주도하려고 하다가 오히려 더 심한 저항에 자주 직면했었다.

변화는 많은 사람에게 아주 어렵게 느껴지기 때문에, 때로는 가능하다면 오래된 사람들의 주도권을 빼앗지 말고 그냥 새로운 주도권을 추가하는 형식을 취하는 것이 가장 좋은 변화 관리다. 여기서 핵심은 '가능하다면'이라는 부분이다. 어떤 경우에는 새로운 프로그램이 옛 프로그램과 공존할 수 없다. 그러나 그것이 가능한 경우도 있다.

건물이 (수상 가옥 따위의) 각주(脚柱) 위에 지어지는 강어귀에서 들은 이야기다. 습기가 많은 환경은 각주들을 빠른 속도로 부식시킨다고 한다. 그러나 그곳 사람들은 오래된 각주를 교체하는 대신 새로운 각주들을 그냥 추가한다. 오래된 각주들이 부식되고 물이 들고나면서 오래된 각주들은 결국 떠내려가 버린다. 마찬가지로 새로운 프로그램이 성공하는 동안 오래된 프로그램들이 자연적으로 고사되도록 내버려 두는 것이 가장 현명한 선택일 때가 있다.

나는 변화 그 자체를 위해 변화를 옹호한 적은 결코 없었다. 나는 우리가 정말로 "이것이 하나님께 영광을 돌리는 일인가?"라는 기준에 비추어 당면한 변화 기회들을 지속적으로 평가해야 한다고 말했다. 그러나 변화라는 주제에 대해 생각하면서, 오늘날 교회에서 직면하는 가장 성가신 문제를 이 대화에 포함시키지 않는 것은 나의 태만함이라는 생각이 들었다. 나는 오늘날의 교회 안에 소비자 중심주의가 지속적으로 대두되는 것을 보고 놀랐다. 아니, 사실은 깜짝 놀랐다. 이런 생각은 여러 해 동안 나를 사로잡았다. 이해를 돕기 위해 내 생각의 일부분을 소개한다(내가 일기에 기록했던 내용이다).

나는 여전히 교회 안에 존재하는 소비자 중심주의의 증가세가 가속화되는 데 깜짝 놀란다. 나는 거의 매일 어떤 형태나 모양으로든 소비자 중심주의를 다루어야 한다. 잃어버린 세상은 이 장난감에서 저 장난감으로, 이 관계에서 저 관계로, 이 갈망거리에서 저 갈망거리로 옮겨다니며 만족을 추구한다. 우리는 오직 그리스도만이 그 빈 공간을 채우실 수 있다는 사실을 안다. 많은 그리스도인도 세상 사람들과 별반 다를 바가 없다. 장난감, 관계, 갈망거리가 교회의 프로그램, 사역, 경험, 새로운 성경적 가르침으로 대체되었을 뿐이다. 그러나 오직 우리의 삶에 쌓인 그분의 영광을 드러내시는 그리스도만이 온전한 만족을 가져다 주실 수 있다. 목회자로서 나는 종종 성도들의 만족을 유지시키기 위해 '성도들의 필요를 채우는' 프로그램, 사역, 가르침을 제공하는 일을 계속해야 한다는 압박감을 느낀다. 그리고 마침내 이런 일에 진저리가 났다. 아내가 훌륭한 친구임에도, 아내가 불만족한 상태에 처했을 때 남편이 느끼는 것과 같은 그런 느낌을 종종 받는다. 여러 해 동안 나를 좌절시켜 온 수많은 소비자의 역설(Consumer Paradox)

몇 가지를 소개한다.

- 사람들은 뭔가 새롭고 신선하고 흥분되는 것을 원한다. 하지만 변화를 원하지는 않는다.
- 사람들은 관계가 깊어지기를 원한다. 하지만 관계가 깊어지는 데 필요한 시간을 투자하고 싶어 하지는 않는다.
- 사람들은 깊이 있고, 흥미롭고, 적실성 있고, 예화가 탁월한 설교를 원한다. 하지만 동시에 설교가 짧고 간단하기를 원한다.
- 사람들은 더 많은 서비스가 제공되기를 원한다. 하지만 그 섬김의 일부분을 감당해 달라는 요구는 거절한다.
- 사람들은 더 많은 커뮤니케이션을 원한다. 하지만 더 많은 정보를 제공하기 위해 준비한 특별한 모임에는 참석하지 않고, 집으로 배달되는 우편물과 이메일에 반응하지 않는다.

이런 항목은 끝없이 이어진다.

이런 전후 관계 속에서 지도자는 잠재적인 유익과 손실을 계산하며 변화를 시작하기에 적합한 때가 언제인지 분별해야 한다. 사람들은 대부분 손해보지 않는 변화를 원한다. 그러나 전에도 말했듯이, 어떤 한 사안에 대해 "예"라고 말하는 것은 다른 많은 사안에 대해 의도적으로 "아니오"라고 말하는 것이다. 변화는 언제나 그에 동반되는 손실을 전제한다. 많은 지도자가 사역이 지속적으로 성공하느냐 마느냐를 결정 짓는 중요한 시점에 이르렀을 때조차도 예상되는 손실에 압도당해 종종 변화를 시도하지 않으려 한다. 변화를 주의 깊게 평가하여 손실보다 유익이 많고 대다수가 변화를 통해 유익을 누릴 것이 분명하다는 결론이 내려진다면, 지도자는 그 변화를 이끌어 가야만 한다. 소비자 중심의 문화에서 살아가는 것은 도전을 불러일으킨다. 그러나 그런 도전거리들이 하나님이 부르신 지도자들에게 이끌어야 할 변화의 책임을 면제해 주지는 않는다. 그 변화가 교회를 향해 강력하게 공격해 오는 문화적 조류에 역행하는 것 같아 보일지라도 말이다.

여러 해 동안 나는 이런 기도를 드렸다. "하나님, 제가 변화를 이끌어 가는 동안 듣는 비판을 넉넉히 받아들이도록 당신 안에서 충분히 안전하게 하시고, 변화를 통해 얻을 유익과 손실을 분별할 만큼 지혜롭게 하여 주옵소서. 주님, 당신의 영광을 드러내는 변화를 이끌어 가는 데 참여할 특권을 주셔서 감사합니다. 사랑합니다."

평가와 변화 관리 – 투자 가치

평가 계획을 개발하고 실행하는 데 투자하는 시간은 엄청난 배당금을 안겨 줄 것이다. 효과적인 평가는 어떤 것이 잘 가동되는지, 어떤 개선이 필요한지를 알게 해줄 것이다. 효과적인 평가를 통해 얻은 정보는 계획을 개정하는 지침이 될 것이다.

이 글을 읽으면서 당신이 처음 보이는 반응은 변화 관리 과정을 짧게 하거나 심지어 건너뛰어 버리는 것일지도 모른다. 그러나 이 퍼즐의 마지막 조각이 있어야 비로소 목회 계획이 완성 단계에 도달할 수 있다. 이제 실행에 초점을 맞출 수 있고, 하나님이 성도들 안에서 그리고 성도들을 통해 일하시면서 변혁적인 교회로 변화시키시는 것을 두 눈으로 직접 보는 스릴을 경험하기 시작할 것이다. 다음 장에서는 이 여행을 시작하면서 분명히 직면할 몇 가지 어려운 선택에 초점을 맞출 것이다. 의기소침해지지 말라. 하나님은 비전을 주실 때 그 비전을 달성할 수 있는 수단도 함께 주실 것이다. 그러므로 조금만 더 힘을 내라!

18_

어려운 선택

목회 계획을 수립하는 것은 어려운 결정을 내리는 가혹한 실행이다. 아마도 바로 이 부분이 극소수의 사람들만이 목회 계획을 수립하려고 시도하는 주된 이유일 것이다. 의식적으로 또는 무의식적으로 목회자들과 교회 지도자들은 목회 계획을 수립하기 위해 항해해야 하는 위험한 바다를 피한다. 그러나 나는 목회 계획을 수립하는 항해가 아주 시간을 투자할 만한 가치가 있는 일이라고 믿는다.

나는 여러 해 동안 교회를 이끌어 오면서, 대부분의 결정이 상반되는 논쟁을 야기하기 때문에 선택이 어렵다는 사실을 깨달았다. 가장 어려운 선택은 상반되는 가치나 우선순위의 연속선상에서 이루어지며, 대부분의 교회에는 양 극단을 지지하는 사나운 성도들이 존재한다.

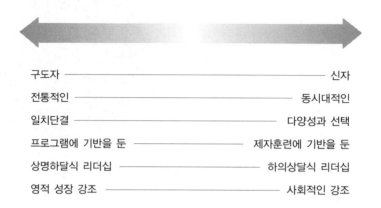

구도자 ———————————— 신자
전통적인 ———————————— 동시대적인
일치단결 ———————————— 다양성과 선택
프로그램에 기반을 둔 ——————— 제자훈련에 기반을 둔
상명하달식 리더십 ———————— 하의상달식 리더십
영적 성장 강조 ———————— 사회적인 강조

유익만을 안겨 주는 선택을 내리는 경우는 아주 드물다. 위에서 제시
한 여러 가지 예 중에서 '일치단결'이라는 초점과 '다양성과 선택'이
라는 초점의 연속선을 예로 들어 보자.

'효과적인 전도'에 대해 생각할 때 즉각적으로 어떤 선교 단체가 떠
오르는가? 대부분 C. C. C.가 떠오를 것이다. 왜 C. C. C.는 그런 효과적
인 전도로 유명해졌는가? 크게 보았을 때 C. C. C.가 단 하나의 목표에
초점을 맞추었기 때문이다. C. C. C.에 속한 모든 사람은 '사영리'를 사
용해야만 한다. 다른 어떤 방법도 허용되지 않는다. 다양한 개인전도
방법과 관련해서 그 어떤 선택의 자유도 존재하지 않는다. 어떤 방식을
선호하느냐와 관련해서도 구성원들의 선택은 고려되지 않는다. 결과적
으로 많은 사람이 C. C. C.에 참여하지 않기로 결정한다. 심지어 많은
사람이 C. C. C.의 편협함에 대해 비판한다(좀더 우호적으로 이야기한다면
C.C.C.는 일치단결된 초점을 가지고 있다고 말한다).

C. C. C.는 자신들이 사용하는 수단과 관련하여 단 하나의 수단에 초점을 맞춤으로써 전도에 대해 아주 강해지기로 선택했다. 동시에 그들은 구성원들의 개인적인 필요나 욕망은 고려하지 않기로 선택했다. 그들은 C. C. C.가 지금까지 쌓아 온 실적에 대해 강한 확신을 가지고 있기 때문에, 개인적으로 C. C. C. 밖에서 자유롭게 사용하는 개인적인 복음 전도 방식을 주장하는 사람들을 주저없이 격려한다.

강점과 약점

연속선상의 어느 쪽으로 움직이든지 강점이 발생하는 경향이 있다. 동시에 연속선상에서 발생하는 모든 강점은 그 반대급부로 생기는 약점을 가진다. 동시대적인 표현에 대한 강조가 강하면 강할수록 전통적인 표현을 기대하고 선호하는 사람들에게 어필하는 부분은 약할 것이다. 프로그램에 강한 기반을 둔 조직은 모든 사람에게 합당한 구조를 제시할 것이다. 그러나 성도 개개인을 위한 제자훈련의 질은 약해지는 경향이 생길 것이다.

많은 선택을 그렇게도 어렵게 만드는 것은, 좋은 것과 나쁜 것 사이에서 선택해야 하는 것이 아니라 좋은 것과 가장 좋은 것 사이에서 선택해야 하기 때문이다. 좋은 것은 가장 좋은 것의 적이 될 수 있다. 그리고 많은 사람이 영적으로 가장 좋은 것보다 영적으로 좋은 것을 더 좋아한다. 때때로 교회는 좋은 것을 제공하지 않으면 왕성한 사기가 꺾이거나 성도를 잃어버리지만, 가장 좋은 것을 제공하지 못하면 하나님의 나라에 큰 손해를 끼칠 수 있다. 그리고 교회가 동시에 좋은 것과 가장 좋은 것을 제공하는 경우는 극히 드물다. 따라서 교회는 성도들이 그냥 좋은 것이 아니라 가장 좋은 것을 추구하려는 열정적인 욕망을 개발하지 않는 한 결코 잠재력을 최대로 발휘할 수 없다.

한 방향 정렬

한 방향 정렬(Alignment)이라는 용어는 페리미터교회가 좋아하는 말이다. 우리 교회의 수석부목사는 모든 구성원이 지속적으로 한 방향 정렬이라는 용어를 생각하도록 만들었다.

『성공하는 기업들의 8가지 습관』이라는 책이 내린 한 방향 정렬의 정의를 사역이라는 상황에 접목하면서, 우리는 한 방향 정렬을 분명히 하기 위해 다음과 같이 정의한다. 한 방향 정렬이 되면 "사역의 모든 요소가 교회의 핵심 이념이라는 배경과 교회가 달성하고자 하는 유형의 진보라는 범위 안에서 일제히 함께 일한다." 1

어려운 질문

한 방향 정렬은 그저 어떤 것이 한 사람의 비전에 반하지 않는가를 결정하는 것이 아니다. 한 방향 정렬은 어떤 사역이든지 그 사역이 비전을 후원하고 진보시키는가를 판단하게 한다. 따라서 "이 활동은 좋은가?"라는 질문을 던지는 것이 아니라 "이 활동은 우리의 이념과 사명에 지속적으로 부합하는 최선의 것인가?"라는 질문을 던져야 한다. "이 활동이 우리의 사명과 비전으로 우리를 더 가까이 이끄는가, 아니면 더 멀어지게 하는가?"라는 질문도 던져 보아야 한다.

주일 아침에 모이던 장년 공동체가 TEAMS에 기초한 교회로 변화되기 위한 교회의 노력을 향상시킬 것인지 방해할 것인지를 결정해야 했을 때, 우리는 그런 어려운 질문에 봉착했다. 우리가 내린 결론은 공간이 추가로 마련될 때까지, 장년 공동체가 사용하던 공간을 목양과 제자 훈련을 감당하는 사람들을 위한 리더십 훈련을 위해 양보하는 것이었다. 그렇게 인기 있는 결정은 아니었다.

그러나 그 결정은 분명히 우리의 비전과 '한 방향 정렬된' 결정이었다. 시간과 공간의 제한 때문에 그런 결정이 불가피했다. 나중에 새로운 건물을 마련한 후에, 우리는 성도를 온전하게 무장시키는 훈련 사역의 우선순위를 타협하지 않고 장년 공동체를 위해 다시 장소를 제공할 수 있었다. 성도들이 목회 계획을 더 많이 이해하고 수용할수록 이런 어려운 결정들을 뚫고 나가기가 점점 쉬워진다. 명확한 사명과 비전이 없을 때는, '좋은 것'을 외면하기가 더 어렵다.

한 방향 정렬 과정

한 방향 정렬을 결정하기 위해 목적, 비전, 사명, 목표, 필요한 자원과 더불어 해당 활동을 규정하는 것이 중요하다. 그런 다음 교회의 지도자는 이전에 논의되었던 질문을 던져 보아야 한다. "이 활동이 교회의 이념(비전과 핵심 가치)과 부합하는가? 그리고 이 활동이 교회의 목표를 성취하는 데 기여하는가?" 이 모든 것을 고려하고 나면 결정을 내려야 할 시간이다. 때로 어려운 결정을 내려야 할 시간 말이다.

지금까지 이야기한 모든 것에 더해, 현대 교회 특히 미국에 있는 교회들은 소비자 중심주의에 몰두해 있다. 사람들은 개인적인 선택을 자신들의 삶에서 최상의 권위로 간주하는 경향이 있다. 복종은 종종 우리가 원하는 것을 할 수 있는 '권리'에 반(反)한다는 이유로 쉽게 거부당한다. 이런 소비자 중심주의는 그리스도의 교회를 이끌어 가야 할 지도자들의 선택을 더 어렵게 만든다. 오늘날 사람들은 무엇이 필요하냐보다 무엇을 원하느냐를 더 많이 생각한다. 그리고 그 둘 사이의 간격은 급속하게 벌어진다.

'실제적인' 필요

사람들이 자신이 진정으로 필요로 하는 것에 기초하여 교회를 선택한다면, 대부분 다음과 같은 기준으로 교회를 선택할 것이다.

- 하나님의 영광에 대한 열정
- 견고한 성경신학
- 제자 삼는 사역에 대한 헌신과 훈련
- 제자훈련에 대한 헌신과 실제적인 제자훈련
- 교회 훈련에 대한 헌신

그러나 사람들은 대개 다음과 같은 것을 제공하는 교회에 끌린다.

- 재미있는 설교
- 영감 있는 음악
- 즐겁고 편리한 프로그램

미국에서 급성장하는 교회 중 한 군데를 담임하는 나의 친한 친구가 전국적인 기독교 잡지에 자신이 목양하는 교회 성도들의 심리상태를 표현한 글을 실은 적이 있었다. 그는 이렇게 말했다. "우리는 우리의 신학을 바꿀 수 있고, 그렇게 하더라도 아무도 신경 쓰지 않습니다. 그러나 음악을 바꾼다면, 교회는 둘로 나뉠 것입니다."

회중적인 패러다임

따라서 아마도 목회자들과 교회 지도자들이 내려야 할 가장 큰 결정은, 어느 한 쪽을 선택해야 한다면, 다음의 두 사역 대상 중 어느 쪽을 선택하느냐의 기반이 되는 가치와 관련된 것이어야 한다.

첫 번째 모델은 아래의 그림으로 표현할 수 있다.

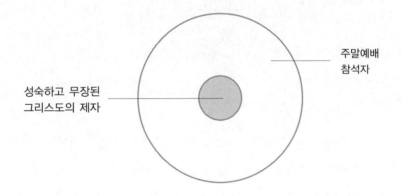

성숙하고 무장된
그리스도의 제자

주말예배
참석자

첫 번째 모델은 어떻게 해서든지 성도들이 원하는 것을 제공해 주는, 그리고 아마도 그것이 좋은 것이라고 말하는, 지역사회에서 가장 유명한 교회다. 이런 교회는 종종 버드 윌킨슨(Bud Wilkinson)이 주말에 경기장에 모여든 미식축구 관객을 묘사한 유명한 표현과 흡사하다. "운동장에서 경기하는 스물두 명은 절박하게 휴식이 필요하고, 관중석에서 있는 5만 명은 절박하게 운동이 필요하다." [하워드 헨드릭스(Howard hendricks) 교수는 이 이야기를 하면서, "지역교회를 정확하게 묘사한 말이다!"라고 결론 내렸다.] 이 모델은 분명히 소비자를 즐겁게 하려는 정서에 잘 들어맞는다. 그러나 그것이 하나님을 기쁘시게 하는가?

다음 그림은 성도들이 원하는 것이 아니라 성도들의 필요에 좀더 초점을 맞춘 두 번째 접근법을 나타낸다(어떤 것이 성도들에게 최상의 것인지를 설명해 준다).

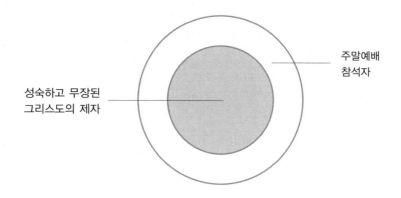

바깥 원은 앞의 그림보다 크지 않지만, 안에 있는 원은 훨씬 더 크다. 이것은 제자도나 교회 사역의 질이 좋으면 좋을수록, 출석성도 수와 등록교인의 수가 점점 더 줄어든다는 말이 아니다. 그럴 수도 있지만 말이다.

거의 25년 전에 부교역자와 제직 수련회를 시작한 이래, 지금까지 계속 나는 이 두 사역 대상 그룹을 우리 교회의 지도자들 앞에 내어 놓았다. 그때도 이렇게 말했고, 지금도 이렇게 말할 것이다. 우리는 성숙하고 무장된 그리스도의 제자를 양성하는 데는 덜 효과적이지만, 우리 교회를 좀더 재미있는 교회로 만들어 줄 결정을 내릴 수 있다. 그러나 내가 선택한 모델은 분명히 두 번째 유형의 그림이다. 이상적으로, 우리가 우선적으로 교회의 성도들을 건강한 영적 성장(질)으로 인도해 가는 것에 기초해 결정을 내리는 동안, 주님은 풍성한 (양적) 성장을 허락하셨다.

패러다임과 어려운 결정: 어떤 그룹에 우선권을 둘 것인가?

제자훈련에 기초한 목회 계획을 수립하기로 결정했을 때, 소수였지만 교회 성도들 중 중요한 핵심 그룹들의 영적 성장이 눈에 띄게 빨라졌다. 그러나 리더들을 효과적인 제자훈련 사역자로 무장시키기 위해서는 제자훈련을 교회의 최고 황금 시간대에 배정하여 주요 리더들을 훈련시킬 필요가 있었다.

이미 언급한 것처럼, 이것은 우리 교회가 주일 아침에 사용할 수 있는 공간이 제한되어 있고 리더들의 수도 한정적이기 때문에 장년 주일학교를 중단할 필요가 있다는 의미였다. 이 결정은 다루기 힘든, 인기 없는 선택이었다. 그러나 우리는 그 결정을 고집했다. 왜냐하면 우리가 수립한 목회 계획과 명확하게 한 방향 정렬이 되는 결정이었기 때문이다. 이 결정을 통해 우리는 교회의 지도자들과 사용가능한 공간을 활용해, 주중에 성도들을 제자훈련시키고 목양할 평신도 지도자들을 무장시킬 수 있었다. 결국, 그 선택이 지혜로웠다는 것을 결과가 입증해 주었다.

이 결정에 더해, 우리는 제자훈련에 대해 더 집중된 초점이 필요하다고 느꼈다. 그래서 처음 몇 해 동안 우리는 제자훈련팀에 투자되어야 할 지도자나 훈련 자원을 빼앗아가려고 경쟁하는 그 어떤 유형의 소그룹도 줄이기로 결정했다.

그 결과 성도들의 영적 성장은 놀랍도록 향상된 반면, 성도들 대다수의 만족도는 떨어졌다. 그 다음 몇 년간 교회 안에 만연했던 성도들의 불만 때문에 교회 내부의 교제는 줄어들었고, 페리미터교회에서의 신앙생활은 예전 같지 않았다.

몇 년 후, 제자훈련이 우리 교회에 견고히 뿌리를 내린 후에, 우리는 다른 유형의 그룹들이 (우리 교회의 가장 가치 있는 양육 사역의 건강을 위협하지 않으면서도) 제자훈련으로 안내하는 깔때기 역할을 할 수 있다는 확신을 가지고 다른 유형의 그룹을 개설할 수 있게 되었다.

패러다임과 어려운 결정: 어린이와 청소년을 위한 예배를 제공할 것인가?

교회의 지도자들이 선택하기 힘든 또 다른 예는, 어린이와 청소년을 위해 특별히 기획된 예배가 있어야 한다는, 부모들과 어린 자녀, 청소년 자녀들이 느끼는 필요와 관계된 것이다. 교회의 지도자들이 스스로 물어야 할 질문은 "청년대학생들에게 최선의 것은 무엇인가?"이다. (우리는 확실히 그들이 원하는 것을 안다. 그러나 그들의 필요는 무엇인가?)

당신은 이 문제점에 대해 어떤 태도를 가지느냐에 따라 어려운 선택을 할 것이다. 당신은 그런 편의를 도모하는 예배는 건강하지 못하다고 믿을 수도 있다. 당신은 그런 편의를 도모하는 예배를 통해, 장년 예배에는 한 번도 참석하지 않았거나 부모님들과 예배를 한 번도 드리지 않은, 그래서 자신들이 선호하는 스타일의 음악과 예배가 아니기 때문에 대학생 시절과 장년기를 지나는 동안 교회와 갈등을 겪을 고교 졸업생들이 배출되는 것을 본다. (나는 최근에 유명한 강사가 이 문제에 대해 이야기하는 것을 들었다. 그는 장년 예배에 참석하지 않고 청소년 예배에 참석한 청소년들이 대학에 들어간 후에 낙심할 확률이 더 높다고 말했다. 그가 근거로 삼은 자료가 무엇인지는 모르지만, 나는 그것이 사실일 거라고 생각한다.) 이것이 사실이라면, 우리는 어렵고 인기 없는 결정을 내릴 수 있을 것이고, 그런 결정이 교회의 젊은이들 사이에 더 건강한 사역을 잘 만들어 낼 것이다. 그러나 결코 매력적인 결정은 아니다.

지도자들이 이미 언급했던 두 종류의 사역 대상 그룹 중에서(오직 두 가지 사역 대상 그룹만이 선택사항으로 주어져 있다) 어떤 그룹을 선택하느냐를 결정하기까지 두 마음을 가진 상태가 유지될 것이다. 동시대성의 문제는 실제적이며 반드시 다뤄야 한다. 다른 말로 하면, 이 시대를 살아가는 사람들은 자신이 느끼는 필요가 충족되기를 기대하고 요구한다. 교회의 지도자들은 '떠나겠다'는 협박 때문에 모든 요구를 수용하는 쪽으로 양보하려는 유혹에 저항해야 한다. 그러나 성도들이 느끼는 필요를 부정하는 것은 현대 세계와 동떨어진 교회를 만들 가능성도 있다.

다시 한 번 말하자면, 교회에 출석하는 성도나 등록교인들이 원하는 것보다 그들이 느낄 수 없는 필요들을 먼저 채워주기로 결정하는 것이 교회가 더 천천히 성장하는 쪽을 선택하는 것은 아니다. 그럴 수도 있지만 말이다. 우리가 성도들의 성숙에 대해서는 무관심한 채 단순히 큰 교회가 되기를 원했다면, 지금까지 내린 결정과는 다른 수많은 결정을 내렸을 것이라고 여러 해 동안 이야기해 왔다. 그러나 주의하라. 질적인 부분에 우선순위를 두는 것을 양적으로 성장하지 못하는 변명거리로 삼지 말라. 밭이 희어져 추수하게 된 지역에 위치한 건강한 교회는 성장할 것이다.

피할 수 없는 비판

계획이 이끌어 가는 교회를 목양하고자 하는 열정을 가진 목회자라면, 비판 받을 준비를 하라. 많은 평신도가 앞에서 이야기한 모든 내용을 이해하지 못할 것이다. 그들은 자신이 본 것이 모든 염려의 명백한 해답이라고 주장하며 당신에게 도전할 것이다. 그러나 그들은 자신이 선택한 결과가 어떻게 전개될지 알지 못한다. 우리는 알아야만 한다. 따라서 가치의 선택과 관련된 모든 결정에는 많은 기도와 상담이 필요하다. 그런 다음 교회를 위해 최선의 선택을 했다는 확신을 가진 이상, 한 방향을 유지해야 한다. 동시에 연속선상에 위치한 지점에서 나쁜 선택을 내렸다는 사실을 자각한다면, 겸손히 그것을 인정해야 한다.

죽음을 맞이하거나 살아 있는 동안에 주님이 재림하신다면, 나는 내가 주님의 몸된 교회의 목회자로서 감당해야 할 의무 이행에 신실했었는지를 질문하고 싶다. 그날이 이르렀을 때, 내가 목양한 교회의 규모나 다른 어떤 성공의 기준이나 다른 아무것도 문제가 되지 않을 것이다. 그때까지 그리스도의 신부를 최대한 아름답게 준비시키는 일을 통해 하나님께 영광을 돌리는 것이 나와 모든 교회 지도자들의 열정으로 남아 있어야 한다. 우리는 그 결과로, 오직 그 결과로만 만족해야 한다.

19_

복음 전도

이 장과 다음 장에서는 이 책이 소개하는 다른 모든 내용의 기저에 흐르는 두 가지 열정을 다룬다. 마태복음 28장 18-20절의 대위임령을 살펴보든지 사도행전 1장 8절에 소개되는 자신의 명령에 대한 예수 그리스도의 재진술을 살펴보든지, 복음 전도와 제자훈련에 대한 부르심은 의심의 여지 없이 분명한 것이다. 복음 전도와 제자훈련은 효과적인 목회 계획의 삐걱거리는 바퀴들이다. 이 두 바퀴에 윤활유를 발라주어야 한다. 성경적인 복음 전도와 제자훈련이 없는 목회 계획은 궁극적으로 실패할 운명에 처해 있다. 그런 계획은 보고서상으로는 훌륭해 보일 수 있고, 일대 소동을 일으키는 활동을 이끌어 낼 수도 있지만, 교회가 변혁적인 방식으로 하나님의 손에 쓰임 받도록 이끌지는 못할 것이다.

성도 개개인을 무장시키라

나는 모든 교회가 전도와 관련하여 성도들을 무장시킬 계획을 가지고 있어야 하며, 적어도 성도들이 개인적으로 자신의 믿음을 나눌 수 있도록 무장시키는 방법 하나쯤은 가지고 있어야 한다고 믿는다. 성도들이 단순히 전문적인 복음 전도자가 전하는 복음을 듣게 하기 위해 믿지 않는 영혼을 교회로 '데려오는 사람'의 역할을 감당해 주기만을 기대하는 것은, 그들에게서 '영혼 구원자'로서의 특권과 의무를 빼앗는 것이다. 분명히 모든 성도가 복음 전도에서 무한한 결실을 맺게 하는 영적 은사와 천부적인 능력을 갖추고 있는 것은 아니다. 구제나 긍휼의 은사가 없는 그리스도인들도 구제하고 긍휼을 베풀어야 한다. 마찬가지로 모든 그리스도인은 자신의 믿음을 잃어버린 자들과 함께 나눌 수 있다. 각자의 접근법은 다르고 열매도 다양하겠지만, 모든 성도는 그리스도의 복음을 나눌 수 있다. 성도들을 무장하는 것은 교회 지도자들의 책임이다.

성도들이 적합하게 무장되고 전도 대상 그룹(개인의 명단이나 이웃, 아파트 주민, 사회적인 모임과 같이 규정할 수 있는 그룹)을 찾아내고 그들을 위해 기도하고 좋은 관계를 맺어 가도록 도전함으로써, 더 많은 열매를 기대할 수 있다.

페리미터교회에는 1년에 몇 차례 개설되는 '당신의 믿음을 표현하라'(X-PRESS Your Faith)라는 훈련과정이 있다. 우리 교회의 성도들은 제자훈련팀에서뿐만 아니라 이 훈련과정을 통해서도 증인으로 무장된다.

X-PRESS과정은 교회가 성도들에게 무엇을 기대하는지 요약하고 도구를 쥐어 준다. X는 그리스어 알파벳의 22번째 글자인 '키'(*Chi*)를 뜻하는데, 그것은 그리스도를 나타내는 그리스어 단어 '크리스투' (*Christou*)의 첫 글자다. 우리는 그리스도께서 항상 전면에 드러나셔야 한다고 강조하기를 원한다. 그런 다음 PRESS라는 단어의 각 철자가 나타내는 기도(Pray), 관계 맺음(Relate), 드러냄(Expose), 나눔(Share), 후원 (Sponsor)에 대해 설명해 준다. 성도들을 전도자로 무장시켜 가는 동안 우리는 성도들이 이 다섯 가지 모두에 대해 준비되도록 도와준다.

잃어버린 자들을 향해 효과적으로 다가서기 위한 여덟 가지 제안

페리미터교회는 복음 전도 훈련을 위한 특별한 계획과 방법론을 개발했으며, 이것은 오랜 시간의 검증과정을 걸쳐 증명되었다. 교회가 개최한 세미나에 참여하여 훈련을 받은 많은 목회자와 지도자가 우리 교회의 커리큘럼을 좀더 쉽게 구할 수 있게 해달라고 요청해 왔고, 그 결과 전도와 관련된 교재들이 곧 출판될 예정이다. 아직 교재가 출판되지는 않았지만, 자신이 목양하는 교회가 잃어버린 자들에게 효과적으로 다가서는 것을 보기 원하는 목회자들에게 여덟 가지를 제안하고자 한다. 이 여덟 가지 제안은 그리스도의 사랑을 경험하지 못한 상처 입은 사람들의 필요를 채우기 위해 긍휼한 삶의 방식을 드러내야 한다는 명확한 필요 이외의 것이다. 나는 이제 제시할 여덟 가지 제안이 적어도 당신이 섬기는 교회에서 복음 전도의 역할에 대해 생각해 볼 수 있는 틀을 제공해 주리라고 믿는다.

1. 당회(혹은 당회에 준하는 그룹)가 하나님의 백성들을 목양할 때, 잃어버린 자들에게 다가가는 사역을 최우선순위에 놓는 사역철학을 받아들이도록 이끌라.

비전을 잘 설정하는 것과 때때로 잃어버린 자들에게 다가가는 것이 갖는 가치의 중요성에 대해서는 아무리 강조해도 지나침이 없다고 생각한다. 나는 장로 훈련과 오리엔테이션 과정에서 가능한 한 극적으로 이 가치를 강조한다. 그러나 가장 중요한 것은 그들이 자신들의 목회자가 잃어버린 자들을 향해 열정을 가지고 살아가는 모습을 직접 보아야 한다는 것이다.

2. 성도들에게 당신이 섬기는 교회가 잃어버린 자들을 전도하는 데 높은 가치를 두고 있다는 사실을 다양하고 지속적인 방법으로 가르치라.

이것과 관련하여 내가 가장 잘 활용하는 것은 우리 교회에 등록하기를 원하는 모든 사람이 들어야 하는 '구도자 세미나'(Inquirer's Seminar)이다. 이 세미나는 주말에 모이며 페리미터교회에 대해 배울 수 있다. 주말 세미나를 통해 등록하기를 원할 경우에 그들은 우리 교회의 등록교인 세미나(Membership Seminar)에 참여할 수 있고, 그 후에 등록교인으로서 합당한지 여부를 파악하기 위해 장로들과 만난다. 이 첫 번째 세미나는 그들의 마음에 전도 마인드로 무장된 교회의 일원이 되는 것이 얼마나 가치 있는 일인지를 지워지지 않게 새겨 넣을 수 있는 기회다.

이 세미나에서 우리는 새가족에게 우리가 '페리미터교회의 세 가지 독특성'(The Three Distinctives of Perimeter Church)이라고 부르는 것을 소개한다. 세 가지 독특성 중 하나는 교회가 현존하는 문화와 동시대성을 유지하는 효과적인 전도를 감당하는 것과 연결된다. 다른 두 가지는 하나님의 백성들의 필요를 채우는 안전한 가정이 되는 것과, 목사와 부교역자를 무장시키는 자로, 평신도를 사역자로 여기는 효과적인 훈련소가 되는 것이 포함된다. 나는 이 세미나 기간 동안에 새가족들에게 우리 교회가 잃어버린 자들을 전도하는 문제에 가장 높은 가치를 둔다는 사실을 각인시키기 원한다.

설교와 비전 연회(banquet), 교회 신문, 비전 선언문, 사명 선언문은 지속적으로 새가족들과 기존 성도 모두에게 잃어버린 자들을 전도하는 것이 타협의 여지없이 교회가 헌신해야 할 사명이라는 사실을 재확인시켜 준다.

3. 예배와 사역을 구도자 중심으로 편성하라.

나는 이미 불신자들에게 우호적인 예배를 드리는 것이 중요하다고 이야기했다. 한걸음 더 나아가, 동일한 원칙이 교회의 모든 사역에 적용되어야 한다. 잃어버린 자들에게 우호적일 뿐만 아니라 사실, 잃어버린 자들에게 전략적으로 다가가도록 기획되어 있는지의 여부를 판단하기 위하여 교회의 이름에서부터 시작해 교회가 제공하는 레크리에이션 사역에 이르기까지 모든 교회생활을 평가해 보는 것이 중요하다. 이 과정을 실행하기 전까지는, 한 방향 정렬의 원칙을 교회에 적용했다고 할 수 없다.

교회를 개척할 때, 페리미터 전역에 걸쳐 하나님의 교회를 개척해야 했고, 개척해야 한다는 우리의 헌신에 기초해 페리미터장로교회라는 이름을 붙였다(페리미터라는 이름은 애틀랜타 외곽을 순환하는 고속도로의 이름이다). 불신자들에게 복음을 전하는 우리의 헌신을 진지하게 받아들이기 시작했을 때, 우리가 잃어버린 자들에게 다가가기 위해 어떤 자세를 취했었는지에 관해 우리가 생각할 수 있는 모든 목록을 만들었다.

교회의 이름을 살펴보았을 때, 우리는 장로교라는 것이 우리가 사는 공동체 속에서 장로교인들에게만 매력이 있지, 잃어버린 자들에게 다가가는 데는 별로 유익하지 않다는 결론을 내렸다. 우리는 우리의 평가가 옳든 그르든 간에, 오직 잃어버린 자들에게 다가서는 데 방해가 되는 장애물을 제거하기 위해, 우리의 믿음에 기초하여 교회의 이름을 페리미터교회로 바꾸었다.

4. 불신자들이 묻는 질문에 답할 수 있도록 성도들을 가르치라.

신실한 그리스도인들이 자신의 믿음을 나누는 문제로 씨름하는 주된 이유 중 한 가지는, 불신자들이 묻는 질문에 분명하게 대답할 수 없다는 두려움과 관련이 있다. 그런 두려움을 제거하기 위해 성도들에게 불신자들이 가장 일반적으로 묻는 질문에 대한 답을 가르쳐야 한다.

불신자들이 가장 많이 묻는 질문에는 다음 세 가지가 포함된다.

- 어떻게 그리스도인들은 성경이 오류가 없는 하나님의 말씀이라고 믿을 수 있는가? 그렇게 믿는 것은 너무 순진한 발상이 아닌가?
- 어떻게 그리스도인들은 기독교인이 아니면 도덕적이고 종교적인 사람들까지 포함한 모든 사람이 영원한 형벌을 받기에 합당하다고 믿을 수 있는가? 그런 확신은 너무 과장된 것 아닌가?
- 어떻게 그리스도인들은 유사 이래로 존재한 모든 종교 지도자 중에서 예수 그리스도만이 하나님께로 나아가는 유일한 길이라고 믿을 수 있는가? 그것은 좀 편협한 것 아닌가?

네 번째 질문이 있는데 이 질문은 위에 소개한 세 가지 질문만큼 구도자들의 호기심을 자극하지는 않지만 여전히 중요한 질문이다.

- 성경에 근거하면, 인간은 어떻게 영생을 얻을 수 있는가?

이 네 가지 질문에 대한 답을 네 권의 소책자에 담아 제공하자 성도들의 확신이 엄청난 수준으로 증대되었다. 이 소책자가 확신을 증폭시키는 역할을 한 것이다. 훈련을 진행하는 동안 훈련생들에게 각 질문에 대한 대답을 가르치지만, 『삶의 이슈들』(Life Issues)이라는 제목이 붙어 있는 이 네 권의 소책자에는, 요한복음이 각각 다섯 장씩 첨부되어 있다(네 번째 소책자에는 요한복음 16장부터 21장까지, 마지막 여섯 장이 첨부되어 있다). 이렇게 편성된 네 권의 소책자는 구도자들이 한 주 한 주 진리를 탐구해 가도록 돕는 역할을 잘 감당한다.

　5. 되도록이면 한 사람에게 설명하기보다는 여러 명이 모여 대화하는 방법을 가르치면서, 어떻게 하면 불신자들이 던지는 질문에 답변할 토론 분위기를 지혜롭게 형성해 갈 수 있는지에 대해 성도들을 가르치라.

　여러 해 동안 나는 주로 소책자를 사용해 불신자들에게 복음을 제시했다. 그 과정을 통해 나는, 말하자면 (복음을 한 가지 정해진 원고대로 설명하는) 독백 형식으로 복음을 소개하지 않아도 복음을 제시할 수 있게 되었다. 그렇게 된 지 여러 해가 지났지만, 나는 우선적으로 기독교의 가치와 심지어는 기독교의 신념까지도 받아들이도록 준비시켜 주는 배경을 지닌 사람들 속에서 여전히 살기 때문에 독백 형식의 복음 제시로 충분하다는 사실을 발견했다.

　그러나 사회가 점점 더 세속화되어감에 따라 독백형식의 복음 제시는 대부분 부적당한 것이 되었다. 내가 구도자들에게 복음을 제시하고 그리스도를 영접하는 문제를 고민해 보겠느냐고 질문했을 때, 자신은 성경이나 잃어버린 사람들이나 그리스도에 대한 나의 관점에 동의하지 않는다고 주장하면서 정중히 사양하는 것을 자주 발견했다. 나는 자신의 앞주머니에 총알 하나를 가진 '메이베리'(Mayberry)의 보안관 바니 파이프(Barney Fyfe)처럼 느껴졌다(1960년부터 1968년까지 방송된 TV시리즈 "The Andy Griffith Show"에 등장하는 이야기다). 나는 총알을 장전하고 목표물을 겨냥해 목표물의 미간을 정확하게 맞추고는 탄약도 없이 상대방이 나를 겨냥하는 것을 지켜보고만 있곤 했었다.

그럴 때 나는 대화식 복음 전도가 유익하다는 것을 발견했다. 나는 항상 하나님이 죄인의 회심을 위해 하나님의 도구인 성경을 사용하신다는 신학을 강조해 왔고, 나는 절대로 죄에 빠져 죽은 영혼을 변화시킬 수 없다고 오랫동안 믿어 왔다. 나는 여러 명이 참여한 모임에서 하나님이 그들의 마음을 변화시키기 위해 대화하는 방식을 사용하게 하심으로써, 내가 가진 확신이 구체화되는 것을 보기 시작했다.

나는 복음에 대해 전적으로 동의하지 않았던 불신자가 단 몇 주간의 연구를 통해 신실한 성도로 거듭나는 것을 셀 수 없이 많이 봐 왔다.

우리는 기독교 신앙을 연구해 보려는 욕구를 자극하기 위해 간단한 도표를 개발했다. 그 도표는 성도들을 도와주고, 불신자가 가진 기독교에 대한 질문과 반대가 실제로 꽤나 일반적인 것들이며 성경을 통해 명확하게 답변될 수 있는 것들이라는 사실을 깨닫도록 도와준다. 우리 교회는 성도들이 그런 종류의 연구모임을 만들기 위해 그 도구를 사용하도록 훈련시킨다.

그러나 어떤 방식을 선택하느냐 하는 것보다 중요한 문제는 교회의 성도들이 적합하게 무장될 수 있는 구체적인 방법(이나 방법들)이 존재하느냐 하는 것이다.

6. 믿음을 나눌 기회가 왔을 때, 자신이 어떻게 그 기회를 활용했는지 개인적인 경험담을 겸손히 전달함으로써, 복음 전도자로서의 신실한 삶의 방식을 회중 앞에 모델로 보여 주라.

속담에도 있듯이, 배우는 사람보다 가르치는 사람이 '가르친 것보다 많이 배운다.' 목회자가 날마다 전도하지 않는다면, 성도들 중에 대다수도 그럴 것이다. 개인적으로 (실패한 경험까지 포함해서) 복음을 전해 본 이야기를 나누지 않는다면, 성도들은 전도에 '사로잡히지' 않거나 우리가 보여준 모범을 통해 격려를 얻지 못할 것이다. 사람들을 그리스도께로 인도한 결신의 이야기를 듣는 것보다 (결과에 상관없이) 복음을 신실하게 나눈 이야기를 듣는 것이 더 중요하다.

7. 성도들이 교회에 다니지 않는 친구들을 쉽게 초대할 기회를 갖도록 정기적으로 전 교회적이고, 문화적으로 적실성 있는 전도 행사를 만들라.

그런 전도 행사에는 명백한 유익이 있을 뿐만 아니라, 그리 명백하지는 않지만 성도들이 불신자들에게 적합한 교회의 구성원이 되는 실체를 직접 경험해 봄으로써 건강한 자존감을 갖게 되는 유익을 부산물로 얻는다. 성도들이 자신이 몸담은 교회가 전도 지향적인 교회라는 사실을 많이 알면 알수록 그 대의를 위해 더 많이 기여할 것이다.

8. 성도들이 자신의 믿음을 나누도록 무장시키고, 그 사명을 계속 감당하도록 붙들어 세워주며, 교회에 다니지 않는 사람들에게 다가서는 소그룹 차원의 접근법을 사용하도록 돕는(참여자들이 자신의 영적 은사에 초점을 맞추고, 잃어버린 자들에게 다가서는 일에 직접적으로 기여하게 하는) 제자훈련에 기반한 소그룹 사역을 일으키라.

성도들을 무장시키는 데 사용할 커리큘럼에서 꼭 다루어야 할 주제는 제자훈련이다. 이미 언급한 것처럼, 제자들을 무장시켜 전도를 책임지게 하는 데 소그룹 환경보다 더 좋은 토론의 장이 없다.

소그룹은 각 구성원들이 전도 대상으로 삼는 사람들을 위해 함께 기도하고 더 나아가 공통의 전도 대상 집단에게 다가가기 위해 관계를 맺고 전도 노력을 서로 나눌수록 잃어버린 영혼들이 회심할 때마다 (실제로 누가 복음의 메시지를 전했느냐에 상관없이) 다같이 기뻐할 수 있다.

이미 **전도 대상 그룹**이라는 표현을 여러 번 사용했기 때문에 이 표현이 무엇을 의미하는지 설명하겠다. 전도 대상 그룹은 그리스도와 그분의 나라에 대해 소개하기 위해, 당신이 기도하는 어떤 그룹이나 당신의 여유시간을 투자하는 어떤 그룹을 의미한다.

테니스 전도

애틀랜타로 이사 온 후에, 나는 6만 명에 이르는 애틀랜타 시민들이 거주 지역별로, 사회적인 교제 클럽별로, 대단위 아파트 단지별로 테니스팀에 소속되었다는 사실을 발견했다. 다른 이유도 있었지만, 나는 불신자들과 공감대를 형성하기 위해 테니스를 다시 배우기로 했다.

테니스 그룹을 전도 대상으로 정하고 몇 년 동안 경기를 한 다음, 다른 도시로 이사를 간 우리 교회의 가까운 친구에게서 이상한 선물을 받았다. 그는 그의 가족과 관련하여 우리 교회가 전개해 온 사역에 대해 감사의 마음을 담아 선물을 하고 싶다고 말했다. 그런 다음 이렇게 말했다. "당신에게 기도의 선물을 드리고 싶습니다." 나는 그가 무슨 말을 하는지 이해할 수가 없었다. 그는 다음의 네 가지 조건만 충족된다면, 내가 원하는 것이 무엇이든지 그것과 관련하여 나를 위해 신실하게 기도하겠다고 말했다.

첫째, 그것은 내가 원하지만 필요하지는 않은 것이어야 한다. 둘째, 나는 이 요구에 대해 그와 함께 적극적으로 기도해야 한다. 셋째, 오직 하나님만 제공하실 수 있다고 믿는 것이어야 한다. 마지막으로, 기도에 대한 응답을 교묘히 조장하지 않기 위해, 우리가 이 기도제목으로 기도한다는 사실을 아무에게도 말하지 않기로 동의해야 한다.

나는 깊이 생각해 보지도 않고, 진심어린 그러나 '불가능한' 소망을 이야기했다. 우리 교회가 세워진 곳으로부터 1마일 범위 내에 있는 아주 멋진 실내외 테니스 클럽 멤버십을 구한 것이다. 나는 이 클럽 멤버십을 구입할 재력이 안 된다는 사실을 잘 알았고, 구입하더라도 성도들이 목회자로서 그런 멤버십을 구입할 재력을 갖췄다는 사실에 대해 비판하리라는 것도 잘 알았다. 그러나 누군가 선물해 준다면 아무도 비판할 수 없으리라는 사실도 알았다.

한 주나 지났을까, 교회의 성도 중에 암 투병 거의 마지막 단계에 와 있던 한 분이 나에게 연락을 해왔다. 그러고는 자신이 이전에 소유하던 그 테니스 클럽 멤버십을 다른 사람에게 팔기로 약속했었는데 협상을 하던 중에 그 멤버십을 내게 선물로 주어야겠다는 생각이 들었다고 말했다. 그는 내가 그런 선물에 관심이 있는지 물었고, 나는 즉각적으로 그가 테니스 클럽 멤버십에 대해 우리가 기도한다는 사실을 알았는지 물었다. 그는 몰랐으며, 자신이 하나님이 행하시는 일의 일부가 되어 섬기게 되었다는 사실을 발견하고는 감격했다.

이 일이 있고 얼마 지나지 않아 어느 친구가 그 클럽에서 테니스를 가르치는 수석 프로를 만나 보았느냐고 물었다. 나는 그를 만나 본 적이 없고, 이름은 몰라도 얼굴은 알았다. 내 친구는 그가 그리스도 안에 있는 믿음이 절실히 필요한 상황이라고 이야기하면서 그 프로에게 다가가 보라고 권면했다.

한 주쯤 지났을 때, 하나님의 섭리로 우리는 테니스장 주차장에서 동시에 그것도 바로 옆에 나란히 주차했다. 나는 그에게 나를 소개했다(하지만 목사라고는 말하지 않았다). 그리고 시간이 되면 곧 같이 테니스를 하거나 점심식사를 같이 하자고 제안했다. 그는 이렇게 대답했다. "좋습니다. 하지만 제가 정말로 하고 싶은 것은, 당신이 담임하는 교회에 남성들을 위한 새벽 성경공부모임이 있다고 들었는데, 그 모임에 참여하는 것입니다."

나는 충격을 받았고, 내가 목사라는 사실을 알았는지 물었다. 그는 이렇게 대답했다. "물론이죠, 이 클럽에 다니는 모든 사람이 목사님이 이 클럽에서 운동하신다는 걸 알아요!"

나는 그에게 이미 형성된 성경공부모임에 참여하는 대신 테니스 클럽에서 새로운 성경공부모임을 하나 시작하자고 제안했다. 그는 자신이 주관해서 그 모임을 시작하고, 공간을 확보하고, 아침을 제공하고, 자신처럼 성경공부모임에 참석할 필요가 있다고 생각하는 테니스 클럽의 친구들에게 초대장을 보내기로 약속했다. 몇 주가 지나지 않아 그 모임은 건강한 참석자들과 함께 시작되었다. 그로부터 거의 20년이 지난 지금까지도 모임은 지속되고, 이 사역을 통해 지난 세월 동안 얼마나 많은 사람이 그리스도께로 돌아왔는지에 대해서는 두말할 필요조차 없다.

하나님은 전도 대상 그룹을 찾아내 그들을 위해 기도하고 그들에게 투자하려는 계획을 존중하신다. 나는 이 사실을 페리미터교회는 물론이고 다른 많은 교회에서 간증해 왔다.

이상한 전도 대상

나는 전도 대상 그룹을 찾아보라고 교회 성도들에게 도전한 한 목사님의 이야기를 들었다. 그 목사님이 이야기하는 동안 한 젊은 주부가 다가와 자신은 전도 대상 그룹을 찾았노라고 흥분하여 외쳤다. 그는 그녀가 찾은 전도 대상 그룹이 누구인지 물었다.

그녀가 대답했다. "자녀에게 용변훈련을 시키는 젊은 엄마들입니다."

그는 웃고 싶었지만, 그녀의 얼굴에서 묻어나는 진지함 때문에 참고 그녀의 전도 계획에 대해 물었다.

그녀는 즉각적으로 대답했다. "저는 동네에 있는 도서관의 공동체실을 예약할 겁니다. 그런 다음 제가 사는 동네에 어린이 용변훈련 강좌를 홍보하는 포스터를 제작해 홍보할 겁니다. 그런 다음엔 우리 교회의 성도 중에서 자녀에게 성공적으로 용변훈련을 시킨 어머니를 찾아내 강좌를 하면서 자신의 믿음이 어떻게 자랑거리가 되었는지도 소개하도록 할 겁니다."

그 목사님은 이 강좌의 첫 모임이 성공적이었을 뿐만 아니라 참석자들의 요청으로 상설코스가 개설되었다고 말해 주었다. 강좌가 거듭되면서, '쌍둥이를 위한 용변훈련', '강한 의지를 가진 아이들을 위한 배변' 훈련 등과 같이 특별한 필요를 충족하기 위해 조정된 선택 강좌들이 개설되었다. (기본적으로, 그들은 용변훈련 종합대학을 시작했다!) 몇 년이 지난 후, 이 사역은 200명 이상의 주부를 그리스도께로 인도했다.

전도자를 파송하라

사도 베드로는 일반적인 그리스도인들에게 편지를 쓰면서, 더 많은 그리스도인이 통감할 필요가 있는 방향에 대해 도움이 될 만한 권면의 말씀을 주었다. 그는 성도들의 삶의 특징이 소망이기 때문에 다른 사람들이 그 소망의 이유에 대해 궁금해 할 거라는 가정에 기초해 이 같은 권면을 한다. "너희 마음에 그리스도를 주로 삼아 거룩하게 하고 너희 속에 있는 소망에 관한 이유를 묻는 자에게는 대답할 것을 항상 준비하되 온유와 두려움으로 하고"(벧전 3:15).

먼저 베드로는 전도의 동기를 확립한다. 그가 확립한 동기는 바로 제자도이다. 제자들은 그 마음에 그리스도를 주로 삼은 자들이다. 그런 다음 베드로는 성도들이 정기적으로, 반복적으로 대답해야 할 질문에 대해 다음과 같은 개요를 제시한다. "어떤 방식으로 모든 묻는 자에게 대답하도록 준비했는가?" 복음 전도는 즉석에서 이루어지지 않는다. 자신의 믿음을 나누는 것이 쉬운 것 같아도, 효과적인 복음 전도는 정말로 구체적인 준비와 성령님의 인도하심에 열려 있을 때 맺히는 열매다. 베드로의 질문은 피할 수 없고 뇌리를 떠나지 않는 '책임'이라는 강조점을 남긴다. "이번 주에 당신의 소망에 대해 질문하는 사람이 있다면, 당신은 무엇이라고 대답할 준비를 해두었는가?"

제자훈련은 사람들에게 우리의 소망을 나누도록 우리를 준비시킨다. 제자훈련은 이기는 교회가 양성하는 성도들의 또 다른 핵심 구성요소다. 따라서 이 책의 마지막 장에서는 제자훈련에 대해 다룰 것이다.

20_
삶대 삶에
기초한
제자훈련

제자훈련은 오늘날 대부분의 교회가 잃어버린 부분이다. 제자훈련이라는 단어는 다양한 방식으로 사용되며, 제자훈련에도 많은 다양성(혹은 수준)이 존재한다. 그러나 여기서 제자훈련이라고 말할 때는 '소수의 사람들의 삶을 변화시키기 위해 수고를 아끼지 않는 삶대 삶'의 형식을 갖춘 가장 성숙한 형태의 제자훈련을 의미한다.

19장에서 지적한 바와 같이, 반드시 제자훈련과 복음 전도의 연관성을 인정하고 역점을 두어 다루어야만 한다. 복음 전도와 제자훈련은 계획이 이끌어 가는 교회의 양식이요 음료다. 교회의 건강한 생존은 성경적인 복음 전도(사람들이 믿음 안에서 그리스도께 반응할 특별한 수단을 제공한다)와 제자훈련(사람들이 자신이 고백한 믿음 안에서 자라나도록 돕는 특별한 수단을 제공한다. 제자훈련에는 다른 사람들에게 자신의 믿음을 나누도록 무장시키는 것이 포함된다)을 지속적으로 행하는 데 달려 있다. 제자훈련에 대해 온전히 다루는 일은 이 책의 한계를 넘어서지만, 나는 적어도 지역교회에서 이루어지는 제자훈련에 대한 사려깊고 지속적이며 계획적인 접근의 강력한 사례를 소개하고 싶다.

제자훈련은 명령이다

'소수의 사람들의 삶을 변화시키기 위해 수고를 아끼지 않는 삶대 삶'의 형식을 갖춘 가장 성숙한 형태의 제자훈련이 필요하다는 것은, 다음 네 가지 현실을 고려할 때 너무나 명백하다.

1. 모든 성도는 죄악의 강력한 속박 아래 살아왔거나 지금도 그런 속박 아래 산다.

이 현실은 성경 전반을 통해 가르쳐 주시는 진리다. 타락으로 인해 인간은 도덕적 능력(자연적 능력이 아니라)을 상실했다. 이 말은 인간이 옳은 일을 할 수 있더라도 올바른 이유를 위해 올바른 일을 할 능력은 없다는 의미다. 그래서 우리는 바울 사도가 로마서 3장에 기록한 말씀을 이해한다. "의인은 없나니 하나도 없으며"(10절), "하나님을 찾는 자도 없고"(11절), "선을 행하는 자는 없나니 하나도 없도다"(12절). 모든 사람은 "죄악 중에서 잉태"되었고(시 51:5), 성령을 통하여 적용되는 그리스도의 구속사역을 통해 죄악의 권세로부터 구원을 얻기까지 죄악의 속박 아래에 있다.

죄인으로서 우리는 세상, 마귀, 육체라는 세 가지 힘의 영향력에 통제된다. 바울은 에베소서 2장 1-2절에서 이 사실을 분명하게 설명한다.

"그는 허물과 죄로 죽었던 너희를 살리셨도다. 그때에 너희는 그 가운데서 행하여 이 세상 풍조를 따르고 공중의 권세 잡은 자를 따랐으니, 곧 지금 불순종의 아들들 가운데서 역사하는 영이라. 전에는 우리도 다 그 가운데서 우리 육체의 욕심을 따라 지내며 육체와 마음의 원하는 것을 하여 다른 이들과 같이 본질상 진노의 자녀이었더니."

바울이 '죄악의 속박 아래' 있다는 개념을 묘사하기 위해 사용하는 표현이 "허물과 죄로 죽었던"이다. 2절에서 바울은 "이 세상 풍조를 따르고"라는 구절로 그 이유를 먼저 설명한다. '풍조'라는 말은 '통제하는 영향력'을 의미한다. 그리고 세상은 하나님 없는 삶의 관점을 의미한다. 따라서 "이 세상 풍조"라는 말은 이 세상에 존재하는, 하나님의 임재와 목적을 무시하는 세계관과 인생관을 말한다.

죄의 속박 아래로 끌고 가는 두 번째 영향력은 2절에서 "공중의 권세 잡은 자"로 표현된다. **공중**이라는 말은 '보이지 않는 세력'을 의미한다. 사탄으로 알려진 이 존재는 "불순종의 아들들 가운데서 역사"한다. **역사**(working, 役事)는 에너지, 힘 또는 능력을 의미한다. 불신자들이 죄에 매여 지내는 것은 이상한 일이 아니다!

마지막으로 언급된 영향력은 '육체'라고 불리는 것이다. 성경에서는 이 **육체**라는 단어가 일반적으로 네 가지 용례로 사용되며, 그 중 두 가지가 2절에서 사용된다. 첫 번째 용례는 '영'에 반대 되는 개념이고, 두 번째 용례는 인간의 동물적인 본능을 의미한다. 두 번째 용례는 "육체의 욕심(갈망)을 따라" 살 때 나타나는 '육체의' 지배를 묘사한다. 불신자로 남아 있었다면, 욕망이 우리의 행동을 결정했을 것이다. 원래 이런 욕망들은 욕망 그 자체로는 좋은 것이었을지도 모른다. 그러나 그런 욕망들은 우리의 온전한 통제 아래에 있지 않았다(예를 들어 배고픔, 갈증, 기쁨, 성, 유혹하려는 욕망).

육체를 통제하는 것과 관련된 두 번째 예는 "마음의 원하는 것을 하여(탐닉하여-역주)"로 묘사된다. 마음은 인간의 감정적이고 지적인 부분을 의미한다. 다른 말로 하면 우리의 마음 또한 타락했다. 인간이 타락했다는 조건 아래서 자만심, 미움, 야망과 같은 특성들이 사람의 생각을 통제한다.

나는 죄 많은 상황에 처한 인간은 가장 절망적인 곤경에 처한 것이라고 결론 내려도 무방하다고 생각한다. 따라서 우리는 바울이 그런 죄인을 "본질상 진노의 자녀"라고 결론 내리는 것에 놀라지 않는다. 그다지 멋진 그림은 아니지만.

마차 위에 있을 것인가? 뛰어내릴 것인가?

이 성경적인 그림을 배경 삼아, 당신에게 알코올 중독으로 짐작되는 친한 친구가 있다고 가정해 보자. 그(또는 그녀)는 아주 무책임하게 행동하며, 점점 도피적인 행동패턴이 심해진다. 친구를 도와주려는 노력의 일환으로 당신은 친구에게 직언한다. 놀랍게도 처음에는 자신이 알코올에 중독되었다고 인정한다. 그는 알코올 중독이 자신뿐 아니라 자신과 가까운 사람들에게까지도 상처를 줄 것이라고 인정한다. 그런 다음 그는 당신에게 이제부터는 절대로 술을 마시지 않겠다고 진심으로 말한다.

이제 그가 술을 끊을지 아닐지에 대해 당신이 가진 모든 돈을 걸어야 한다고 생각해 보라. 그가 얼마나 진지한지에 상관없이, 당신은 그가 거의 확실히 (아마도 머지않은 장래에) 다시 술을 마실 것이라는 사실을 잘 안다.

그러면 당신은 어떤 조언을 해주겠는가? 나는 그 친구가 '알코올의 의존으로부터 벗어나기 위해' 치료센터에 등록하도록 당신이 모든 힘을 동원해 그를 압박할 것이라고 생각한다.

이제 그가 치료센터에 여러 주간을 머문 뒤 술을 마시고 싶은 마음조차 들지 않게 되자, 들뜬 상태로 퇴원했다고 생각해 보자. 그가 계속 금주를 할지 여부에 대해 또 다시 당신이 가진 모든 돈을 걸어야 한다고 생각해 보라. 나는 다시 알코올에 빠져들 가능성에 당신의 돈을 걸어야 한다고 생각한다. 친구의 지속적인 회복에 대한 소망을 가진다 해도, 통계에 근거해 당신은 장기간에 걸친 절주에 대해서는 여전히 그리 신뢰할 수 없을 것이다.

그렇다면, 이제 친구에게 무엇을 조언하겠는가? 나는 당신이 그가 알코올 중독 방지회 모임(Alcoholics Anonymous meetings)이나 그에 준하는 모임에 참석하도록 격려하리라고 생각한다. 일단 이런 책임지는 행동의 패턴이 일상화되면, 당신의 돈을 어디에 걸어야 할지 심각한 고민에 빠지게 된다.

죄악에 중독되다

알코올 중독자와 비슷하게 모든 사람은 죄악에 중독되어 있으며, 자신이 그 사실을 받아들이기 전까지는 구원의 소망이 없다. 그러나 그 사실을 받아들였다 해도 '죄악의 의존으로부터 벗어나야' 한다. 성경은 이것을 가리켜 '중생' 혹은 '사람에게 새로운 마음을 주시는 하나님의 성령의 역사'라고 이야기한다. 오직 그때에 이르러서야, 그 사람은 죄의 통제력으로부터 자유로워진다. 이것은 두 번째 현실로 우리를 인도한다.

2. 죄악에 대한 중독은 일상적으로 재발한다.

알코올 중독자들이 또 다시 알코올에 빠져드는 경향이 있는 것처럼, 성도들도 마찬가지다. 알코올 중독 방지회에는 이런 격언이 있다. "한 번 알코올에 중독된 자는 영원히 알코올 중독자다." 마찬가지로 성도들은 "한 번 죄인은 (천국에 가기 전까지) 영원히 죄인이다"라는 말을 인정해야만 한다. 성도들이 일반적으로 다시 빠져드는 문제는 염려, 빈정댐, 이기주의, 잘못된 우선순위, 우상숭배, 성적인 방종, 빈약한 청지기 의식 등 일일이 나열할 수 없을 정도로 많다.

죄에 대한 중독은 영적으로 반복된다

나는 9월에서 6월까지 제자훈련팀과 매주 정기적으로 만난다. 7월부터 8월까지는 매달 한 번씩 만난다. 한여름 모임 중에, 나는 훈련생들에게 "37도를 기준으로 해서, 매주 갖던 모임을 중단했을 때 여러분의 영적인 온도는 몇 도였습니까?"라고 질문했다. 모두가 아주 건강했었 노라고, 대략 적정 온도에서 소수점 이하 정도 떨어졌었노라고 말했다. 내가 또 물었다. "지금 온도는 어떻습니까?" 한 사람을 제외하고 모두가 한 달 전보다 나빠졌노라고 고백했다. 이 예는 소그룹에 속하는 것이 지니는 가치에 대해 정말 많은 것을 이야기해 준다. 하지만 무엇보다도 오래된 죄악의 중독으로 원위치될 수 있는 경향성에 대해 예시해 준다. 세 번째 현실은 그런 죄에 대한 일반적인 중독을 해결하는 방책으로 우리를 안내한다.

3. 소수의 사람들의 삶을 변화시키기 위해 수고를 아끼지 않는 삶대 삶에 기초한 제자훈련은 중독된 자들을 구출하기 위한 하나님의 마스터플랜이다.

· 알코올 중독에서 회복된 사람을 만나 그(또는 그녀)가 어떻게 중독에서 벗어날 수 있었는지를 물어보라. 그러면 이렇게 대답할 것이다. "제가 지금 서 있는 이곳까지 이르도록 도와주신 후원자가 있었어요."

경영 분야의 권위자인 피터 드러커(Peter Drucker)는 자기 생각에 알코올 중독 방지회는 오늘날 전 세계에서 살아 움직이는 사회적 기관 두 곳 중의 하나라고 말했다. 왜 그런가? 우선 알코올 중독 방지회는 후원자들을 활용하기 때문이다. 알코올 중독 방지회에서는 회복중에 있는 알코올 중독자에게 회복의 12단계를 밟아가는 동안 삶대 삶에 기초한 책임지는 관계를 제공할 후원자를 가능한 한 빨리 찾으라고 권면한다. 그 과정 중에 최근에 알코올 중독에서 벗어난 사람들은, 후원자로 헌신하라는 권면을 받는다.

회복된 죄인들

마찬가지로 구속을 체험하고 죄에 대한 중독에서 벗어나 자유를 유지하는 데 성공한 영적 후원자(또는 제자 삼는 사역자)가 함께할 때, 죄에 대한 중독에서 회복되는 비율이 괄목할 정도로 높아진다.

예수님은 분명 후원자의 모델이시다. 예수님은 열두 제자의 삶에 엄청나게 투자하셨으며, 그 중 세 제자의 삶에는 더 깊이 투자하셨다. 신약성경은 예수님처럼 어린 성도들의 삶에 관계적으로 투자하는 예를 수없이 소개한다. 예를 들어, 사도 바울은 디모데후서 2장 2절에서 다음과 같이 말했다. "또 네가 많은 증인 앞에서 **내게 들은 바를** 충성된 사람들에게 **부탁하라.** 그들이 또 다른 사람들을 가르칠 수 있으리라"(강조는 저자의 것). 바울 사도는 또한 고린도에 있는 형제자매들에게 이렇게 권면했다. "형제들아 내가 너희를 위하여 이 일에 나와 아볼로를 들어서 본을 보였으니, 이는 너희로 하여금 기록된 말씀 밖으로 넘어가지 말라 한 것을 **우리에게서** 배워 서로 대적하여 교만한 마음을 가지지 말게 하려 함이라." 데살로니가전서 2장 8절에서는 효과적인 사역의 비밀을 알려준다. "우리가 이같이 너희를 사모하여 하나님의 복음뿐 아니라 **우리의 목숨까지도 너희에게 주기를** 기뻐함은 너희가 우리의 사랑하는 자 됨이라."

나는 그런 제자훈련을 "삶의 열매(TEAMS : 진리, 무장, 상호책임, 전도, 기도)를 거두고, 거두어들인 삶의 열매를 의도적으로 나누려 하고, 그 삶의 열매를 나누기 위해 올바른 일을 행하는 것"이라 정의한다. 이것이 바로 우리가 묘사했던 '소수의 사람들의 삶을 변화시키기 위해 수고를 아끼지 않는 삶대 삶에 기초한 제자훈련'이다.

나는 최근에 알코올 중독 방지회 모임에 참여한 사람에게 어떻게 충분한 후원자들을 모집했느냐고 물었다. 그는 즉각적으로 이렇게 대답했다. "당신이 알코올의 손아귀에서 살아 왔다면, 알코올의 해로움에 대해 누구보다 잘 알 겁니다. 당신은 후원자의 도움 없이 알코올의 손아귀에서 해방된 자가 한 명도 없다는 사실도 압니다. 일단 알코올에서 해방되면, 다른 사람들이 동일한 자유를 경험하도록 돕지 않고는 못 배깁니다." 많은 성도가 죄의 중독으로부터 자유해지려고 분투하는, 신앙생활을 시작한 지 얼마 되지 않은 미성숙한 성도들을 훈련시키는 데 똑같은 논리구조를 사용하지 않는다는 사실은 유감스러운 일이다.

그 사람은 다른 사람을 후원하는 데는 이기적인 동기도 존재한다고 말했다. "알코올 중독 방지회에는 이런 속담이 있어요. '나눠 주지 않으면 유지할 수 없다.'" 나는 똑같은 진리가 죄로부터의 구원에도 적용된다고 확신한다. 이 사실은 마지막, 네 번째 현실로 우리를 안내한다.

4. 삶대 삶의 형식을 갖춘 제자훈련 없이 사역할 때, 잘해봐야 미성숙한 성도들을 양산할 위험에 처하거나 최악의 경우에는 환멸을 느끼는 학습자들을 양산할 위험에 처한다.

8장에서 언급한 것처럼, 켄 블랜차드의 책 『1분 리더십』은 우리가 '지시하는' 스타일에서 '위임하는' 스타일로 곧바로 옮겨갈 경우 환멸을 느끼는 학습자들을 만들어 낸다는 사실을 깨닫게 해주었다. 코칭이나 후원이 전혀 제공되지 않거나 그런 것들이 제거된다면 건강하게 성장할 가능성은 현저히 줄어든다.

목회자들과 교회의 지도자들은 두 가지 목표 가운데 하나를 선택해야만 한다. 먼저는 성도들이 지식과 헌신에 있어서 자라가는 모습을 보는 것이다. 대부분의 지도자들은 이 목표에 도달하면 전율을 느낄 것이다. 그러나 좀더 생각해 보면 이상적인 상태에는 턱없이 모자라는 상황이라는 사실을 인식하게 된다. 두 번째 목표는 성도들이 성숙하고 무장되는 데까지 자라가는 것을 보는 것이다.

성숙과 무장이라는 두 번째 목표는 첫 번째 목표(지식과 헌신)를 포함하지만, 그 반대는 성립되지 않는다. 지식과 헌신만으로는 도덕적인 중독이나 정신적, 감정적 속박으로부터 사람들을 해방시키지 못하는 것이 현실이다. 오직 성숙만이 이 목표를 이룰 수 있다. 그리고 성숙은 후원자나 제자 삼는 사람들의 투자가 없이는 이루기 어렵다.

교회는 소수의 사람들의 삶을 변화시키기 위해 수고를 아끼지 않는 삶대 삶에 기초한 제자훈련의 필요성을 심각하게 받아들여야 한다. 교회의 지도자들은 어떻게 성도들을 유능한 제자훈련 사역자들로 무장시킬 것인지에 대해 생각해야 한다. 제자훈련이 가장 효과적이기 위해서는, 관계에 기초한 유기적인 측면(being organic)과 커리큘럼에 기초한 조직적인 측면(engineered)이 균형 잡혀 있어야만 한다. 그러므로 우리는 제자훈련의 두 측면을 이해해야 한다.

관계에 기초한 유기적인 제자훈련, 커리큘럼에 기초한 조직적인 제자훈련

관계에 기초한 유기적인 제자훈련(Organic discipleship)은 제자훈련의 삶대 삶의 측면을 묘사하는 데 사용되는 표현이다. 예수님은 제자들에게 "나를 따르라"고 말씀하셨다. 이것은 '가르침 받는' 부분과 비교되는 제자훈련의 '알아채는' 부분이다.

관계에 기초한 유기적인 제자훈련은, 세상의 상황을 강의실로 삼고, (하나님의 말씀에 기초한) 제자 삼는 사역자의 삶과 경험을 교재로 삼아 함께 배우는 것이다. 그런 제자훈련은 농구 경기장이나 사역의 기회가 주어졌을 때 함께 동참하는 데서 일어날 수 있다. 관계에 기초한 유기적인 제자훈련은, 제자와 제자 삼는 사역자 모두에게 삶의 중요한 도전의 때에 함께해 줄 만큼 충분히 긴 시간 동안 지속되는 관계다.

커리큘럼에 기초한 조직적인 제자훈련(Engineered Discipleship)은 제자훈련의 조직적이고 계획적인 측면을 묘사하는 데 사용되는 표현이다. 이것은 제자훈련에서 계획적인 가르침의 부분이다. 하나님의 말씀은 가르치는 내용의 기초도 제공한다. 관계에 기초한 유기적인 제자훈련에서, 하나님의 말씀은 당면한 상황 가운데 해답을 제시하고, 반응하고, 인도한다. 반면에 커리큘럼에 기초한 조직적인 제자훈련에서는, 하나님의 말씀이 아직 당면하지 않은 도전들을 위한 준비와 가르침과 무장을 제공한다. 어떤 진리를 가르칠 것인지, 어떻게 무장시킬 것인지에 대해 지혜로운 결정들을 내려야 한다.

제자훈련 커리큘럼

오늘날 제자훈련에서 사용되는 커리큘럼을 저주받은 것으로 여기는 관점이 존재한다. 그런 관점을 견지하는 대부분의 사람은 커리큘럼을 (삶대 삶의) 유기적인 관계를 형성해 가는 데 방해거리가 된다고 생각한다. 분명 그런 주장이 사실일 수 있다. 그러나 꼭 그런 것만은 아니다. 예수님이 "만일 네 오른손이 너로 실족하게 하거든 찍어 내버리라"(마 5:30)라고 말씀하셨을 때 적용한 동일한 논리를 가지고, 커리큘럼을 사용하는 것이 삶대 삶의 관계에서 헌신하지 않는 것을 의미한다면 나 또한 커리큘럼을 절대로 사용해선 안 된다는 데 동의할 것이다. 그러나 공격을 받지 않으려고 손을 찍어 내버리지 않는 것이 훌륭한 선택인 것처럼, 탁월한 커리큘럼을 사용하면서 삶대 삶의 제자훈련을 활용하는 것은 훨씬 더 훌륭한 선택이다. 제자들은 예수님과 함께 길을 걸었고, 날마다 그분을 관찰했다. 그러나 성경은 예수님이 제자들에게 말씀을 가르치셨고, 그들의 생각에 도전하셨고, 비유로 설명하셨다는 사실 또한 명백히 이야기한다. 아버지 하나님이 예수님께 말씀해 주신 모든 것이 예수님의 커리큘럼이었다(요 7:16; 14:10, 24을 보라).

나의 논리는 다음과 같다. 제자훈련 소그룹에서 2년이나 3년 동안 매주 한 번씩 사람들을 만나 시간을 보낼 수 있다면, 나는 확실히 매순간을 중요한 순간으로 만들기를 원한다. 나는 무작위로 내가 가르칠 것을 선택할 수도 있고, 그 그룹에 속한 훈련생들이 내게 무엇을 배우고 싶은지 결정하게 할 수도 있고, 내가 무엇을 가르칠지에 대해 심사숙고하고 선택할 수도 있다. 이 세 가지의 가능성 모두 커리큘럼으로 확정된다. 그러나 나는 세 번째 접근법이 가장 효과적일 수 있음을 발견했다.

나는 교회의 성도들이 성숙하고 무장된 그리스도의 제자로서 그리스도를 위해 살아가기 위해 알아야 한다고 생각되는 모든 것을 적어 보면서 제자훈련 커리큘럼을 계획하기 시작했다. 그런 다음 제자훈련으로 함께하게 될 한정된 시간에 다룰 수 있을 만큼 적당한 양으로 압축하여 정리하기 위해 덜 중요한 것들을 지워나갔다.

대학에 다닐 때, 나는 매년 몇몇 친구에게 제자훈련을 받으라고 도전했다. 그들을 그리스도와 함께 길을 걷는 더 온전하고 성숙한 사람으로 변화시켜가기 위해 내가 그들의 삶에 투자하게 될 제자훈련 그룹에 참여하라고 초청했다. 나는 신중하게 비용을 정하고, 학교에 다니는 동안 매주 세 번씩 만날 것이라고 설명했다. 매주 한 번씩은 만나서 하나님의 말씀을 공부하고 그 전 주에 내준 숙제에 대해 토론하는 시간을 가졌다. 그리고 또 한 번은 만나서 (남자 기숙사의 방 하나를 정해 우리의 믿음을 나누며) 함께 전도했다. 세 번째 만남에서는 함께 교제 모임을 가졌다. 나는 매주 한 번은 말쑥하게 차려 입고 커리큘럼에 기초한 조직적인 제자훈련에 투자했으며, 두 번은 관계에 기초한 유기적인 제자훈련에 투자했다.

교회 개척을 위해 애틀랜타로 이사 왔을 때, 나는 똑같은 과정을 곧바로 시작했다. 첫 번째 잠재적인 제자에게 제자훈련을 받는 것에 관심이 있는지 물었던 것을 기억한다. 그는 관심을 보이며 열정적으로 반응했다. 그래서 나는 훈련시간으로 언제가 제일 좋은지를 물었고, 그는 주중 이른 아침 일하러 나가기 전이 가장 좋다고 말했다.

나는 이렇게 반응했다. "좋아요! 또 언제가 좋죠?"

그는 헤드라이트 불빛에 사로잡힌 사슴처럼 나를 쳐다보며 조심스럽게 물었다. "또 언제가 좋냐는 것은 무슨 의미죠?"

나는 일주일에 세 번의 시간이 필요하다고 설명했다. 그는 나에게 다음의 여러 질문을 차례로 던지며 말했다.

- "제가 매주 50시간에서 60시간 일한다는 걸 아세요?"
- "제게는 아내가 있고, 세 명의 자녀가 있다는 걸 아세요?"
- "제가 주중에 며칠 밤은 사업상 여행을 한다는 걸 아세요?"
- "제가 주말에는 관리해야 할 집과 마당이 있다는 걸 아세요?"
- "일주일에 세 번씩이라니, 그게 무슨 말입니까?"

그 순간, 나는 성인들이 살아가는 실제 세계가 학생으로 살아가는 세계와 많이 다르다는 사실을 깨달았다. 게다가 현대 미국이라는 현실을 살아가는 성인들에게 제자훈련은 점점 더 어려운 과정이 될 것이라는 결론을 내린 것도 그때였다.

나는 내가 가진 가치와 우선순위를 타협하지 않으면서 제자훈련에 대한 접근법을 각색해야만 했다. **매주 세 번의 모임** 중 두 번을 관계에 기초한 유기적인 제자훈련에 투자했던 대학 시절과 달리, 이제는 **매주 한 번의 모임** 중 2/3를 유기적인 관계에 초점을 맞추고 투자해야 한다. 단 3분의 1의 시간만 커리큘럼에 기초한 조직적인 제자훈련에 투자할 수 있기 때문에, 매순간을 중요하게 이끌어 가야 한다.

지금은 우리가 함께 보내는 시간의 대부분을 (배워야 할 필요성이 있는 정보를 가르치는 데 사용하는 대신) 주중에 각자의 삶을 통해 자신이 배웠던 것들에 대해 토론하고 무장시키는 데 투자한다. 개인 성경공부를 위해 선택된 성경 본문과 책과 CD들은 한 주간 내내 배움을 경험하게 하는 소중한 도구가 된다.

균형 잡힌 커리큘럼

심사숙고하여 만들어진 커리큘럼은 제자훈련에 헌신한 나의 노력에 비할 수 없을 만큼 많은 열매를 가져다주었다. 그럼에도 불구하고, 그 커리큘럼은 남용될 수 있고 따라서 손해가 될 수도 있다. 지도자가 '계획에 매여 있다'는 전형적인 신호는 다음과 같이 말하는 것이다. "교재를 마무리할 수가 없어."

내 생각에 제자훈련을 위한 건강한 커리큘럼은 (15장에서 규정한 것처럼) 조직신학과 실천신학과 성경신학이 아주 균형 있게 포함된 것이다. 조직신학은 신앙의 뼈대를 세워 성도들이 남은 생애 동안 배우게 될 모든 성경적 배움을 살로 붙여갈 틀을 갖추게 한다. 대체로 광범위한 성경신학은 매일 개인 경건의 시간과 개인 성경공부를 통해 채워져야 한다. 나는 제자훈련모임이 이루어지는 공간은 일차적으로 성경공부모임이라는 사실을 인정한다. 비록 성경공부가 매우 중요하지만, 제자훈련의 목표는 66권 성경 중 몇 권의 책을 그룹으로 공부하는 데 초점을 맞추는 것이 아니라 어떻게 '스스로 성경을 공부하는' 성도로 무장시킬 것인지에 훨씬 더 초점을 맞추어야 한다. 오해하지 말기를 바란다! 성경공부모임은 아주 가치가 있다. 그러나 제자훈련팀은 완전히 다른 목적을 위해 만들어졌다.

소수의 사람들의 삶을 변화시키기 위해 수고를 아끼지 않는 삶대 삶에 기초한 제자훈련에 헌신했다면, 제자훈련의 관계에 기초한 유기적인 기능과 커리큘럼에 기초한 조직적인 기능이 건강한 균형을 유지하도록 열심히 노력하라. 마가는 예수님이 열두 명의 제자를 선택하신 모습을 설명하면서 선택하신 목적을 간략하게 기록으로 남겼다. "이에 열둘을 세우셨으니 이는 자기와 함께 있게 하시고"(막 3:14). 그렇다. 예수님은 결국 보내사 전도하게 하셨고, 귀신을 내쫓는 권능도 가지게 하셨다. 그러나 먼저는 제자들이 '자기와 함께 있기를' 원하셨다. 마태복음의 말미에 소개되는 제자들을 향한 예수님의 대위임령은, 온 세상에 흩어진 그들의 사역의 열매로 '제자'들을 언급한다. 변혁적인 교회는 성숙하고 무장된 예수 그리스도의 제자들로 이루어진다.

주님의 복음을 위해, 주님의 영광을 위해

무엇이 교회를 성장하게 하는가? 나는 주님을 사랑하고 기도 생활에 특별히 헌신된 목회자가 목회하는 많은 교회를 본다. 이런 교회들이 초점을 맞추는 유일한 큰 목적은 하나님의 영광인 것 같다. 그들의 신학과 가르침의 은사는 빼어나다. 그들은 "희어져 추수하게" 된 증거들이 보이는 지역사회 속에서 사역한다. 그러나 몇몇 이유 때문에 이들 교회는 추수사역을 효과적으로 감당하는 데 실패한다. 이는 명백히 효과적인 사역 계획을 수립하고 실행하는 데 실패했기 때문이다.

그렇다 하더라도 변혁적인 교회는 탁월한 목회 계획의 결과물이 아니라 복음이 가진 능력의 결과물이다. 그러나 두 가지 요소를 절대 상호 배타적인 것으로 여겨서는 안 된다. 목회 계획의 모든 측면은 복음이 이끌어 가야만 한다. 모든 계획과 결정은 복음을 더 잘 선포하고 선포한 대로 더 잘 살아가도록 하기 위해 세워지고 결정되어야 한다. 그것이 삶을 변혁시키는 계획이 이끌어 가는 교회(The Intentional Church)다.

복음을 떠난 교회사역은 그 어떤 측면도 사람들의 변화나 지역사회의 변화로 열매 맺지 못한다. 우리를 위해 행하신 그리스도의 사역에 대한 복된 소식인 복음은 교회의 초점이 되어야 할 뿐 아니라 교회의 능력도 되어야 한다(롬 1:16).

이 진리를 무시한다면 교회사역은 기술과 프로그램을 수행하는 것에 불과하다. 초점은 하나님이 행하신 일에서 인간이 행한 일로 옮겨진다. 인간은 크고 인기 있는 교회를 만들 수 있다. 그러나 오직 하나님만이 지역사회의 구성원들을 하나님의 나라와 삶의 변화를 일으키는 만남을 갖도록 이끄는 교회를 만드실 수 있다. 복음에 초점을 맞추고 복음에 의존하여 기획한 목회 계획은, 단순히 지역교회 자체가 보이는 성공이나 교회의 크기보다 하나님의 더 넓은 나라에 대해 우리의 마음을 더 흥분시킬 것이다. 하나님이 지역사회 속에서 교회를 통해 일하시는 사역이 교회의 주말예배 출석인원이나 교회의 예산보다 더 찬양을 받을 것이다.

기쁜 소식이 기쁜 소식 자체로 이해되고 환영받을 때에라야 교회는 하나님이 의도하신 그대로의 교회, 바로 변혁적인 교회가 될 것이다.

나의 가장 가까운 신학적 동료들 중 몇 명은 이 책을 위대한 교회를 만드는 실제적인 단계들에 관해 '어떻게'라는 방법을 알려주는 책으로 쉽게 평가할 것이다. 그들의 평가가 진실에서 많이 벗어난 것은 아니다. 나는 실제적이고 현명한 조언의 가치를 부정하지 않는다(사실 그런 조언이 중요하다고 믿는다). 그러나 오직 성령님의 역사를 통한 하나님의 역사만이 교회로 하여금 변혁적인 교회가 되도록 능력을 주실 수 있다.

언젠가 한 사람이 교회는 대의로서, 공동체로서, 조직체로서의 기능을 잘 감당해야 하는데, 소수의 목회자들만이 자신이 목양하는 교회를 이 세 가지 차원에서 모두 잘 이끌어 가는 탁월한 은사를 부여받았다고 말하는 것을 들었다. 나는 목양과 설교와 가르침을 통해 그리스도의 대의를 세우기 원하는 사람들을 돕고자 하는 각별한 관심에서 이 책을 집필했다. 그들은 하나님의 백성들 가운데 성경적인 공동체를 건설하는 일에 성공한다. 그러나 사역의 조직체적인 이슈들이 혼란과 도전이 된다는 사실에 맞닥뜨릴지도 모른다. 나는 모든 사람이 교회 안에 있는 '조직체적인' 이슈들을 잘 다루어 교회의 대의와 교회 공동체의 힘을 얼마나 확대해 갈 수 있는지를 보기 원한다.

그리스도에 대한 올바른 신앙고백을 받아들이는 하나님의 교회는 음부의 권세가 이기지 못하는 병기다. 그러므로 하늘에 계신 그리스도와 나라가 이 땅 가운데 임하는 것을 보기 위해, 하나님의 영광을 위해, 우리 자신을 교회에 내어 드리자.

8장

1. Kenneth H. Blanchard, Patricia Zigarmi, and Drea Zigarmi, *Leadership and One Minute Manager: Increasing Effectiveness Through Situational Leadership* (New York : William Morrow, 1984), p.47, 『1분 리더십』(청림출판 역간).

10장

1. Robert H. Schuller, *Your Church Has Real Possibilities* (Glendale, Calif.: Regal, 1974), p.49.

14장

1. 이런 통계들은 널리 알려졌고, 이것이 의미하는 바는 James Dobson이 행한 *Complete Marriage and Family: Home Reference Guide* (Wheaton: Tyndale, 2000) 『십대 119 자녀 상담실』(두란노 역간), Gary Chapman이 행한 *Loving Solutions* (Chicago: Northfield, 1988) 『사랑 해법』(생명의말씀사 역간)과 같은 연구와 다른 많은 연구를 통해 조사되었다. 바나 리서치 그룹(Barna Research Group)이 1999년 12월 21일에 발표한 "Christians Are More Likely to Experience Divorce than Are Non-Christians"와 2001년 8월 6일에 발표한 "Born Again Adults Less Likely to Co-Habit, Just as Likely to Divorce"도 참고하라. 이 두 글은 바나 리

서치 그룹의 웹사이트(barna. org)에서 확인할 수 있다.
2. Joe Garlington, "Finding the Grace Gates", *Leadership Journal* (spring 1999)에서 인용.

15장

1. Scott Gibson, *Making a Difference in Preaching* (Grand Rapids: Baker, 1990), p.94에서 재인용.

16장

1. James C. Collins and Jerry I. Porras, *Built to Last* (New York: HarperCollins, 1997), pp.93, 202. 『성공하는 기업들의 8가지 습관』(김 영사 역간).

2. James M. Kouzes and Barry Z. Posner, *Encouraging the Heart: A Leader's Guide to Rewarding and Recognizing Others* (San francisco: Jossey-Bass, 1998). 『격려의 힘』(에코리브르 역간).

18장

1. James C. Collins and Jerry I. Porras, *Built to Last* p.202을 각색한 내용.